会计学

—— 原理、实务与案例

罗 勇 ◎ 主编

孔 莉 黄 蓉 ◎ 副主编

图书在版编目(CIP)数据

会计学:原理、实务与案例 / 罗勇主编. —上海:
立信会计出版社,2018.10
ISBN 978-7-5429-5993-5

Ⅰ.①会… Ⅱ.①罗… Ⅲ.①会计学 Ⅳ.①F230

中国版本图书馆 CIP 数据核字(2018)第 238316 号

策划编辑　　余　榕
责任编辑　　余　榕
封面设计　　南房间

会计学——原理、实务与案例
Kuaijixue

出版发行	立信会计出版社		
地　　址	上海市中山西路 2230 号	邮政编码	200235
电　　话	(021)64411389	传　真	(021)64411325
网　　址	www.lixinaph.com	电子邮箱	lxaph@sh163.net
网上书店	www.shlx.net	电　话	(021)64411071
经　　销	各地新华书店		
印　　刷	上海天地海设计印刷有限公司		
开　　本	787 毫米×1 092 毫米　1/16		
印　　张	14.5		
字　　数	333 千字		
版　　次	2018 年 10 月第 1 版		
印　　次	2018 年 10 月第 1 次		
印　　数	1—3 100		
书　　号	ISBN 978-7-5429-5993-5/F		
定　　价	35.00 元		

如有印订差错,请与本社联系调换

FOREWORD 前言

现代会计是为决策服务的信息系统。财务会计报告既要反映企业管理层受托责任履行情况,也要有助于财务会计报告使用者做出科学的经济决策。日本企业家稻盛和夫曾说:"如果把经营比喻成驾驶飞机,会计数据就相当于驾驶仪表盘上的数字,机长相当于经营者。"经营者自己必须懂会计,不能充分理解仪表盘上数字的意义,就不能说是一个真正的经营者。

随着现代会计在企业经营管理中发挥着越来越重要的作用,各高校经管类非会计专业(含MBA等专业硕士)均开设了"会计学"课程(个别学校开设"基础会计学"课程),并且将其作为专业核心课程。"会计学"课程教学目标是让经管类非会计专业学生掌握会计学的基本理论、基本知识和基本技能,熟悉会计信息系统的生成原理和主要内容,具备阅读和分析财务会计报告的初步能力。但在实际教学中,各高校往往是根据会计学专业的教学目标来设计非会计专业的教学内容,忽视了非会计专业学生的差异性需求。目前市面上所见《会计学》教材,几乎都是会计学专业《基础会计》和《中级财务会计》的合并简缩本教材,以会计要素具体项目的业务核算为主要内容,逐一讲解存货、固定资产、无形资产、长期股权投资、金融资产等资产,以及短期借款、应付账款、应交税费、长期借款等负债的会计核算,这种教学体系重核算、轻报告,教学内容零碎繁杂,学生难以系统掌握资产的确认与计量原理,即使学生记住了很多会计分录却读不懂财务会计报告。

我们多年为本科学生和MBA学生讲授"会计学"课程,总感觉课时少、内容多,教师教学累、学生学习难。因此,我们一直希望改进"会计学"课程内容体系,并于近年来进行了尝试性探索:一是基于经管类非会计专业培养未来的企业经营者而非专业会计人员的目标,以财务会计报告的形成和分析为线索优化教学内容,着重讲解财务会计报告项目的确认与计量,弱化会计记录过程(会计分录);二是将会计的"决策有用观"贯穿教学内容始终,以会计目标为导向,重点分析会计信息对企业经营管理决策的作用及其影响;三是打破目前逐一讲解各项资产和负债的惯例,整合优化相关教学内容,将资产的核算归类整合为资产的确认、资产的初始计量、资产的后续计量、资产的期末计量、资产的处置和资产的清查等内容,将负债的核算归类整合为负债形成的核算、借款费用的核算、负债偿付和处置的核算等,这样既有利于学生系统掌握会计确认和计量的原理,又节约教学时间;四是针对财务软件的广泛使用和会计信息化的发展现状,减少会计凭证、会计账簿等手工记账内容。重构优化"会计学"课程内容体系后,效果反映良好,实践证明我们的尝试性探索是成功的。

本书是我们教学实践成果的总结。除了上述教学内容体系的改革以外,在编写本书的过程中,我们还力求做到以下两点:

一是以最新的企业会计准则为依据,注重内容及时更新。自2006年财政部颁布《企业会计准则——基本准则》和38项具体会计准则以来,我国企业会计准则历经数次修订和完善,2014年和2017年,我国又陆续发布了4项具体会计准则,并对收入、金融工具确认与计量等具体会计准则和财务报表格式等进行了较大修改。本书以这些最新的企业会计准则为依据,后续,我们将根据新的企业会计准则的出台和修订及时更新教材内容。

二是理论与实践相结合,注重学生能力培养。本书在阐述会计学的基本概念、基本原理和基本方法的基础上,特别注重实务讲解和案例分析,每章都附有复习思考题和案例分析题,旨在强化学生对会计理论、方法和技能的掌握,提高学生分析问题和解决问题的应用能力。

本书既可以作为高校经管类非会计专业的课程教材,也可以用于MBA等专业硕士的课程教学,还可以供会计爱好者、企业经营管理人员学习和参考。本书由罗勇任主编,孔莉、黄蓉任副主编,邹明芳、陈秋霖、阳星月、李如闻、野明晖、刘筱、陶晓炜等同志共同参与编写。本书在编写过程中,参考或借鉴了许多专家、学者的著作和教材,得到了重庆工商大学和立信会计出版社的大力支持,在此一并表示感谢!

本书无论在内容上还是体例上都做了新的尝试,但由于编写时间仓促和编者水平有限,仍有许多问题有待我们去探索和解决,书中不足之处恳请各位专家、同行和读者批评指正。

编　者

2018年10月

CONTENTS 目录

第一章 01 会计基本概念

第一节　会计目标 …………………………………… 001
第二节　会计要素 …………………………………… 006
第三节　会计假设 …………………………………… 013
第四节　会计信息质量要求 ………………………… 016
复习思考题 …………………………………………… 019
案例分析题 …………………………………………… 020

第二章 02 会计核算方法

第一节　会计确认与计量 …………………………… 022
第二节　会计记录方法 ……………………………… 027
第三节　会计凭证、会计账簿与会计报表 ………… 040
第四节　会计信息化 ………………………………… 049
第五节　会计规范体系 ……………………………… 053
复习思考题 …………………………………………… 057
案例分析题 …………………………………………… 058

第三章 03 资产

第一节　资产的确认 ………………………………… 060
第二节　资产的初始计量 …………………………… 064
第三节　资产的后续计量 …………………………… 073
第四节　资产的期末计量 …………………………… 084
第五节　资产的处置 ………………………………… 089
第六节　资产的清查 ………………………………… 098
复习思考题 …………………………………………… 103
案例分析题 …………………………………………… 103

第四章 04 负债

第一节 负债概述	106
第二节 负债形成的核算	110
第三节 借款费用的核算	114
第四节 负债偿付及处置的核算	117
复习思考题	119
案例分析题	119

第五章 05 所有者权益

第一节 所有者权益概述	121
第二节 所有者权益的核算	127
复习思考题	135
案例分析题	135

第六章 06 收入、费用和利润

第一节 收入	138
第二节 费用	162
第三节 利润	168
复习思考题	178
案例分析题	178

第七章 07 财务会计报告

第一节 会计报表概述	181
第二节 资产负债表	182
第三节 利润表	188
第四节 现金流量表	192
第五节 所有者权益变动表	199
复习思考题	201
案例分析题	201

第八章 08 会计报表分析

第一节 会计报表分析的方法	203
第二节 会计报表分析的内容	211
复习思考题	223
案例分析题	223

第一章
CHAPTER 1

会计基本概念

会计界普遍认为,会计是为有关各方的经济决策提供服务的信息系统。会计信息系统的目标是什么?会计主要提供哪些信息?会计信息质量有何要求?这是会计学率先要解决的问题,也是会计学的基础理论。

第一节 会 计 目 标

会计是以货币为主要计量单位,对单位再生产过程中的资金运动进行全面、综合、连续、系统的核算和监督,通过提供会计信息,旨在提高单位经济效益的一种价值形式的信息系统。

一、会计的产生与发展

早期的会计是比较简单的,只是对财物的收支情况进行计算和记录。随着社会生产的日益发展和科学技术水平的不断进步,会计经历了一个由简单到复杂、由低级到高级的漫长发展过程。从简单的结绳记事到今天的财务系统集成,会计一直伴随着人类的进步而不断地成长和成熟。一般认为,会计的发展过程主要有以下三个阶段。

(一)古代会计

早在原始社会末期,随着社会生产力水平的提高,人们捕获的猎物及生产的谷物等便有了剩余,为了加强对这些剩余劳动产品的分配和管理,人们就尝试着进行简单的记录和计算。由于文字没有出现,人们只好绘图记事,后来发展到使用结绳记事、刻石记事等方法。这些原始的简单记录,被认为是会计的萌芽,同时也被认为是数学、统计甚至是美术的萌芽。后来,随着生产力的进一步发展,金属工具、牛耕等新的生产工具或方法被发明,出现了更多的剩余产品,会计逐渐从生产职能中分离出来,成为特殊的、独立的职能,这便是早期的古代会计。

在我国,"会计"一词,古已有之。在浙江省中部有座会稽山,上古时候原称苗山。相传夏禹曾在此大会诸侯,计算他们的贡赋,计功封爵,始名会稽,即现今会计之意。据记载,我国从周代就有了专设的会计官职,掌管赋税收入、钱银支出等财务工作,进行月计、岁会。亦即,每月零星盘算为"计",一年总盘算为"会",两者合在一起即成"会计"。

(二) 近代会计

15世纪时,意大利的佛罗伦萨、热那亚、威尼斯等地的商业和金融业特别繁荣。商业的发展促使客户之间的转账业务不断增多,银行便需要同时记录两个客户存款账户的此增彼减,最早的复式记账法由此产生。为适应实际需要,1494年,意大利数学家卢卡·巴其阿勒编写了《算术、几何、比与比例概要》一书,该书系统地介绍了威尼斯的复式记账法,并给予理论上的阐述。这被公认为是近代会计的起源。

在近代会计产生后的相当长的时间内,会计理论与方法的发展是比较缓慢的。直到蒸汽技术的发明实现了社会的工业革命,生产力的迅速提高促进了会计的迅猛发展。会计由过去的记账、算账,发展到需要编制和审查报表;同时,为满足编制会计报表的需要,还需要研究资产的估价方法和理论等。第一次世界大战之后,随着企业生产规模的进一步扩大,市场竞争日趋激烈,生产成本越来越得到人们普遍的重视,成本会计得以产生和初步发展。

(三) 现代会计

第二次世界大战后,资本主义的生产社会化程度得到了空前的发展,现代科学技术与经济管理科学的发展突飞猛进,特别是随着资本市场的建立和不断发展,传统的财务会计不断革新和完善,财务会计核算工作更加标准化、通用化和规范化。与此同时,在20世纪30年代成本会计的基础上,配合现代管理理论和实践的需要,会计科学逐步形成了为企业内部经营管理提供信息的管理会计体系,现代会计分化形成了财务会计和管理会计两大分支。这是会计发展史上的一次伟大变革。

另外,电子计算机在会计中的应用也是现代会计产生的另一个重要标志。1946年,第一台电子计算机在美国诞生。1953年,电子计算机便在会计中得到初步应用,从而使会计工作的效能发生了很大变化,它扩大了会计信息的范围,提高了会计信息的精确性和及时性,大大提高了会计工作效率和工作质量,实现了会计科学的根本性变革。21世纪以来,随着网络技术的发展,现代会计的职能从传统的"信息处理和提供"转向"信息的分析使用和辅助决策",会计学科得到突飞猛进的发展。

二、会计的目标

会计目标分为管理会计目标与财务会计目标。就管理会计而言,会计目标主要是强化企业内部经营管理,提高企业经济效益;就财务会计而言,会计目标主要是指财务会计报告的目标,财务会计报告的目标是财务会计概念框架的逻辑起点,是会计理论研究中的一个重要课题。财务会计报告的目标:一方面要反映企业的受托责任;另一方面又要满足财务会计报告信息使用者的决策需要。学术上将这两种观点概括为受托责任观和决策有用观。

(一)受托责任观

受托责任观是以企业的所有权和经营权相分离为前提的,认为财务会计报告的目标是向股东反映企业管理层履行受托责任的情况。

由于两权分离,所有者和管理层之间形成了委托-代理关系。管理层接受所有者的委托对企业及其各项资产进行经营管理,有责任妥善管理并有效运营这些资产,负有受托责任。企业的所有者需要及时了解管理层的经营成果,评价管理层受托责任的履行情况,并决定是否需要调整投资政策,是否需要加强企业内部控制和其他制度建设,是否需要更换管理层等,这就需要管理层向所有者提供会计信息。因此,管理层向所有者提供财务会计报告、满足所有者对企业会计信息的需要是公司治理的基本要求。

如果以受托责任作为会计目标,企业就要真实、客观地向委托人反映公司的经营状况,反映管理层的经营成果,因而,会计信息应当是面向历史的,即客观地反映公司已经发生的实际业务;会计信息应当建立在切实可靠的基础之上;会计信息应当偏向于稳健。这些会计信息方面的要求可以约束管理层的随意行为,降低信息不对称的程度,发挥会计在公司治理中的作用。

(二)决策有用观

决策有用观是在资本市场日渐发达的历史背景下形成的。在此背景下,投资者进行投资需要有大量可靠而相关的会计信息,从传统的关注历史信息转向对未来信息的关注;同时,要求披露的信息量和范围也不断扩大,不仅要求披露财务信息、定量信息和确定信息,还要求更多地披露非财务信息、定性信息和不确定信息。这些信息的提供总是要借助于会计系统,因此,会计信息的提供必须以服务于决策为目标取向。

我国《企业会计准则——基本准则》将财务会计报告的目标定义为向财务会计报告使用者提供与企业财务状况、经营成果和现金流量等有关的会计信息,反映企业管理层受托责任履行情况,有助于财务会计报告使用者做出经济决策。财务会计报告使用者又称会计信息使用者,主要包括投资者、债权人、政府及其有关部门和社会公众等。投资者通常关心企业的获利能力和发展能力,他们需要根据会计信息了解企业资本结构的变化,做出相应的投资决策;债权人通常关心企业的偿债能力和财务风险,他们需要根据会计信息了解企业的债权保障,判断是否有足够的能力按期偿付债务;政府及其有关部门根据会计信息了解企业的经营活动、社会资源的分配情况,作为决定税收等经济政策的基础;社会公众根据会计信息可以了解企业的经营活动、发展趋势,为选择投资提供决策依据。

案例 1-1

安然公司财务舞弊：从天堂到地狱

2001年10月，世界上最大的能源交易商、美国500强企业中排名第七的商业巨擘——安然公司突然宣告破产。这个被喻为"商业界9.11"的安然事件像一枚瞬间引爆的炸弹震惊美国各界。一直以来，安然公司掌控着美国20%的电能和天然气交易，安然公司股票是所有证券评级机构都强力推荐的绩优股，其股价在2001年年初时高达80多美元并呈上升之势，成为众多投资者的追捧对象。在2000年第四季度，公司天然气业务成长翻升3倍，公司能源服务零售业务翻升5倍；2001年第一季度，季营收成长翻升4倍，是连续21个盈余成长的财季。然而，2001年10月16日，安然公司公布的该年第三季度财务会计报告引起投资者和媒体的广泛关注：安然公司突然宣布第三季度亏损了，并且竟然高达6.18亿美元！安然事件由此揭开序幕。

2001年10月22日，一家华尔街网站发表文章披露安然公司与另外两家关联企业之间复杂的交易存在重大财务舞弊嫌疑。也正是在这一天，美国证券交易委员会盯上了安然公司，要求其主动提交某些交易的细节内容，并于10月31日开始对安然公司进行正式调查。11月8日，在外围的强大压力下，安然公司向美国证监会递交文件承认存在财务舞弊，承认从1997年到2001年间，共虚报利润5.86亿美元，并且未将巨额债务入账。11月30日，安然公司股价跌至0.26美元，市值由峰值时的800亿美元跌至2亿美元。12月2日，安然公司正式向破产法院申请破产保护，破产清单所列资产达498亿美元，成为当时美国历史上最大的破产企业。2002年1月15日，纽约证券交易所正式停止安然公司股票的相关交易。

案例来源：白晓红，刘刚，孙建波. 安然事件回顾与启示[EB/OL]. (2012-05-26). [2018-10-02]. http://www.doc88.com/p-082655975405.html.

三、会计的职能

会计职能是指会计在经济管理过程中所具有的功能。马克思在《资本论》中关于会计基本职能的定义是对再生产"过程的控制和观念的总结"。我国会计界通常把"过程的控制"理解为监督，把"观念的总结"理解为核算。《中华人民共和国会计法》（以下简称《会计法》）也将会计职能定位于"进行会计核算，实现会计监督"。

（一）会计的核算职能

会计的核算职能又称会计反映职能，是通过会计特有的逻辑和程序，以货币为计量单位，运用一系列专门的方法，对特定主体经济活动的过程和结果进行全面、综合、连续、系统、及时地记录、计算和报告。记录、计算和报告就是会计的核算职能。

核算职能是会计最基本的职能。与统计核算、业务核算和传统的会计核算相比,现代会计核算职能的特点如下:

第一,会计主要是利用货币计价,综合反映企业的经济活动,为经济决策提供可靠的经济信息。会计虽然可以采用实物量(如数量、重量、体积)、货币量、劳动量(如工作时数)三种度量形式,但货币计量是最终的、统一的度量形式。

第二,会计不仅是记录和陈述过去,如实反映已发生的经济业务,还包括预测未来,为企业的经营决策提供依据。传统会计的核算职能主要是对已发生的经济业务进行事后反映。随着社会生产的发展,市场规模的不断扩大和社会经济活动的日趋复杂,企业不仅要随时了解经营状况,检查经营活动是否符合既定的目标,还要周密地规划企业未来的行动。

第三,会计核算具有完整性、连续性和系统性的特点。会计核算的完整性是指在时间和空间上涵盖所有应该核算的会计对象,不能有任何遗漏;会计核算的连续性是指对会计对象的确认、计量、记录和报告要连续进行,不能有任何中断;会计核算的系统性是指要采用科学的会计核算方法对会计信息进行加工处理,保证所提供的会计数据资料成为一个有序的、整体的会计信息系统。只有完整、连续、系统的会计信息,才能使信息使用者有效、准确地掌握会计主体的经济活动情况,考核其经济效益。

第四,随着电子计算机引入会计领域,手工会计信息系统逐步发展为电算化会计信息系统,从而使会计信息变得更为完善,更加及时、灵活、准确,更能满足多方面、多层次的需求。最为突出的是从手工会计的批处理逐步向会计信息化的实时处理转变。

(二) 会计的监督职能

会计的监督职能又称控制职能,是指会计人员在进行会计核算的同时,对特定主体经济活动和相关会计核算的真实性、合法性和合理性进行监督检查,以确保特定主体的资产安全、经营合规和信息可靠。

会计监督主要从交易活动和会计核算两个层面进行,具有以下特点:

第一,会计监督是对交易的合法性和合理性进行监督。合法性依据的是国家颁布的法令、法规、财经纪律等,防止企业从事不合法的经营活动和财务活动,出具虚假的财务信息;合理性依据的是客观经济规律及经营管理方面的要求。

第二,会计监督是对业务发生的全过程进行监督,包括事前监督、事中监督、事后监督。事前监督是在交易尚未进行时的监督,主要通过参与预算编制、合同谈判等工作进行监督;事中监督是对正在进行的经济活动进行监督,主要通过对企业成本费用的计算,发现异常事项,及时进行监督;事后监督是对已经发生的经济活动进行会计监督,主要体现在支付环节,如财务人员要对报销发票的真伪进行鉴别,筛选出不符合报销条件的发票,对记载不准确、不完整的原始凭证予以退回,并按规定更正、补充。事前监督可以起到预防作用;事中监督可以及时发现问题;事后监督可以总结经验,避免产生经营风险。

第三,会计监督是对会计核算的恰当性和准确性进行监督。企业经济业务发生后,需要选用适当的会计准则,采用符合企业特点的方法,按照会计程序进行核算。对准则、方法选择的适当性和程序的规范化进行监督,对记账凭证、会计账簿和会计报表进行审核,保证会计核算资料的准确性;对各种财产和资金实地盘点,保证会计资料的真实性;对成本费用进行监督，保证用尽可能少的投入，获得尽可能多的产出；对利润的实现与分配进行监督，保证按时上缴税金和进行利润分配；对财务收支进行监督，保证财务收支符合财务制度的规定。

会计的职能随社会经济的发展和会计内容、作用的不断扩大而发展。随着市场经济和科学技术的不断发展，会计除核算和监督两个基本职能以外，还具有预测、决策、控制、分析和考核等拓展职能。

第二节 会 计 要 素

会计要素是会计核算和监督的具体对象和内容，是资金运动按经济性质所作的基本分类，也是构成会计报表的基本要素。《企业会计准则——基本准则》将会计要素分为资产、负债、所有者权益（或股东权益）、收入、费用和利润六个会计要素。其中，资产、负债和所有者权益三项会计要素侧重反映企业的财务状况，构成资产负债表要素；收入、费用和利润三项会计要素侧重于反映企业的经营成果，构成利润表要素。

一、反映财务状况的会计要素

财务状况表明一定日期企业资产的资金来源与占用情况。反映财务状况的要素包括资产、负债和所有者权益。

（一）资产

1. 资产的概念

资产是指企业过去的交易或事项形成的、由企业拥有或控制的、预期会给企业带来经济利益的资源。其特征为：

（1）资产是由企业过去的交易或事项形成的。预期在未来发生的交易或事项可能产生的结果不属于现在的资产。例如，公司与客户签订一份合同，计划在明年购入一台新设备，因为签订合同不等于履行了合同，所以该新设备目前不能确认为企业的资产。

（2）资产应为企业拥有或控制的资源。拥有是指企业享有某项资源的所有权（如企业购置的设备）。在某些情况下，虽然企业不享有某项资源的所有权，但该资源能被企业所控制，如融资租入设备，也要确认为企业的资产。

（3）资产预期会给企业带来经济利益。资产能够直接或者间接导致现金和现金等价物流入企业。不能带来经济利益的资源不是企业的资产。例如，企业拥有的一台废弃设备，其既不能投入使用创造经济利益，也不能变卖取得收益，因此，该设备不是企业的资产。

2. 资产的分类

资产按流动性分为流动资产和非流动资产，会计上所称的流动性主要是指资产的变现能力。流动资产是指可以在1年（含1年）或者超过1年的一个营业周期内变现或者耗用的、以交易为目的而持有的资产,主要包括货币资金、预付款项、交易性金融资产、应收票据、应收账款、存货和合同资产等;非流动资产是指在1年或者超过1年的一个营业周期以上才能变现或者耗用的、以交易为目的而持有的资产,主要包括长期股权投资、固定资产和无形资产等。

(二) 负债

1. 负债的概念

负债是指企业过去的交易或者事项形成的、预期会导致经济利益流出企业的现时义务。其特征为:

(1) 负债是由企业过去的交易或事项形成的。负债应当由企业过去的交易或事项所形成。换句话说,只有过去的交易或事项才形成负债,企业将在未来发生的承诺、签订的合同等交易或者事项,不形成负债。

(2) 负债是企业承担的现时义务。这里的现时义务是指企业在现行条件下已承担的义务。未来发生的交易或者事项形成的义务,不属于现时义务,不应当确认为负债。

(3) 负债预期会导致经济利益流出企业。预期会导致经济利益流出企业是负债的一个本质特征,只有在履行义务时会导致经济利益流出企业的,才符合负债的定义。在履行现时义务清偿负债时,导致经济利益流出企业的形式多种多样,如以提供劳务形式偿还、以实物资产偿还、以现金偿还、将负债转为资本等。

2. 负债的分类

负债按流动性可以分为流动负债和非流动负债。其中,流动负债是指将在1年(含1年)或者超过1年的一个营业周期内偿还的债务,包括短期借款、应付账款、应付票据、预收款项、合同负债、应付职工薪酬、应交税费等;非流动负债是指偿还期在1年或者超过1年的一个营业周期以上的债务,包括长期借款、应付债券、长期应付款等。

(三) 所有者权益

1. 所有者权益的概念

所有者权益是指企业资产扣除负债后由所有者享有的剩余权益,是投资者对企业净资产的所有权。公司的所有者权益又称股东权益。其特征为:

(1) 所有者权益是剩余权益,所有者仅对企业的净资产享有所有权,净资产是资产减去负债后的余额。

(2) 所有者权益的金额不能单独计量,它依赖资产和负债的计量。

2. 所有者权益的来源构成

所有者权益的来源包括所有者投入的资本、直接计入所有者权益的利得或损失、留存收益等。其中,直接计入所有者权益的利得或损失是指不应计入当期损益、会导致所有者权益发生增减变动的、与所有者投入资本或者向所有者分配利润无关的利得或者损失。

所有者权益包括实收资本(或股本)、资本公积、其他综合收益、盈余公积和未分配利润。其中,盈余公积和未分配利润统称留存收益。

案例1-2

"首负"还是"首富"

万达集团董事长王健林2016年12月10日在第十五届中国企业领袖年会上就网传万达集团欠债4 000亿元的事情做出回应。

谈及网上传闻万达集团欠债4 000亿元,"首富"其实是"首负"一事时,王健林说:"我们先做一个经普。什么叫经普?科学知识的普及叫科普,我这个叫经济知识的普及。"

"第一个问题,谁在负债?我也看了这个文章,文章中说,我负债4 000多亿元,我资产才2 000多亿元,欠债比资产多很多,这不是'首负'吗?但这个概念搞错了。关于负债4 000多亿元,他们应该是看了2015年或者是2016年的上半年万达商业的财报,那是万达商业的负债,不是我个人的负债,负债的对象搞错了。"

"第二个概念,资产的负债。负债4 000多亿元,但资产是多少?如果资产跟负债差不多可能还行,资产小于负债可能真的就有问题了。公开资料中,万达商业资产是6 900亿元,负债是4 000多亿元,这就很清楚了。"

"第三个概念,就是房地产的负债。房地产行业的负债跟别的行业的负债有所不同,房地产的预售,就是房子的销售收入算负债,这一点很多不是财经界的就搞不懂。预售房款算负债,只有等到房子竣工了,拿到竣工证才能转化为收入。所以,大型的房地产企业都会有1 000多亿元的人民币算到负债里去。所以,文章说万达集团欠了银行4 000多亿元贷款,其实连负债和贷款的概念都没搞清楚。"

"第四个概念,净资产。我们不讲别的公司,就讲万达商业。2016年6月30日,万达商业财报净资产是1 900亿元,到年底万达净资产肯定超过2 000亿元,中国房地产行业里有这样净资产的公司只有万科和万达。什么叫净资产呢?就是你的资产剥去你所有的负债,再剥去你的预算款,全去了,净剩下的就是你自己的净资产。你的公司有2 000多亿元的净资产,这个公司还差吗?这就是为什么我们退市,45元钱的价格,还有那么多人蜂拥去买。"

"第五个概念,我究竟是'负'还是'富'?首先我也不是炫耀,不管多富我最后都要捐给社会,只不过现在还在享受这个追逐的过程。我在万达商业和万达院线这两个上市公司拥有的股票价值大约值1 500亿元,这里不说我还有其他很多很多的公司。你们可以去看银行公布和财政报表,看我在银行里有没有抵押。我没有抵押,如果我真缺钱,这些股票就可以去抵押和套现1 000亿元了。"

王健林最后说:"说我'首负'的这个新闻,只有两种可能了,一是这小子是真不懂,所以我今天经普一下。第二个他是真懂,其他的不说,就说万达商业负债这一条,误导广大的吃瓜群众。"

案例来源:黄博阳.王健林首次回应是"首富"还是"首负"[EB/OL].(2016-12-10)[2018-10-05].http://www.xinhuanet.com/fortune/2016-12/10/c_129398911.htm.

二、反映经营成果的会计要素

经营成果是表明企业在一定时期内生产经营活动取得的盈利或发生的亏损情况。反映经营成果的要素包括收入、费用和利润。

(一) 收入

1. 收入的概念

收入是指企业在日常活动中形成的、会导致所有者权益增加的、与所有者投入资本无关的经济利益的总流入。其特征为：

(1) 收入是从企业的日常活动中产生的。日常活动是指企业为完成其经营目标所从事的经常性活动以及与之相关的活动。

(2) 收入是与所有者投入资本无关的经济利益的总流入。收入应当会导致经济利益的流入，从而导致资产的增加或负债的减少。投资者的投入以及第三方或客户代收的款项不是企业的收入。

(3) 收入最终会导致所有者权益的增加。不增加所有者权益的经济业务，不确认收入。

2. 收入的分类

收入按企业从事日常活动的性质不同，分为销售商品收入、提供劳务收入和让渡资产使用权收入。收入按企业经营业务的主次不同，分为主营业务收入和其他业务收入。

(二) 费用

1. 费用的概念

费用是指企业在日常活动中形成的、会导致所有者权益减少的、与向所有者分配利润无关的经济利益的总流出。其特征为：

(1) 费用是从企业的日常活动中形成的。费用与收入是相对应的概念，是企业为获得收入而付出的相应"代价"。例如，企业销售商品实现了5万元的收入，而为实现5万元的收入所付出的商品购买成本4万元，便形成了相应的费用。

(2) 费用是与资本和向所有者分配利润无关的经济利益的流出。费用会导致企业经济利益的流出，但不是所有经济利益流出都是费用。例如，企业所有者收回投资或企业向所有者分配利润，虽然会引起资产减少或负债增加，并使所有者权益减少，但并不属于企业发生费用的经济业务。

(3) 费用最终会导致所有者权益减少。与费用相关的经济利益的流出应当会导致所有者权益的减少，不会导致所有者权益减少的经济利益的流出不符合费用的定义，不应确认为费用。

2. 费用的分类

费用按归属可以分为计入资产成本的费用和直接计入当期损益的费用。计入资产成本的费用包括生产成本、资本化的研发支出等；直接计入当期损益的费用包括营业成本、税金及附加、销售费用、管理费用、财务费用、资产减值损失、所得税费用等。

(三) 利润

1. 利润的概念

利润是指企业在一定会计期间的经营成果。在通常情况下，如果企业实现了利润，表明企业的所有者权益将增加，企业资本得以保值、增值；反之，如果企业发生了亏损，表明企业的所有者权益将减少，经营业绩不佳。因此，利润往往是评价企业管理层经营成果的一项重要指标，也是投资者等财务会计报告使用者进行决策时的重要参考。

2. 利润的来源构成

利润是企业在一定期间所有收入与所有费用之间的差额，包括收入减去费用后的净额、直接计入当期利润的利得（如营业外收入）或损失（如营业外支出）等。其中，直接计入当期利润的利得或损失是指应当计入当期损益、会导致所有者权益发生增减变动的、与所有者投入资本或者向所有者分配利润无关的利得或者损失。企业应当严格区分收入和利得、费用和损失之间的区别，以更加全面地反映企业的经营业绩。

三、会计等式与经济业务的类型

(一) 会计等式

会计等式也称会计方程式或会计恒等式，是揭示会计要素之间内在联系的数学表达式。会计等式反映了企业的财务状况和会计要素的相互关系，是复式记账、试算平衡和编制会计报表的理论依据。

资产是负债和所有者权益的存在形式，负债和所有者权益是资产的资金来源。企业资产、负债和所有者权益之间的数量关系可以写成下列等式：

$$资产 = 负债 + 所有者权益 \qquad (1-1)$$

等式(1-1)又称为静态等式，反映了资产、负债和所有者权益这三个会计要素之间的关系，揭示了企业在某一特定时点的财务状况。这个等式所表达的含义是：企业用于生产经营的资产只有两个资金来源，要么来自所有者（股东），要么来自债权人。有一定数额的资产，就有一定数额的权益（负债和所有者权益）；反之，有一定数额的权益，就有一定数额的资产。资产和权益的这种相互依存的关系，决定了在数量上一个企业的资产总额与权益总额必定相等。

企业的目的是获取利润，在生产经营过程中会取得各项收入，如商品销售收入、提供劳务取得的收入等；同时，在生产经营过程中也会产生相应的费用，如销售费用、管理费用、提供劳务发生的成本等。如果在一定期间，企业的收入大于成本，这之间的差额就是企业获取的利润；反之，则形成企业的亏损。收入、费用和利润的关系可以写成下列等式：

$$收入 - 费用 = 利润 \qquad (1-2)$$

等式(1-2)又称为动态等式，反映了收入、费用和利润这三个会计要素的关系，揭示了企业在某一特定期间的经营成果。

那么静态等式与动态等式之间又有怎样的关系呢？

企业在一定时期内取得的经营成果能够对资产和所有者权益产生影响：收入可导致企业资产增加或负债减少，最终会导致所有者权益增加；费用可导致企业资产减少或负债增加，最终会导致所有者权益减少。所以，一定时期的经营成果必然影响某一时点的财务状况。把一定会计期间的六个会计要素联系起来，就可得到下列等式：

$$资产 = 负债 + 所有者权益 + (收入 - 费用) \qquad (1-3)$$

或

$$资产 + 费用 = 负债 + 所有者权益 + 收入$$

等式(1-3)又称第三会计等式，它动态地反映了企业财务状况和经营成果之间的关系。

（二）经济业务的类型

企业在生产经营过程中，由于资产与权益的恒等性，不论经济业务如何发生，都不影响资产与权益的恒等关系。

经济业务有以下九种类型。

1. 资产内部一增一减

【例1-1】 2×18年1月12日，光明公司从银行提取现金5 000元。

资产		=	负债	+	所有者权益
银行存款	库存现金				
−5 000	+5 000				

银行存款与库存现金都是公司的资产，该项经济业务的发生一方面导致等式左边资产(库存现金)增加5 000元，另一方面导致等式左边资产(银行存款)减少5 000元，总资产不变，仅是资产内部的增减变动，会计等式的恒等关系不变。

2. 负债内部一增一减

【例1-2】 2×18年1月18日，光明公司向银行提出借款延期申请，银行同意将光明公司短期借款3万元延长2年，变更为长期借款。

资产	=	负债		+	所有者权益
		短期借款	长期借款		
		−30 000	+30 000		

短期借款与长期借款都是公司的负债，该项经济业务的发生一方面导致等式右边的负债(短期借款)减少3万元，另一方面导致等式右边的负债(长期借款)增加3万元，总负债不变，仅是负债内部的增减变动，会计等式的恒等关系不变。

3. 所有者权益内部一增一减

【例1-3】 2×18年1月31日，光明公司将资本公积50万元转增资本。

资产	=	负债	+	所有者权益	
				资本公积	实收资本
				−500 000	+500 000

资本公积与实收资本都是公司的所有者权益,该项经济业务的发生一方面导致等式右边的所有者权益(资本公积)减少 50 万元,另一方面导致等式右边的所有者权益(实收资本)增加 50 万元,所有者权益总额不变,会计等式的恒等关系不变。

4. 资产增加,负债增加

【例 1-4】 2×18 年 2 月 1 日,光明公司从银行借入短期借款 5 万元存入银行。

资产	=	负债	+	所有者权益
银行存款		短期借款		
+50 000		+50 000		

该项业务的发生一方面导致等式左边的资产(银行存款)增加 5 万元,另一方面导致等式右边的负债(短期借款)增加 5 万元,等式左右两边同时增加,会计等式的恒等关系不变。

5. 资产减少,负债减少

【例 1-5】 2×18 年 2 月 5 日,光明公司用银行存款 2 万元偿还货款。

资产	=	负债	+	所有者权益
银行存款		应付账款		
−20 000		−20 000		

该项业务的发生一方面导致等式左边的资产(银行存款)减少 2 万元,另一方面导致等式右边的负债(应付账款)减少 2 万元,等式左右两边同时减少,会计等式的恒等关系不变。

6. 资产增加,所有者权益增加

【例 1-6】 2×18 年 2 月 18 日,光明公司收到所有者宏利公司追加投入的资本 10 万元,款项已存入开户银行。

资产	=	负债	+	所有者权益
银行存款				实收资本
+100 000				+100 000

该项业务的发生一方面导致等式左边的资产(银行存款)增加 10 万元,另一方面导致等式右边的所有者权益(实收资本)增加 10 万元,等式左右两边同时增加,会计等式的恒等关系不变。

7. 资产减少,所有者权益减少

【例 1-7】 2×18 年 2 月 25 日,投资者阿兰收回投资 2 万元,光明公司以银行存款支付。

资产	=	负债	+	所有者权益
银行存款				实收资本
−20 000				−20 000

该项业务的发生一方面导致等式左边的资产(银行存款)减少2万元,另一方面导致等式右边的所有者权益(实收资本)减少2万元,等式左右两边同时减少,会计等式的恒等关系不变。

8. 负债增加,所有者权益减少

【例1-8】 2×18年3月1日,光明公司宣告向投资者分配现金股利8万元。

资产	=	负债	+	所有者权益
		应付股利		利润分配——未分配利润
		+80 000		−80 000

该项业务的发生一方面导致等式右边的负债(应付股利)增加8万元,另一方面导致等式右边的所有者权益(利润分配——未分配利润)减少8万元,等式左右两边总额不变,会计等式的恒等关系不变。

9. 负债减少,所有者权益增加

【例1-9】 2×18年3月15日,经与东方公司协商,光明公司将应偿还给东方公司的货款6万元转为对本公司的投资。

资产	=	负债	+	所有者权益
		应付账款		实收资本
		−60 000		+60 000

该项业务的发生一方面导致等式右边的负债(应付账款)减少6万元,另一方面导致等式右边的所有者权益(实收资本)增加6万元,等式左右两边总额不变,会计等式的恒等关系不变。

从以上九种经济业务类型对会计等式的影响结果可以看出,企业无论发生何种经济业务,都不会影响会计等式的平衡关系。

第三节 会 计 假 设

经济活动具有较大的不确定性,如企业的经营范围究竟有多大,能够经营多长时间等。面对诸多的不确定性,会计核算必须设置一些假设,即会计基本假设(亦称会计基本前提),使不确定性能够确定,才能进行会计核算,即在组织核算工作之前,先要解决与确立核算主体有关的一系列重要问题,这是全部会计工作的基础,具有非常重要的作用。公认的会计基本假设有四个,分别是会计主体假设、持续经营假设、会计分期假设和货币计量假设。

一、会计主体

会计主体是指企业会计确认、计量、记录和报告的空间范围。这里的"空间范围"也是一个会计概念,是指特定产权范围内的空间。在会计主体假设下,企业应当对其本身发生的交易或事项进行确认、计量、记录和报告,反映企业本身所从事的各项生产经营活动。明确会计主体是开展会计确认、计量、记录和报告等工作的重要假设,因为会计的各种要素,如资产、负债、收入和费用等,都是同会计主体相联系的,一切核算工作都是站在特定会计主体的立场上进行的。如果主体不明确,资产和负债就难以界定,收入和费用便无法衡量,更无法建立各种会计核算方法。

只有明确会计主体才能划定会计要处理的各项交易或事项的范围。在会计工作中,只有那些影响企业本身经济利益的各项交易或事项才能加以确认、计量、记录和报告。只有明确会计主体才能将会计主体的交易或事项与会计主体所有者的交易或事项及其他会计主体的交易或事项区别开。例如,企业所有者的经济交易或事项是属于企业所有者主体所发生的,不应纳入企业会计核算的范围。

会计主体不同于法律主体。一般来说,法律主体必然是一个会计主体,但会计主体不一定是法律主体。

二、持续经营

如果说会计主体作为基本假设是一种空间界定,那么持续经营则是一种时间上的假定。将持续经营作为基本假设,是指企业在可以预见的将来,如果没有明显的证据证明企业不能经营下去,就认为企业将会按照当前的规模和状态继续经营下去,不会停业,也不会大规模削减业务。"可预见的将来"通常是指企业足以收回资产成本的经营期间。在持续经营假设下,企业拥有的各项资产就会在正常的经营过程中耗用、出售或转换,承担的债务也会在正常的经营过程中清偿,经营成果就会不断形成。也就是说,组织会计核算工作,首先,必须明确核算的主体,即解决为谁核算的问题;其次,还必须明确时间范围,即确认核算主体是持续不断地经营的,否则,组织会计核算工作的必要性就不存在了。

持续经营对于会计十分重要,它为正确地确定财产计价、收益以及为计量提供了理论依据。只有具备了这一假设,才能够以历史成本作为企业资产的计量属性,才能够认为资产在未来的经营活动中可以给企业带来经济效益,固定资产的价值才能够按照使用年限的长短以折旧的方式分期转为费用。

在实务中,要不断对企业是否可以持续经营进行判断和评估,如果不能持续经营,企业应当及时披露相关信息。

三、会计分期

会计分期这一假设是建立在持续经营假设基础上的,是持续经营的客观要求。会计分期是指将一个企业持续经营的生产经营活动期间划分为若干连续的、长短相同的期间。

企业的经营活动从时间上来看是持续不断的,但会计为了确定损益和编制财务会计报告,定期为会计信息使用者提供信息,就必须将持续不断的经营过程划分成若干期间。会计期间一般按照日历时间划分,分为年、季、月。会计期间的划分是一种人为的划分,实际的经济活动周期可能与此期间不一致,有的经济活动可以横跨多个会计期间。但是,与企业有利益关系的单位或个人都需要在一个期间结束之后随时掌握企业的财务状况、经营成果和现金流量。所以,将划分会计期间作为会计的基本假设是由持续经营和及时提供会计信息的要求决定的。

会计期间可以采用历年制和跨期制。历年制就是自然年度,年度期间是1月1日到12月31日。我国《会计法》规定,会计期间采用历年制。有的国家采用跨期制的会计期间,如当年的4月1日至次年的3月31日。

会计期间分为年度和中期。中期是指短于一个完整的会计年度的报告期间。我国上市公司除了提供年度财务会计报告以外,还要提供季度财务会计报告。

四、货币计量

会计计量是会计核算的关键环节,是会计记录和会计报告的前提。用货币来反映一切经济业务是会计核算的基本特征,因而也是会计核算的一个重要假设。货币计量假设包括以下两层含义:

一是会计核算要以货币作为主要的计量尺度。我国《会计法》规定,会计核算以人民币为记账本位币,业务收支以人民币以外的货币为主的单位,可以选定其中一种作为记账本位币,但是编报的财务会计报告应当折算为人民币。在以货币作为主要计量单位的同时,有必要也应当以实物量度和劳动量度作为补充。

【例1-10】 甲公司系合资企业,生产的产品既在国内销售,又往国外销售。随着业务量的不断拓展,外销业务不断扩大,到2017年3月,甲公司外销业务占整个业务的78%以上,而且主要集中在法国、德国、荷兰等西欧国家。公司财务部门考虑收入业务主要集中在法国等欧元区国家,而且每天都需按外汇牌价折算为人民币,工序非常烦琐,于是便向公司董事会提出会计核算由以人民币为记账本位币改为以欧元为记账本位币。甲公司生产的产品主要销往法国等地,货币收支以欧元为主,因此可以选择欧元为记账本位币。

二是假定币值稳定。因为只有在币值稳定或相对稳定的情况下,不同时点上的资产价值才有可比性,不同期间的收入和费用才能进行比较,并计算确定其经营成果,会计核算提供的会计信息才能真实反映会计主体的经济活动情况。

案例1-3

纠结的商人：赚了还是亏了

一个阳光明媚的周末，某毛皮商人放弃休息，背着他昨天购买的五件毛皮到当地集市销售。五件毛皮昨天的进价总额为5 000元（单价为1 000元）。幸运的是，他很快以每件1 200元的价格将五件毛皮全部销售了出去。想着时间还早，他又不辞辛苦地到另外一个城镇的批发市场进货，准备回去明天继续销售。当他在批发市场进货时，得知每件货物的进价已经涨到了1 300元。他花费了6 500元现金又购买五件相同的毛皮，来不及吃饭便匆匆往家赶。深夜，他回到家中，简单地吃了点东西便拖着疲惫的身体上床睡觉。可是，他怎么也睡不着，因为他发现，今天好像亏了，但又好像是赚了。那一夜，他一直没有睡着……

第四节　会计信息质量要求

会计信息质量要求是使会计信息对其使用者管理和决策有效所应具备的基本特征，包括可靠性、相关性、可理解性、可比性、及时性、实质重于形式、谨慎性和重要性等。

一、可靠性

可靠性要求企业应当以实际发生的交易或事项为依据进行确认、计量和报告，如实反映符合确认和计量要求的各项会计要素及其他相关信息，保证会计信息真实可靠、内容完整。

会计信息要对决策有用，必须以可靠性为基础。不可靠、甚至是虚假的会计信息，会误导信息使用者的决策，从而导致他们产生经济损失。可靠性要求会计工作做到以下几点：

第一，会计核算应当以实际发生的交易或事项为依据，不能虚构经济业务。

第二，应当如实反映其所应反映的交易或事项，会计信息是中立的、无偏的。

第三，在符合重要性和成本效益原则的前提下，保证会计信息的完整性，不能随意遗漏或者减少应披露的会计信息。

案例1-4

华鑫股份应该赔偿股东损失吗

2008年6月2日，华鑫股份原大股东上海仪电集团有限公司（以下简称"仪电集

(续上)

团")与上海敏特投资有限公司(以下简称"敏特投资")、中国华铭国际投资有限公司(以下简称"华铭投资")合计持有上海金陵(现为华鑫股份,股标代码600621)股权比例为7.59%,超过上市公司总股本的5%,仪电集团未予以披露;2008年6月3日,上海市国资委将所持上海金陵股权转至仪电集团名下后,仪电集团与敏特投资、华铭投资合计持有上海金陵股权比例为24.95%,仪电集团仍未对合计持股情况进行披露。仪电集团被认定实施了不正当披露行为,未按规定披露持股情况构成,损害了投资者的利益。

华鑫股份投资者应积极利用法律武器保护自己,维护自身知情权。在证监会处罚决定发布后,浙江股民柳女士以证券虚假陈述导致其遭受重大经济损失为由,起诉仪电集团。起诉证券索赔案于2015年8月5日一审判决胜诉,上海市第一中级人民法院认定仪电集团构成证券虚假陈述,判决仪电集团赔偿柳女士投资差额、佣金、税金等损失622 475.46元及相应利息损失,并承担全部诉讼费。同时,全国有上百名华鑫股份投资者通过司法程序拿到赔偿,但截至诉讼时效到期,仍有近9万名投资者并未行使他们索赔的权利,过期丧失诉讼权,不再受到法律保护。

案例来源:证监会.中国证监会行政处罚决定书[上海仪电控股(集团)有限公司][EB/OL].(2018-08-02)[2018-10-05]. http://www.csrc.gov.cn/zjhpublic/G00306212/201311/t20131108_237609.htm.

二、相关性

相关性要求企业提供的会计信息应当与财务会计报告使用者的经济决策需要相关,有助于财务会计报告使用者对企业过去、现在或者未来的情况做出评价或者预测。相关性具体包括以下要求:

第一,提供的会计信息具有反馈价值。相关性有助于会计信息使用者评价企业过去的决策,证实或者修正过去的有关预测。

第二,提供的会计信息要有预测价值。相关性有助于信息使用者根据财务会计报告所提供的会计信息预测企业未来的财务状况、经营成果和现金流量。

例如,企业向银行申请贷款时,需要提供与还款能力有关的信息,银行才能判断是否提供贷款,与还款能力有关的信息对银行来说都具有相关性。区分收入和利得、费用和损失、流动资产和非流动资产等,都可以提高会计信息的预测价值,进而提升会计信息的相关性。

相关性和可靠性之间存在一定的矛盾关系,但不能将两者对立起来。会计信息应当在可靠性的前提下,尽可能做到相关性,以满足信息使用者的决策需要。

三、可理解性

会计虽然具有专业性,但会计信息往往是为非会计专业人员服务的,因此,会计信息应当具有可理解性。可理解性要求企业提供的会计信息应当清晰明了,便于会计信息使用者理解和使用。可理解性具体包括以下要求：

第一，提供的会计信息应当清晰明了，易于理解。

第二，会计记录和会计报表数量关系清晰、明确，会计术语通俗易懂。

如果会计信息易于理解，不仅可以扩大用户的范围，满足更多信息使用者的要求，活跃经济活动，还可以提高信息的效益性，使信息资源的配置更为合理。

四、可比性

可比性要求企业提供的会计信息应当相互可比。对同一笔经济业务，要保证同一企业不同时期可比、不同企业相同会计期间可比，即能够进行纵向和横向的比较分析。可比性具体包括以下要求：

第一，不同企业发生的相同的交易或事项，应当采用一致的会计政策，按照一致的确认、计量和报告基础提供有关会计信息。

第二，同一企业对于不同时期发生的相同的或者相似的交易或事项，应当采用一致的政策，不得随意变更。

五、及时性

及时性要求会计核算应当及时进行，不得提前或延后。及时性是保证会计信息使用者及时利用会计信息的必要条件。及时性具体包括以下要求：

第一，及时收集会计数据并取得有关凭证。

第二，对会计数据及时进行处理，及时编制财务会计报告。

第三，对会计信息进行及时传递。

例如，甲公司各项经济业务应当及时进行会计核算。及时性内容包括两个方面：一是公司的会计处理应当及时，即会计事项的账务处理应当在当期内进行，不能延至下一会计期间或提前至上一会计期间；二是会计报表应在会计期间结束后，按规定日期呈报给相关会计信息使用者，不得影响有关各方使用会计报表。

六、实质重于形式

实质是指经济实质，形式是指法律形式。实质重于形式要求企业应当按照交易或事项的经济实质进行会计确认、计量和报告，不应当仅仅按照它们的法律形式作为会计核算的依据。

例如，企业按照销售合同销售商品但又签订了售后回购协议，虽然从法律形式上实现了收入，但如果客户没有取得商品控制权，企业没有将商品所有权上的主要风险和报酬转移给购货方，那么即使签订了商品销售合同或者已将商品交付给购货方，也不应当确认销售收入。

又如，以融资租赁形式租入的固定资产，虽然从法律形式来讲企业并不拥有其所有权,但从实质上看,企业控制了该项资产的使用权及受益权。因此在会计核算上,基于实质重于形式的会计信息质量要求,将融资租赁的固定资产视为企业的资产。

七、谨慎性

谨慎性又称稳健性。谨慎性要求企业对交易或事项进行会计确认、计量和报告时,应当保持应有的谨慎,不应高估资产或者收益、低估负债或者费用。但是谨慎性的应用不允许企业故意低估资产或收益,故意高估负债或费用。如果谨慎性应用不当,将不符合可靠性和相关性的会计信息要求,损害会计信息的质量。

例如,会计报表日需要对所有资产进行评估和测试,凡是不能收回成本的资产,都需要计提减值准备,确认资产减值损失。

又如,固定资产加速折旧法是对在用的固定资产使用初期多计提折旧额、后期少提折旧额的方法,使得所用固定资产磨损的大部分价值能在较前的几个使用期间内收回,保证所耗资产的价值得到及早补偿,体现了谨慎性的会计信息质量要求。

再如,对于企业发生的或有事项,通常不能确认或有资产;相反,相关的经济利益很可能流出企业而且构成现时义务时,应当及时确认为预计负债。

八、重要性

重要性要求企业提供的会计信息应当反映与企业财务状况、经营成果和现金流量有关的所有重要交易或事项。

若企业会计信息的省略或者错报会影响使用者据此做出经济决策的,该信息就具有重要性。重要性没有统一的标准,需要根据会计人员的职业判断来确定。会计人员应当根据企业的经营环境和经营状况,从项目的性质和金额大小两方面来判断重要性。

例如,资产负债表日后事项是自年度资产负债表日至财务会计报告批准报出日之间发生的需要调整或说明的事项。其中,"需要调整或说明"中的"需要"与否,就是重要性会计信息质量要求的实施应用,达到了重要性标准的,即足以影响信息使用者决策,若不披露就会误导投资者决策的,就认为其需要调整或说明,应将其确认为资产负债表日后事项进行处理。

复习思考题

1. 会计的目标是什么?会计信息使用者有哪些?
2. 会计要素有哪些?会计要素之间是什么关系?
3. 会计信息质量要求有哪些?

案例分析题

1. A航空公司近期业务量飞涨,需要扩充10架波音777型号的飞机,但是其资产不足以一次性购买这10架飞机。此时,B公司愿意购买这10架飞机并与A航空公司签订租赁合同,A航空公司租下这10架飞机,并每月支付B公司租金,从始至终,A航空公司都承担着10架飞机的风险与报酬,直至飞机使用报废。在此例中,B公司拥有这10架飞机的所有权,A航空公司拥有这10架飞机的控制权。从法律形式来看,其所有权并未转移,仍然归属于出租人B公司。但是,从经济实质来看,与该资产有关的风险与报酬都已经归属于承租人A航空公司。因此,按照实质重于形式的要求,承租人A航空公司应当将这10架飞机列入资产负债表。

要求:你认为承租人A航空公司是否应当将10架飞机列入资产负债表?为什么?

2. 美能公司是一家建筑类私营企业。该公司在会计处理中存在以下问题:

(1) 美能公司经理将个人旅游的机票及餐宿费3 500元作为差旅费报销,他觉得公司是他自己的,所以个人支出可以由公司来负担。

(2) 美能公司有一个大的建筑项目,从2×17年5月10日开始,至2×17年7月1日结束,该公司因此编制了从5月10日至7月10日的会计报表。

(3) 美能公司一下属分公司因经营不善,正在面临破产清算,美能公司在编制合并财务会计报告时,对该分公司与其他分公司按照同样的标准编制。

(4) 美能公司在美国设立的分公司,主要的经济业务也集中于美国,在向国内报送财务会计报告时,记账货币仍为美元。

要求:对美能公司上述事项进行分析,看看这些事项违反了哪些会计基本假设?

3. 小李和小张于2×18年3月1日用10 000元银行存款投资开办了一家电脑维修部,从事电脑维修,并附带销售电脑配件。相关业务资料如下:

(1) 租了一间小门面,每月房租1 000元,第一个月房租已经支付。

(2) 花费2 500元购买了一些修理用的工具和配件。

(3) 为了方便出行花费400元买了一辆自行车。

(4) 在报纸上发布广告,广告费为750元,其中250元未支付。

(5) 为前来帮助维修电脑的朋友支付报酬300元。

(6) 从银行提取1 000元作为他俩的薪酬。

(7) 收到水电费缴费单100元,款项尚未支付。

(8) 当月电脑维修部全部收入已存入银行,31日银行账户余额为7 000元。

要求:

(1) 计算电脑维修部3月末资产、负债和所有者权益分别为多少?

(2) 计算电脑维修部3月份的收入、费用和利润分别是多少?

4. 2×18年9月,甲企业的期初余额中,资产为32 000元、负债为11 800元、所有者权益为20 200元。该企业9月发生以下经济业务(假定不考虑相关税费):

(1) 5 日，其他单位投资设备一台，价值 15 000 元。
(2) 6 日，购买原材料 10 000 元，货款暂欠。
(3) 8 日，用银行存款归还前欠货款 4 000 元。
(4) 15 日，向投资人分红 10 000 元，已用银行存款支付。
(5) 18 日，收到外单位前欠本单位货款 500 元，存入银行。
(6) 19 日，向银行借款 1 000 元，直接归还以前的购料款 1 000 元。
(7) 20 日，将盈余公积 2 000 元转增资本。
(8) 22 日，经研究决定，同意投资人乙撤出投资款 5 000 元，但目前由于甲企业资金紧张，投资款尚未返还。
(9) 本月对外提供劳务 50 000 元，款项已收存银行。
(10) 本月来料加工收入为 20 000 元，用于直接偿还负债。
(11) 本月共发生工资费用 15 000 元，已用银行存款支付。
(12) 本月发生的通信费用 5 000 元，暂未支付。

要求：逐一分析上述经济业务的类型，判断是否影响会计等式的平衡？

第二章
CHAPTER 2

会计核算方法

会计方法是指用何种手段去实现会计目标,完成会计核算与监督的职能。会计方法包括会计核算、会计分析、会计考核、会计预测及会计决策等。其中,会计核算方法是最基本、最主要的方法,包括会计确认、计量、记录和报告等。

第一节 会计确认与计量

会计确认是指会计数据进入会计系统时确定如何进行记录的过程,即将某一会计事项作为资产、负债、所有者权益、收入、费用和利润等会计要素正式加以记录和列入财务会计报告的过程。会计计量是为了将符合确认条件的会计要素登记入账,并列于财务会计报告而确定其金额的过程。

一、会计确认基础

由于会计分期的存在,必然会涉及所发生的交易或事项应确认为哪一个会计期间的问题。例如,光明公司在2×17年12月20日销售商品一批,根据销售合同已让购货方将商品提走,但是销售款项实际于2×18年的1月10日收回。由于商品销售和销售款项的收回跨越了两个会计年度,这样就产生了该项收入是作为当年收入确认,还是作为次年收入确认的问题。该项收入的确认有两种方法:一种方法是作为当年的收入确认,其依据是该项销售活动是在当年完成的,只是由于存在商业信用,销售款项可以在下一个年度收回,权利或责任的发生要求在同一会计年度,这种制度称为权责发生制;另一种方法是作为次年的收入确认,其依据是虽然销售活动是在当年完成的,但是款项却在次年收回,这种按照款项在哪一个年度发生转移的制度称为收付实现制。

（一）权责发生制

权责发生制是指对于会计主体在一定期间内发生的交易或事项,应当以经济业务发生的权利和义务的归属期为标准,而不是将现金的实际收付作为确认标准的制度。也就是说,凡是符合收入确认标准的本期收入,不论款项是否收到,均作为本期的收入处理;凡是符合费用确认标准的本期费用,不论款项是否支付,均作为本期的费用处理。权责发生制的核心是按交易或事项是否影响各个会计期间的经营成果和受益情况,确定其归属期。由于确定本期收入和费用是以应收、应付为标准,而不论款项的收付,因此这种制度又称为应收应付制。

采用权责发生制,可以正确确定各期的经营成果,如上例中,如果将商品销售收入确认在2×18年,为实现收入而发生的各项费用确认在2×17年,则2×17年和2×18年的经营成果都不准确。如果将收入和为实现收入而发生的费用都确认在2×17年,则其经营成果的确认更为科学。采用权责发生制,可以相对准确地反映本期收入和费用,正确计算本期损益。因此,企业一般采用权责发生制作为会计确认基础。

（二）收付实现制

收付实现制是指对于会计主体在一定期间内发生的交易或事项,收入和费用都按照款项的收付日期确定其归属期的制度。将收入确认的会计期间确定为收到款项的期间,将费用确认的会计期间确定为支付款项的期间,而不论其是否应归属本期。凡本期未收到款项的收入和未支付款项的费用,即使应归属本期,也不能作为本期的收入和费用确认。由于收付实现制确定本期的收入和费用是以现金收付为标准的,因此这种制度又称为现金制或实收实付制。

采用收付实现制,应当按照现金收付日期确定其归属期。因此,凡属本期收到现金的收入,都作为本期收入;凡属本期支付现金的支出,都作为本期费用,不存在对账簿记录进行期末账项调整的问题。如上例,采用收付实现制时,收入确认的会计期间应确定在2×18年收到现金的期间,费用确认的会计期间应确定在2×17年支付现金的会计期间。这种处理方法的优点是会计处理简便,不需要对账簿记录进行期末账项调整。

【例2-1】 某企业2×18年6月发生以下经济业务：

(1) 支付上月份电费5 000元。
(2) 收回上月的应收账款10 000元。
(3) 收到本月的营业收入款8 000元。
(4) 支付本月应负担的办公费900元。
(5) 支付下季度保险费1 800元。
(6) 应收营业收入25 000元,款项尚未收到。
(7) 预收客户货款5 000元。
(8) 负担上季度已经预付的保险费600元。

根据以上资料,分别采用权责发生制和收付实现制计算企业的收入、费用和利润,如表2-1所示。

表 2-1　企业收入、费用和利润计算表　　　　　　　单位:元

项目	收入		费用		本期利润
权责发生制	收到本月营业收入	8 000	本月应负担办公费	900	31 500
	应收营业收入	25 000	负担保险费	600	
	收入小计	33 000	费用小计	1 500	
收付实现制	收到上月应收账款	10 000	支付上月电费	5 000	15 300
	收到本月营业收入	8 000	本月应负担办公费	900	
	预收客户款	5 000	支付下季度保险费	1 800	
	收入小计	23 000	费用小计	7 700	

二、会计计量属性

计量属性也称计量基础,是指所用量度的经济属性,即按什么标准、什么角度来计量,是从不同的会计角度反映会计要素金额的确认基础,如历史成本、重置成本、可变现净值、现值和公允价值等。

(一) 历史成本

历史成本是指资产或负债按照购置(承担现时义务)时实际发生的现金或现金等价物的金额进行计量,或者按照购置资产时所付出的对价的公允价值计量。采用历史成本计量属性具有可靠、简便、容易采集数据、符合会计核算真实性等优点。

在市场经济条件下,历史成本也存在一定的缺陷。由于历史成本属性采用的时间与会计信息使用者进行预测、决策的时间可能存在较长的时间跨度,如果在这段时间内经济环境发生比较大的变化,就不能真实地反映会计要素的实际价值,可能使会计信息使用者做出错误的判断。

(二) 重置成本

重置成本又称现行成本,是指按当前市场条件重新购买相同或相似资产(偿付该债务)所需支付的现金或其等价物的金额。在会计实务中,一般对盘盈的资产采用重置成本计量属性。重置成本可以反映现在形成某一会计要素应付出的代价,但这种计价的可操作性比较差,因为在这个瞬息万变的时代,很难找到两个不同时期相同或者类似的资产。

(三) 可变现净值

可变现净值是指资产按照其正常对外销售所能收到现金或现金等价物的金额扣减该资产至完工时估计将要发生的成本、估计的销售费用和相关税费后的金额计量。可变现净值的特点是从销售的角度、采用现时价格计量,它主要适用于存货的期末计量。

【例2-2】 某企业2×18年12月31日甲库存商品成本为80万元,市场销售价格

为100万元,预计销售费用率为1%,税费率为5%。则库存商品可变现净值为94万元(100-100×1%-100×5%)。

(四) 现值

现值是指未来现金流量的折现值。采用现值计量属性,要求资产按照预计从其持续使用和最终处置产生的未来现金流入量的折现金额进行计量,负债按未来净现金流出量的现值进行计量。现值可以反映资产所带来的经济利益流入的金额,或者与偿还债务相关的经济利益流出的金额,但受主观因素的影响较多。现值的特点是从未来现金流量的角度考虑货币时间价格,主要适用于非流动资产和非流动负债。

【例2-3】 甲公司某台设备2×17年年末账面价值为10万元,预计尚可使用3年。3年中,预计每年在使用中能带来现金流量5万元,3年后处置时能带来现金流量1万元。假设折现率为6%,则该设备未来现金流量现值为14.21万元$[5\div(1+6\%)+5\div(1+6\%)^2+(5+1)\div(1+6\%)^3]$。

(五) 公允价值

公允价值是指市场参与者在计量日发生的有序交易中,出售一项资产所能收到或转移一项负债所需支付的价格。采用公允价值计量属性,要求对于资产和负债按照在公平交易中,熟悉情况的交易双方自愿进行交换或者债务清偿的金额计量。公允价值可以真实地反映资产、负债的价值,具有决策相关性,但公允价值要求市场必须是成熟的,相同或类似资产或负债在活跃市场上有公开报价。

三、企业会计确认与计量的基本原则

企业会计确认和计量的基本原则主要是历史成本原则、权责发生制原则、配比原则和划分收益性支出与资本性支出原则等。

(一) 历史成本原则

会计虽然有历史成本、重置成本、可变现净值、现值和公允价值五种计量属性,但因为历史成本具有客观性、可验证性,可以防止企业随意更改,从而保证会计信息的可靠性,所以在资产计量中,一般坚持历史成本原则。在保证会计信息可靠性的要求下,可以采用公允价值等其他计量属性。如果资产发生减值,应当按照规定计提相应的减值准备。

(二) 权责发生制原则

会计确认基础包括权责发生制和收付实现制两种。但在企业会计核算中,要求采用权责发生制,正确确定各期的经营成果。权责发生制原则是持续经营和会计分期两个假设的产物。按照权责发生制的要求,对收入、费用在期末进行预计和摊销是必不可少的环节。

（三）配比原则

配比原则又称费用（成本）与收入相配合的原则。它是指企业在特定会计期间所实现的收入，应与为实现收入所发生的费用成本相比较，来确定本期间的损益。配比原则的核心是谁受益、费用谁承担。它要求企业确定费用成本时应按其与收入之间的关系来行事。配比原则主要体现以下两种关系：

一是因果关系的配比。这种关系体现为，收入是由于一定的资金耗费而发生的，不同收入的取得是由于发生了与之相应的不同的费用成本。例如，卖电脑的收入不能与卖相机的成本进行匹配，必须是卖电脑的收入与卖电脑的成本进行配比，才能计算出卖电脑的利润。

二是时间上的配比。有些费用的发生与某一具体收入没有明显的因果关系，但与收入所在的期间存在关系，或者说只要进入一个新的会计期间，这些费用就自然会发生。例如，保险费、固定资产折旧费等费用应该按期确认，与当期的收入相配比，并据以确定当期净损益。

（四）划分资本性支出与收益性支出原则

凡是为形成生产经营能力，在以后各期取得收益而发生的各项资产支出，为资本性支出；凡是为取得本期收益而发生的支出，为收益性支出。一项支出究竟应确认为资本性支出还是收益性支出，取决于支出所带来的受益期限的长短和目的。如果受益期只是支出的当期，则是收益性支出，应将其确认为费用，在当期利润表中反映；如果受益期超过一个会计期间，则是资本性支出，形成一项资产，该资产的成本在其受益期间进行分配，在资产负债表中反映。

划分资本性支出与收益性支出的原则，要求企业在对所发生的支出确认时，必须将两类性质不同的支出区别开来，以正确计算当期损益。

案例 2-1

汽车修理公司的会计处理正确吗

李明从张静手中购买了一处兼营洗车业务的汽车修理公司。合同规定，李明用现金支付部分购买款项，其余所欠款项由李明用公司每年净利润的 25% 偿还，并规定"以公正合理的方式计算净利润"。但李明并不清楚净利润的基本计算方法。第一年营业期满后，李明在计算净利润时，采用了如下规则：从客户手中收到现金或支票时才确定认为收入，只要公司支出了现金或开出了支票就确认为当年的费用。为此，李明对以下收入和费用进行了处理：

（1）汽车修理业务收入现金为 150 000 元，洗车业务收入现金为 8 000 元。全部确认为本年的主营业务收入。

(续上)

> （2）为吸引客户，办理洗车优惠卡预收现金 10 000 元，全部确认为本年的收入。其中 5 000 元已经提供了洗车服务。
> （3）部分客户尚欠本年汽车修理款 40 000 元，未确认为本年的收入。
> （4）购买用于汽车修理的设备支出 12 000 元，全部确认为本年的费用。
> （5）购买用于汽车修理的配件、材料本年共支出了 90 000 元，全部确认为本年的费用。经盘点还有 6 000 元配件和材料积存。
> （6）新购买二手车一辆，双方协商价格为 40 000 元，暂付 20 000 元。该汽车购买时预计尚可使用 5 年。已付款的 20 000 元确认为本年的费用。公司的所得税税率为 25%。
>
> 通过对以上资料的分析，李明在处理过程中违背了权责发生制原则、配比原则、划分资本性支出与收益性支出原则。正确的处理方法如下：
> （1）洗车业务收入应属于企业的其他业务收入，不能计入主营业务收入。
> （2）办理洗车优惠卡预收现金 10 000 元不能全部确认为本年的收入，按照权责发生制确认收入的要求，确认为本年收入的只能是已经提供了洗车服务的那部分，即 5 000 元。
> （3）按照权责发生制确认收入的要求，应收款应确认为本年的收入，即应确认收入 40 000 元。
> （4）用于汽车修理的设备应属于企业的固定资产，发生的支出属于资本性支出，应按照一定的方法分摊计入各个受益期间，而不应全部计入本年的费用。
> （5）用于汽车修理的配件、材料支出属于收益性支出，只有在其实际消耗了之后才能作为费用进行确认，积存的配件和材料不能计入本年的费用。
> （6）车辆属于企业的固定资产，其消耗应按规定的折旧方法计算并计入本年费用，而不能按实际付款额确认为本年费用。

第二节 会计记录方法

会计记录方法是在确认、计量的基础上对企业经济活动轨迹进行描述的方法和手段，包括设置会计科目和账户、复式记账、填制与审核会计凭证、登记会计账簿、编制财务会计报告、成本计算、财产清查等。本节主要对会计科目和账户、复式记账进行介绍。

一、会计科目和账户

（一）会计科目

会计科目是对会计要素进行分类核算的项目，也是对企业经济业务进行分类核算所规定的项目。为了全面、系统、分类地核算与监督各项经济业务的发生情况，以及由此而引起的各项资产、负债、所有者权益和各项损益的增减变动，就有必要按照各项会计对象分别设置会计科目。设置会计科目是对会计对象的具体内容加以科学归类，并进行分类核算与监督的一种方法。

为了明确会计科目之间的相互关系，充分理解会计科目的性质和作用，进而更加科学规范地设置会计科目，以便更有效、全面地进行会计核算和会计监督，有必要对会计科目按一定的标准进行分类。分类的标准主要有两个：一是按反映的经济内容进行分类；二是按提供指标的详细程度进行分类。

1. 按反映的经济内容进行分类

（1）资产类科目：按资产的流动性分为反映流动资产的科目和反映非流动资产的科目。前者如"银行存款""库存商品"等科目，后者如"固定资产""无形资产""长期股权投资"等科目。

（2）负债类科目：按负债的偿还期限分为反映流动负债的科目和反映长期负债的科目。前者如"短期借款""应付账款""应交税费"等科目，后者如"长期借款""应付债券"等科目。

（3）所有者权益类科目：按权益的形成和性质可分为反映资本的科目和反映留存收益的科目。前者如"实收资本""资本公积"等科目，后者如"盈余公积"等科目。

（4）成本类科目：包括"生产成本""合同履约成本""制造费用"等科目。

（5）损益类科目：分为收益科目和费用损失性科目。前者如"主营业务收入""其他业务收入""投资收益""营业外收入"等科目，后者如"主营业务成本""其他业务成本""税金及附加""销售费用""管理费用""财务费用""营业外支出""所得税费用"等科目。

按照会计科目的经济内容进行分类，遵循了会计要素的基本特征，它将各项会计要素的增减变化分门别类地进行归集，清晰地反映了企业的财务状况和经营成果。

2. 按提供指标的详细程度进行分类

为了使企业提供的会计信息更好地满足会计信息使用者的不同要求，必须对会计科目按照其提供指标的详细程度进行级次划分。在一般情况下，会计科目可以分为总分类科目和明细分类科目。

（1）总分类科目：又叫一级科目，是指对会计要素的具体内容进行总括分类的项目，该类科目一般由财政部统一规定。

（2）明细分类科目：又叫细目，是对总分类科目进行更进一步分类而设置的科目。例如，在"原材料"总分类科目下面设置"甲原材料""乙原材料"等明细科目；在"固定资产"总分类科目下面设置"机器设备""办公楼""运输设备"等明细科目。

会计科目表是财政部发布的，旨在帮助企业选择适合自身业务的会计科目。为了便于编制会计凭证、登记账簿、查阅账目、实行会计电算化，还应在对会计科目进行分类的基础上，为每个会计科目编一个固定的号码，这些号码称为会计科目编号，简称科目编号。常用会计科目表中的科目编号一般以四个数字作为会计科目的号码，其中每个数字表示的含义不同。例如，"库存现金"科目的编号为1001，第一个1表示资产，第一个0表示货币资产，后面的01表示库存现金。其余会计科目的编号以此类推。企业也可以根据自己的需要编制会计科目的编号。

财政部印发的《企业会计准则——应用指南》规定了会计科目名称及其编号,如表2-2是制造业常用的会计科目表。

表 2-2　制造业常用的会计科目表

编号	会计科目名称	编号	会计科目名称
	一、资产类	1531	长期应收款
1001	库存现金	1601	固定资产
1002	银行存款	1602	累计折旧
1015	其他货币资金	1603	固定资产减值准备
1101	交易性金融资产	1604	在建工程
1121	应收票据	1605	工程物资
1122	应收账款	1606	固定资产清理
1123	预付账款	1701	无形资产
1131	应收股利	1702	累计摊销
1132	应收利息	1703	无形资产减值准备
1231	其他应收款	1711	商誉
1241	坏账准备	1801	长期待摊费用
1401	材料采购	1811	递延所得税资产
1402	在途物资	1901	待处理财产损溢
1403	原材料		二、负债类
1404	材料成本差异	2001	短期借款
1406	库存商品	2201	应付票据
1407	发出商品	2202	应付账款
1411	委托加工物资	2205	预收账款
1431	周转材料		合同负债*
1461	存货跌价准备	2211	应付职工薪酬
	合同资产**	2221	应交税费
1501	债权投资	2231	应付股利
1502	债权投资减值准备	2232	应付利息
1503	其他债权投资	2241	其他应付款
1504	其他权益工具投资	2411	预计负债
1524	长期股权投资	2501	递延收益
1525	长期股权投资减值准备	2601	长期借款
1526	投资性房地产	2602	长期债券

（续表）

编号	会计科目名称	编号	会计科目名称
2801	长期应付款	6051	其他业务收入
2901	递延所得税负债	6101	公允价值变动损益
	三、所有者权益类	6111	投资收益
4001	实收资本	6115	资产处置损益
4002	资本公积	6117	其他收益
4003	其他综合收益	6301	营业外收入
4101	盈余公积	6401	主营业务成本
4103	本年利润	6402	其他业务成本
4104	利润分配	6405	税金及附加
	四、成本类	6601	销售费用
5001	生产成本	6602	管理费用
5101	制造费用	6603	财务费用
5201	合同履约成本	6701	资产减值损失
5301	研发支出	6711	营业外支出
	五、损益类	6801	所得税费用
6001	主营业务收入	6901	以前年度损益调整

注：表中标注"＊""＊＊"号的会计科目尚未公布编号。

（二）账户

账户是指对科目要素进行分类核算的工具，以会计科目为名称，并具有一定的格式。会计账户能全面、系统、连续地记录经济业务，反映会计要素增减变化过程和结果。

作为会计核算对象的会计要素，会计账户金额随经济业务的发生而产生增减变化，用货币反映时只表现为增加、减少。为此，我们往往将账户划分为两个部分，分别记录资金的增加数和减少数。为了直观地反映，在教学科研中，通常在一个平面的中间画一条竖线，将其一分为二，分别为左方和右方。该账户的形状如英文字母"T"，也像汉字"丁"，所以会计上称之为T形账户或丁字形账户，如图2-1所示。

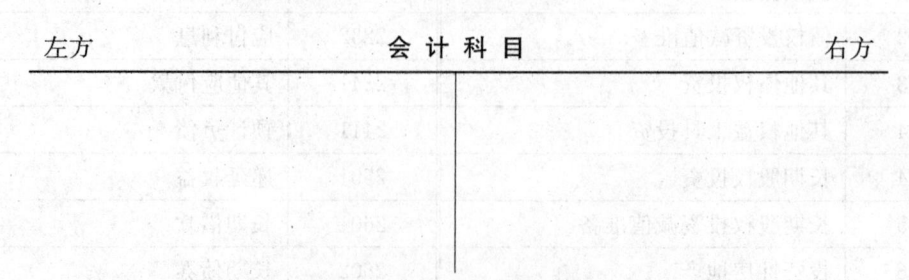

图2-1 丁字形账户示意图

为了与后面的借贷记账法相对应,将丁字形账户的左方改为借方,右方改为贷方,称为"左借右贷"。在会计实务中,我们广泛使用的是借、贷、余三栏式账户,如图2-2所示。

年		凭证编号	摘要	借方	贷方	借或贷	余额
月	日			十亿千百十万千百十元角分	十亿千百十万千百十元角分		十亿千百十万千百十元角分

图 2-2 借、贷、余三栏式账户示意图

1. 账户的记账规则

将账户分为左右两边以后,用于记录增减的组合有两种:第一,左边记录增加,右边记录减少;第二,左边记录减少,右边记录增加。资产与费用类账户的左边记录增加,右边记录减少,称为"借增贷减";负债、所有者权益和收入类账户的右边记录增加,左边记录减少,称为"贷增借减"。这样所有的会计要素都能适应账户的格式,对所有业务都可以进行记录。

2. 账户的本期发生额及期末余额

会计要素在特定会计期间增加和减少的金额,分别称为账户的本期增加发生额和本期减少发生额,两者统称为账户的本期发生额;会计要素在会计期末的增减变动结果,称为账户的余额,具体表现为期初余额和期末余额。账户上期的期末余额转入本期,即为本期的期初余额;账户本期的期末余额转入下期,即为下期的期初余额。

账户的余额表示该类项目的累计结余。账户的期初余额、期末余额、本期增加发生额和本期减少发生额统称为账户的四个金额要素。对于同一账户而言,它们之间的基本关系为:

期末余额 = 期初余额 + 本期增加发生额 − 本期减少发生额

【例2-4】 光明灯具公司2×18年1月31日"银行存款"账户余额为100万元,2月份银行存款增加80万元,当月减少50万元。1月31日的期末余额100万元是2月份的期初余额,2月份增加的80万元称为本期增加发生额,2月份减少的50万元称为本期减少发生额。"银行存款"四个金额之间的关系为:

期初余额 + 本期增加发生额 − 本期减少发生额 = 期末余额

即： $100 + 80 - 50 = 130$(万元)

"银行存款"账户期初余额、本期发生额和期末余额之间的关系如图2-3所示。

表 2-3 "银行存款"账户计算表   单位：元

借方	金额	贷方	金额
期初余额	1 000 000		
本期增加额（借方发生额）	800 000	本期减少额（贷方发生额）	500 000
期末余额	1 300 000		

二、复式记账

在会计核算体系中，记账方法处于非常重要的位置。会计主体在按一定的原则设置了会计科目，并按会计科目开设了账户之后，就需要采用一定的记账方法将会计要素的增减变动在账户中进行登记。

（一）记账方法

记账方法是指在经济业务发生以后，通过确认、计量将经济信息转换为会计信息，将会计信息记录在账户中的方法。记账方法有两类：一类是单式记账法；另一类是复式记账法。

1. 单式记账法

单式记账法是对企业发生的每一项经济业务，产生的会计要素增减变动只在一个账户中进行记录的方法。

例如，企业用银行存款购进一台设备，只需记录一台设备的增加，或者只需记录银行存款的减少金额。可以看出，单式记账法记录简单，只注重经济业务发生的一个方面，但这种方法使得账户之间的记录没有直接的联系，没有相互平衡的关系，不能全面、系统地反映经济业务的来龙去脉，也不便于检查账户记录的正确性、真实性。由于单式记账法本身固有的缺点，所以它在复式记账法出现以后逐渐被替代。

2. 复式记账法

复式记账法是在每一项经济业务发生后，同时在相互联系的两个或两个以上的账户中，以相等的金额进行登记，全面、系统地反映经济业务增减变动的一种记账方法。例如，企业用银行存款购进一台设备，既要记录设备的增加，同时要记录银行存款的减少。这样就能准确、真实地反映经济业务发生的全貌。

（1）复式记账法的特点。第一，复式记账法能够反映资金运动的来龙去脉，并通过会计要素的增减变动系统、全面地了解企业经济活动的过程和结果。第二，可以对账户记录的结果进行试算平衡，以检查账户记录的正确性。复式记账法能够把经济业务相互联系地、全面地记入有关账户中，从而使账户能够全面、系统地核算和监督经济活动的过程和结果。

（2）复式记账法的种类。复式记账法包括增减记账法、收付记账法和借贷记账法，这三种方法在我国会计实务中都曾广泛使用。

增减记账法是以"增""减"作为记账符号,对发生的经济业务进行记录的复式记账方法。增减记账法由我国学者梁润身于1947年率先提出,经过原商业部专家张以宽先生等的缜密论证,自20世纪60年代起在我国商业系统使用。

收付记账法是以"收""付"作为记账符号,对发生的经济业务进行记录的一种复式记账方法。收付记账法是徐永祚先生在20世纪30年代为了应对西式借贷记账法对中式商业簿记的冲击而推出的改良方案。1950年,章乃器先生主张"用自己的簿记原理记账",引发了关于收付记账法与借贷记账法的大讨论。随后,收付记账法在中国人民银行系统和预算会计(政府会计、事业单位会计、财政总预算会计)领域得到广泛应用。

借贷记账法是以"借""贷"作为记账符号,对发生的经济业务进行记录的一种复式记账方法。一般认为,借贷记账法起源于十二三世纪时的意大利。1494年,意大利数学家卢卡·巴其阿勒编写的《算术、几何、比与比例概要》一书详细介绍了这种记账方法。这被公认为近代会计的起源。1873年,日本从西方引进借贷记账法。1907年,谢霖和孟森以日本学者森川镒太郎所著的《银行簿记学》为基础,合作编著《银行簿记学》一书,首次将借贷记账法引入我国。1993年7月1日,我国实施《企业会计准则》以后,增减记账法、收付记账法陆续淡出了会计领域,我国会计核算统一采用借贷记账法。

(二)借贷记账法

1. 借贷记账法的理论基础

借贷记账法的对象是会计要素的增减变动过程及其结果。这个过程及其结果可用公式表示为:资产=负债+所有者权益。这一会计恒等式是借贷记账法平衡的依据,它主要揭示了两个方面的内容:

第一,会计主体内各会计要素之间的数量平衡关系。有一定数量的资产,就必然有相应数量的负债和所有者权益与之对应;反之,有一定数量的负债和所有者权益,就一定有相应数量的资产与之对应。

第二,各会计要素增减变化的相互联系。同一会计要素内部一增一减、不同会计要素之间的同增或同减都不会影响会计等式的平衡关系。

这两个方面的内容贯穿借贷记账法的始终。其中,数量平衡关系要求:每一次记账的借方、贷方金额是平衡的;一定时期账户的借方、贷方的金额是平衡的;所有账户的借方、贷方余额的合计数是平衡的。增减变化的相互联系要求:在一个账户中记录的同时必然要有另一个或多个账户的记录与之对应。从等式两边的不同类账户来看,资产类账户是借方记录增加额,贷方记录减少额;与之相反,负债和所有者权益类账户是贷方记录增加额,借方记录减少额。会计恒等式对记账方法的要求决定了借贷记账法的记账规则、试算平衡的基本理论,因此说会计恒等式是借贷记账法的理论基础。

2. 借贷记账法的记账规则

1)记账符号

借贷记账法以"借""贷"两字作为记账符号。"借""贷"只用于表示会计账户的增加或减少,没有实质性的含义,具体是增加还是减少要根据会计科目的性质来判断。比如,在资产"借"方表示增加,在负债"借"方表示减少。总结各类账户借贷指代的增减关系,以

"+"表示增加,以"-"表示减少,如表 2-4 所示。

表 2-4 借方和贷方指代的增减含义

账户类别	借方	贷方
资产类账户	＋	－
负债类账户	－	＋
所有者权益类账户	－	＋
收入类账户	－	＋
费用类账户	＋	－
利润类账户	－	＋

2) 账户结构

借贷记账法的账户基本结构是:每一个账户都分为"借方"和"贷方",一般来说,规定账户的左方为"借方",账户的右方为"贷方"。如果在账户的借方记录经济业务,可以称为"借记某科目";在账户的贷方记录经济业务,则可以称为"贷记某科目"。

采用借贷记账时,账户的借贷两方必须做相反方向的记录,即对于每一个账户来说,如果规定借方用来登记增加额,则贷方就用来登记减少额;如果规定借方用来登记减少额,则贷方就用来登记增加额。究竟哪个账户的哪一方用来登记增加额,哪一方用来登记减少额,要看账户反映的经济内容和账户的性质。不同性质的账户,其结构是不同的。

(1) 资产类账户的结构。资产类账户的结构是:账户的借方记录资产的增加额,贷方记录资产的减少额。在一个会计期间内(年、季、月),借方记录的合计数额称为借方发生额,贷方记录的合计数额称为贷方发生额,在每一会计期间的期末将借方、贷方发生额进行比较,其差额称为期末余额。资产类账户的期末余额一般在借方。例如,"库存商品"账户,借方记录的增加额要大于(或等于)贷方记录的减少额,所以形成借方余额(或无余额),期末借方余额转到下一期就成为期初借方余额。用公式表示如下:

资产类账户期末借方余额 ＝ 期初借方余额 ＋ 本期借方发生额 － 本期贷方发生额

资产类账户的结构如图 2-3 所示。

借方	资 产 类 账 户	贷方
期初余额		
本期增加额(1)	本期减少额(1)	
本期增加额(2)	本期减少额(2)	
……	……	
期末余额		

图 2-3 资产类账户的结构

(2) 负债和所有者权益类账户的结构。由会计恒等式"资产＝负债＋所有者权益"

所决定,负债和所有者权益类账户的结构与资产类账户正好相反,其贷方记录负债和所有者权益的增加额,借方记录负债和所有者权益的减少额,贷方发生额要大于(或等于)借方发生额,期末余额一般应在贷方。例如,"短期借款"账户,企业从外部取得借款时应记入贷方,偿还借款则应记入借方,期末余额在贷方,表示实际的借款数额。用公式表示如下:

$$\text{负债和所有者权益类账户期末贷方余额} = \text{期初贷方余额} + \text{本期贷方发生额} - \text{本期借方发生额}$$

负债和所有者权益类账户的结构如图2-4所示。

借方	负债和所有者权益类账户	贷方
		期初余额
本期减少额(1)		本期增加额(1)
本期减少额(2)		本期增加额(2)
……		……
		期末余额

图2-4　负债和所有者权益类账户的结构

(3)收入类账户的结构。收入类账户是专门用于归集企业在某个会计期间经营过程中各项收入的账户。这类账户的贷方登记一定会计期间发生的收入数额,借方登记转入"本年利润"账户的数额。由于各项收入都要在期末转入"本年利润"账户,因此,这类账户期末一般没有余额。收入类账户的结构如图2-5所示。

借方	收入类账户	贷方
发生额:结转到"本年利润"账户的数额		发生额:归集本期内各项收入的发生数额

图2-5　收入类账户的结构

(4)成本费用类账户的结构。企业在生产经营过程中会产生各种费用。成本费用类账户是专门归集企业在生产经营过程中各项成本费用的账户。该类账户的借方记录成本费用的增加额,贷方记录成本费用转出的数额,由于借方记录的成本费用增加额一般都要通过贷方转出,因此该类账户期末通常没有余额。成本费用类账户的结构如图2-6所示。

借方	成本费用类账户	贷方
发生额:归集本期内各项成本费用的发生数额		发生额:结转到"本年利润"账户或其他账户的数额

图2-6　成本费用类账户的结构

(5) 利润类账户的结构。利润类账户是反映企业利润的形成过程及其分配情况的账户。核算利润形成过程的账户有"本年利润"和"利润分配"。

"本年利润"账户是一个暂时性账户,其贷方登记由收入类账户转入的金额,借方登记由成本费用类账户贷方转入的金额。如果余额在贷方,表示盈利;如果余额在借方,表示亏损。最后,再将其贷方余额从其借方转入"利润分配——未分配利润"账户的贷方;借方余额从其贷方转入"利润分配——未分配利润"账户的借方。"本年利润"账户的结构如图 2-7 所示。

借方	本 年 利 润	贷方
本期费用转入额		本期收入转入额
期末余额:亏损		期末余额:盈利

图 2-7 "本年利润"账户的结构

"利润分配"账户是一个永久性账户,贷方登记由"本年利润"账户转入的利润额,借方登记由"本年利润"账户转入的亏损额和利润分配额,贷方余额表示尚未分配的利润。"利润分配"账户的结构如图 2-8 所示。

借方	利 润 分 配	贷方
"本年利润"账户贷方转入额		"本年利润"账户借方转入额
本期分配额		
期末余额:未弥补亏损		期末余额:尚未分配的利润

图 2-8 "利润分配"账户的结构

3) 记账规则

借贷记账法的记账规则,可用一句话来概括:"有借必有贷,借贷必相等"。其依据的是会计恒等式中各会计要素之间的依存关系。

【例 2-5】 企业收到投资者投入的资本金 50 000 元,并将其存入银行。该笔经济业务在丁字形账户中的记录如图 2-9 所示。

(所有者权益类账户)			(资产类账户)		
借方	银 行 存 款	贷方	借方	实 收 资 本	贷方
50 000					50 000

图 2-9 经济业务在丁字形账户中的记录([例 2-5])

【例 2-6】 企业以银行存款 60 000 元归还银行短期借款。该笔经济业务在丁字形账户中的记录如图 2-10 所示。

（负债类账户）			（资产类账户）		
借方	短期借款	贷方	借方	银行存款	贷方
	60 000				60 000

图 2-10　经济业务在丁字形账户中的记录（[例 2-6]）

【例 2-7】　企业收回某购货单位前欠的购货款 160 000 元，存入银行。该笔经济业务在丁字形账户中的记录如图 2-11 所示。

（资产类账户）			（资产类账户）		
借方	银行存款	贷方	借方	应收账款	贷方
	160 000				160 000

图 2-11　经济业务在丁字形账户中的记录（[例 2-11]）

【例 2-8】　企业从银行借入短期借款 90 000 元直接偿还前欠远航公司的货款。该笔经济业务在丁字形账户中的记录如图 2-12 所示。

（负债类账户）			（负债类账户）		
借方	应付账款	贷方	借方	短期借款	贷方
	90 000				90 000

图 2-12　经济业务在丁字形账户中的记录（[例 2-12]）

3. 会计分录

会计分录简称分录，是指预先确定每笔经济业务所涉及的账户名称，以及记入账户的方向和金额的一种记录。会计分录是由应借应贷方向、对应账户（科目）名称及应记金额三要素构成。

以[例 2-5]至[例 2-8]为例，编制会计分录如下：

借：银行存款　　　　　　　　　　　　　　　　　　　　　　　　50 000
　　贷：实收资本　　　　　　　　　　　　　　　　　　　　　　　　50 000

借：短期借款　　　　　　　　　　　　　　　　　　　　　　　　60 000
　　贷：银行存款　　　　　　　　　　　　　　　　　　　　　　　　60 000

借：银行存款　　　　　　　　　　　　　　　　　　　　　　　　160 000
　　贷：应收账款　　　　　　　　　　　　　　　　　　　　　　　　160 000

借：应付账款		90 000
贷：短期借款		90 000

会计分录按照所涉及账户的多少，分为简单会计分录和复合会计分录。简单会计分录指只涉及一个借方账户和另一个贷方账户的会计分录，即一借一贷的会计分录。复合会计分录指由两个以上对应账户所组成的会计分录，即一借多贷、一贷多借或多借多贷的会计分录。

【例2-9】 光明公司购进原材料10万元，其中已经用银行存款支付6万元，尚有4万元未支付。根据这笔业务可以编制会计分录如下（假定不考虑相关税费）：

借：原材料		100 000
贷：银行存款		60 000
应付账款		40 000

根据上述会计分录，可以看出：

第一，会计分录的书写格式。通常，会计分录的书写格式可用一句话概括："上借下贷，借贷错开"。

第二，会计分录的要素。任何一笔会计分录均应包括三项内容：①记账方向，即借方或贷方，指明记账时应记入哪一方。②会计科目，即经济业务所涉及的会计科目。③金额。

第三，会计分录的编制步骤。会计分录的编制通常分为以下步骤：①确定经济业务所涉及的会计科目。如[例2-9]中，以银行存款购买原材料，涉及"原材料""银行存款""应付账款"科目。②分析所涉及会计科目的性质。如[例2-9]中，"原材料""银行存款"科目均属于资产类，其借方记增加，贷方记减少；"应付账款"科目属于负债类，其贷方记增加，借方记减少。③确定记账方向。根据所涉及会计科目的性质和经济业务确定记账方向。如[例2-9]中，原材料增加应借记"原材料"科目，银行存款减少应贷记"银行存款"科目，应付账款增加应贷记"应付账款"科目。④确定金额，按照借贷相等的原理，确定会计科目中所记录的金额。

第四，复合会计分录实际上是由几个简单会计分录组合而成的。如[例2-9]，其复合会计分录可以拆分为以下简单会计分录：

借：原材料		40 000
贷：应付账款		40 000
借：原材料		60 000
贷：银行存款		60 000

编制复合会计分录，可以集中、全面地反映某项经济业务的情况，简化记账手续；而简单会计分录反映问题直观，便于检查。在实际工作中，如果一项经济业务涉及多借多贷的科目，为全面反映此项经济业务，可以编制多借多贷的复合会计分录，但不允许将几项经济业务合并编制复合会计分录。

4. 借贷记账法的试算平衡

1）试算平衡的意义

试算平衡是指根据借贷记账法的记账规则和"资产＝负债＋所有者权益"的恒等关系，

通过对所有账户的发生额和余额的汇总计算和比较,来检查账户记录是否正确的一种方法。

经济业务发生后,按照借贷记账法的记账规则记账,借贷双方的发生额必然是相等的。不仅每一笔会计分录借贷发生额相等,而且当一定会计期间(年、季、月)的全部经济业务的会计分录都记入相关账户后,所有账户的借方发生额与贷方发生额的合计数必然相等,全部账户的借方期末余额与贷方期末余额的合计数也必然相等。用借贷记账法记账,就要根据借贷必相等的规则进行试算平衡,检查每笔经济业务和会计分录是否正确,全部账户的本期发生额是否正确,因此有会计分录试算平衡公式、发生额试算平衡公式和余额试算平衡公式。

采用借贷记账法,可以按照下列公式进行试算平衡:
(1) 会计分录试算平衡公式。

$$借方科目金额 = 贷方科目金额$$

(2) 发生额试算平衡公式。

$$全部账户借方发生额合计 = 全部账户贷方发生额合计$$

(3) 余额试算平衡公式。

$$全部账户借方期末(初)余额合计 = 全部账户贷方期末(初)余额合计$$

2) 试算平衡表的编制

每个月结束时,在已经结出各个账户的本月发生额和月末余额后,试算平衡一般通过编制试算平衡表来进行。试算平衡表分两种:一种是将本期发生额和期末(初)余额试算平衡分别列表编制,如表2-5和表2-6所示;另一种是将本期发生额和期末余额合并在一张表上进行试算平衡,如表2-7所示。

表2-5 总分类账户本期发生额试算平衡表

年　月　　　　　　　　　　　　　　　　　单位:元

会计科目	借方发生额	贷方发生额
合　计		

表2-6 总分类账户余额试算平衡表

年　月　　　　　　　　　　　　　　　　　单位:元

会计科目	借方余额	贷方余额
合　计		

表 2-7 总分类账户本期发生额及余额试算平衡表

年　　月　　　　　　　　　　　　　　　单位：元

会计科目	期初余额		本期发生额		期末余额	
	借方	贷方	借方	贷方	借方	贷方
合　计						

通过编制试算平衡表来检查账簿记录是否平衡并不是绝对的。如果借贷不平衡，就可以肯定账户的记录或计算有错误；但是如果借贷平衡，却不能肯定记账没有错误，因为有些错误并不影响借贷双方平衡。例如，漏记或重记某项经济业务，将使本期借贷双方的发生额等额减少或增加，借贷仍然平衡；某项经济业务记录的应借应贷科目正确，但借贷双方金额同时多记或少记，其金额一致，借贷仍然平衡。

第三节　会计凭证、会计账簿与会计报表

在会计实务工作中，会计核算程序往往包括填制会计凭证、登记会计账簿、编制会计报表等。

一、会计凭证

会计凭证是指记录经济业务发生或者完成情况的书面证明，是登记账簿的依据。每个企业都必须按一定的程序填制和审核会计凭证，根据审核无误的会计凭证进行账簿登记，如实反映企业的经济业务。我国《会计法》对会计凭证的种类、取得、审核、更正等内容进行了规定。

会计凭证作为会计核算的一项重要内容，在经济管理中具有以下四个方面的重要作用：

第一，提供经济信息和会计信息。会计凭证中记载的经济业务可以为各有关方提供实用的经济信息；同时，会计人员根据会计凭证，对日常大量、分散的各种经济业务进行整理、分类、汇总，为经济管理提供有价值的会计信息。

第二，监督、控制经济活动。通过对会计凭证的审核，可以检查经济业务的发生是否符合有关的法律、制度，是否符合业务经营、财务收支的方针和计划、预算的规定，以确保

经济业务的合理性、合法性和有效性。监督经济业务的发生,控制经济业务按照预定的目标进行,是发挥会计管理职能的重要内容。

第三,提供记账依据。通过会计凭证的填制、审核,按一定方法对会计凭证进行整理、分类、汇总,为会计记账提供真实、可靠的依据,并通过会计凭证的及时传递,对经济业务适时地进行记录。

第四,明确经济责任,强化内部控制。经济业务发生后,要取得或填制适当的会计凭证,证明经济业务已经发生或完成;同时,要由有关的经办人员在凭证上签字、盖章,明确业务责任人。通过会计凭证的填制和审核,使有关责任人在其职权范围内各司其职、各负其责、互相牵制,加强内部控制。因此,建立会计凭证的填制和审核制度,是完善内部控制制度的重要方面;同时,利用凭证填制、审核的手续制度,还可以进一步完善经济责任制。

会计凭证是多种多样的,可以按照不同的标志进行分类,但主要是按其来源、用途和填制程序不同,分为原始凭证和记账凭证两类。

(一) 原始凭证

1. 原始凭证的种类

1) 按取得来源分类

原始凭证按取得来源可分为自制原始凭证和外来原始凭证。

(1) 自制原始凭证。自制原始凭证是指由本单位内部经办经济业务的部门或人员在办理经济业务时所填制的凭证。例如,商品、材料入库时,由仓库保管人员填制的入库单;商品销售时,由业务部门开出的提货单等,都属于自制原始凭证。

(2) 外来原始凭证。外来原始凭证是指同外部单位发生经济往来业务时,从外部单位或个人处取得的原始凭证,如购货时取得的发票、付款时取得的收据等。

2) 按照填制手续及内容分类

自制原始凭证按填制手续及内容的不同,又可分为一次原始凭证、累计原始凭证、汇总原始凭证三类。

(1) 一次原始凭证。一次原始凭证是指只反映一项经济业务或同时记录若干项同类性质经济业务的原始凭证。其填制手续是一次完成的。例如,各种外来原始凭证都是一次原始凭证;企业有关部门领用材料的"领料单""职工借款单"等自制原始凭证也是一次原始凭证。

(2) 累计原始凭证。累计原始凭证是指在一定时期内(一般以1个月为限)连续发生的同类经济业务的自制原始凭证,其填制手续是随着经济业务事项的发生而分次进行的,如"限额领料单"。

(3) 汇总原始凭证。汇总原始凭证是指根据一定时期内反映相同经济业务的多张原始凭证,汇总编制而成的自制原始凭证,以集中反映某项经济业务总括发生情况。汇总原始凭证既可以简化会计核算工作,又便于进行经济业务的分析比较。例如,"工资汇总表""现金收入汇总表""发料凭证汇总表"等都是汇总原始凭证。

2. 原始凭证的填制与审核

为了如实反映经济业务的发生和完成情况,充分发挥会计的监督职能,保证会计信息的真实性、可靠性和正确性,会计机构、会计人员必须对原始凭证的真实性、合法性、合理性、完整性、正确性和及时性进行严格审核。

原始凭证不得涂改、挖补、刮擦和使用药水消除等。发现原始凭证有错误的,应当按照以下规定办理：①凡是金额有误的原始凭证,必须重新填写。②文字和数量错误的,可以由开出单位更正,并在更正处应当加盖开出单位相应的公章。

原始凭证审核的基本内容包括：①原始凭证的填制是否符合原始凭证填制规范要求。②经办人是否签名或盖章,审批人是否按规定审批。③原始凭证反映内容是否真实、合法。④原始凭证反映内容是否准确、完整。

(二) 记账凭证

记账凭证是根据原始凭证或原始凭证汇总表的经济内容,应用会计科目和复式记账法,加以归类整理编制的直接作为记账依据的凭证。

1. 记账凭证的种类

1) 按凭证的用途分类

会计人员要根据审核无误的原始凭证填制记账凭证。记账凭证可以分为专用记账凭证和通用记账凭证。

(1) 专用记账凭证。专用记账凭证是指分类反映经济业务的记账凭证。按其反映经济业务的内容不同,专用记账凭证可分为收款凭证、付款凭证和转账凭证(见图2-13至图2-15)。

(2) 通用记账凭证。通用记账凭证是指用来反映所有经济业务的记账凭证。通用记账凭证为各类经济业务所共同使用,其格式与转账凭证相同。

图 2-13 收款凭证

付款凭证

贷方科目：　　　　　　年　月　日　　　　　　付字第　号

摘要	借方科目		记账	金额										
	总账科目	明细科目		亿	千	百	十	万	千	百	十	元	角	分
合计金额														

附件　张

会计主管：　　记账：　　出纳：　　复核：　　制单：

图 2-14　付款凭证

转账凭证

年　月　日　　　　　　转字第　号

摘要	总账科目	明细科目	记账	借方金额										记账	贷方金额									
				千	百	十	万	千	百	十	元	角	分		千	百	十	万	千	百	十	元	角	分
合计																								

附件　张

会计主管：　　记账：　　复核：　　制单：

图 2-15　转账凭证

2）按凭证的填列方式分类

记账凭证按其填制方式的不同，可分为复式记账凭证和单式记账凭证。

（1）复式记账凭证。复式记账凭证是指把一项经济业务完整地填列在一张记账凭证上，即该项经济业务所涉及的所有会计科目在一张记账凭证中集中反映的记账凭证。前述各种记账凭证都是复式记账凭证。

复式记账凭证可在一张记账凭证上反映一笔完整的经济业务,便于反映经济业务的全貌及会计科目间的对应关系,可减少记账凭证的数量。但采用复式记账凭证,不便于同时汇总计算每一会计科目的发生额,也不利于会计人员分工记账。

(2) 单式记账凭证。单式记账凭证是按照一项经济业务所涉及的每个会计科目单独编制记账凭证,每张记账凭证中只登记一个会计科目的记账凭证。

单式记账凭证将一项经济业务所涉及的会计科目及其对应关系,通过借项记账凭证、贷项记账凭证分别予以反映,便于同时汇总计算每一会计科目的发生额,也便于分工记账,但不便于反映经济业务的全貌及会计科目的对应关系。它一般适用于业务量较大、会计部门内部分工较细的会计主体。

2. 记账凭证的填制与审核

记账凭证的填制是会计核算的基础环节之一,正确、及时、完整地填制记账凭证是正确、及时地提供会计信息的保证。记账凭证的填制,主要有以下几个方面的要求:①记录真实,内容完整,填制及时,书写清楚。②"摘要"栏是对经济业务的简要说明,要求文字简练、概括,能满足登记账簿的要求。③应当根据经济业务的内容,按照会计制度的规定,确定应借应贷的账户。④在记账凭证中,应借、应贷账户必须保持清晰的对应关系。⑤每张凭证都要注明附件张数,以备查考。

记账凭证的填制,必须经过审核无误后,才能据以登记账簿。记账凭证审核的主要内容有:①记账凭证是否附有原始凭证,所附原始凭证是否齐全,记账凭证的经济内容是否与所附的原始凭证的内容相符等。②记账凭证中载明的业务内容是否合法、合规,应借应贷的账户是否正确。③记账凭证的项目是否填写清楚、完整,编号是否连续,有关人员的签章是否齐全。

案例 2-2

记账凭证中的"真真假假"

一是"假账真做",即指无原始凭证而以行为人的意志凭空填制记账凭证,或在填制记账凭证时,让其金额与原始凭证不符,并将原始凭证与记账凭证不符的凭证混杂于众多凭证之中。例如,某企业为了骗取上市资格,将堆压在仓库中的产品虚列为销售,并授意财务部门凭空填制了收款凭证,煞有其事地将几百万元的"主营业务收入"登记入账,借以虚增利润。

二是"真账假做",即造假者故意错用会计科目或忽略某些业务中涉及的中间科目,来混淆记账凭证对应关系,打乱查阅人的视线。例如,某企业财务部会计李某利用外币汇率频繁变动,将企业需要兑出的 5 000 美元(当时汇率为 1∶8)先折为日元(汇率为 1∶100),然后再将 500 000 日元(5 000×100)折为 50 000 人民币元(汇率为 1∶10)。李某做账时"真账假做",将美元兑换成日元,日元兑换成人民币的两次折换,记作美元兑换成人民币的一次性兑换,两者的差额成为李某的私人收入。

> 三是"障眼法",即对记账凭证的"摘要"栏进行略写或错写,使人看不清经济业务的本来面目。造假者采用这种手法使记账凭证的摘要往往与原始凭证所反映的真实经济业务不符,或者让"摘要"栏空出不写,或者粗粗写上让人不得要领的几个字,以达到掩饰和弄虚作假的目的。例如,某企业因私设小金库而被查处,该企业领导吸取"经验教训",认为以货币形式设置"小金库"容易引起审查人员的注意,而实物形式存在的"小金库"则不那么引人注目,于是自2005年开始以购买材料的名义,以乱计成本费用等方式,购买金卡、金币、邮票等有保值和增值潜力的商品70余万元,并将之置于账外。其具体操作过程是:原始凭证不开品名,在填制记账凭证时统称为购料,购买办公用品后记入"制造费用""管理费用""销售费用"等科目。此类记账凭证在实际操作中时有发生,内审人员应当高度警惕。
>
> 案例来源:佚名.记账凭证会计造假的常见形式[EB/OL].(2009-11-22)[2018-10-10].http://www.chinaacc.com/new/201007/05le22002928.shtml.

二、会计账簿

(一) 会计账簿的含义和作用

会计账簿是指由具有一定格式、互有关联的若干账页所组成,以会计凭证为依据,可以全面、系统、序时、分类记录各项经济业务的簿籍。设置和登记会计账簿,既是填制和审核会计凭证的延伸,又是编制财务会计报告的基础。因此,会计账簿是连接会计凭证和财务会计报告的重要环节。

设置和登记账簿的作用有以下四点:第一,记载和存储会计信息;第二,分类和汇总会计信息;第三,检验和校对会计信息;第四,编报和输出会计信息。

(二) 会计账簿与账户的关系

会计账簿序时、分类地记载经济业务,是在个别账户中完成的。因此,账簿只是一个外在形式,账户才是它的真实内容。账簿与账户的关系是形式和内容的关系:账户存在于账簿之中,账簿中的每一张账页就是账户的存在形式和载体,没有账簿,账户就无法存在。

(三) 会计账簿的分类

为了满足经营管理的需要,每一账簿体系中包含的账簿可以是多种多样的。这些账簿可以按不同的标准进行分类,分类的方法主要有以下三种。

1. 按用途分类

会计账簿按用途分类,可以分为序时账簿、分类账簿和备查账簿。

1) 序时账簿

序时账簿又称日记账,是对各项经济业务按其发生时间的先后顺序,逐日逐笔连续进行登记的账簿。按其记录的内容，序时账簿又分为普通日记账和特种日记账两种。

(1) 普通日记账是用来登记全部经济业务发生情况的日记账，通常对每天所发生的经济业务，按照业务发生的先后顺序，编制会计分录记入账簿中。普通日记账设有借方金额栏和贷方金额栏。

(2) 特种日记账是用来记录某一类经济业务发生情况的日记账，通常对某一类比较重要的经济业务，按照业务发生的先后顺序记入账簿中。常用的特种日记账是现金日记账和银行存款日记账，如图 2-16 和图 2-17 所示。

现 金 日 记 账

年		凭证		摘要	借方										贷方										借或贷	余额									
月	日	种类	号数		千	百	十	万	千	百	十	元	角	分	千	百	十	万	千	百	十	元	角	分		千	百	十	万	千	百	十	元	角	分

图 2-16　现金日记账

银行存款日记账

年		凭证		摘　要	借方金额											贷方金额											借或贷	余额										
月	日	种类	号数		亿	千	百	十	万	千	百	十	元	角	分	亿	千	百	十	万	千	百	十	元	角	分		亿	千	百	十	万	千	百	十	元	角	分

图 2-17　银行存款日记账

2）分类账簿

分类账簿又称分类账，是对全部经济业务按总分类账户和明细分类账户进行分类登记的账簿。分类账簿按其反映指标的详细程度，分为总分类账簿和明细分类账簿两种。

3）备查账簿

备查账簿又称辅助账簿，是对某些不能在日记账和分类账中记录的经济事项或记录不全的经济业务进行补充登记的账簿，主要是为某些经济业务的经营决策提供必要的参考资料。备查账簿的设置应视实际需要而定，并非一定要设置，而且没有固定格式，如以经营租赁方式租入的固定资产登记簿、代销商品登记簿、受托加工材料登记簿等。

2. 按形式分类

会计账簿按形式分类，可以分为订本式账簿、活页式账簿和卡片式账簿。

（1）订本式账簿。订本式账簿简称订本账，是在未启用以前就把许多账页装订在一起，并对账页按顺序编号的账簿。订本式账簿主要适用于总分类账和现金日记账、银行存款日记账。

（2）活页式账簿。活页式账簿简称活页账，是由若干零散的账页根据业务需要组合而成的账簿。活页式账簿主要适用于各种明细账。

（3）卡片式账簿。卡片式账簿又称卡片账，是利用卡片进行登记的账簿。卡片式账簿主要适用于记录内容比较复杂的财产明细账，如固定资产卡片账。

3. 按账页格式分类

会计账簿按账页格式可以分为两栏式账簿、三栏式账簿、多栏式账簿、数量金额式账簿和横线登记式账簿。

（1）两栏式账簿。两栏式账簿是由只设有借方和贷方两个基本金额栏目的账页所构成的账簿。普通日记账通常采用此种账簿。

（2）三栏式账簿。三栏式账簿设有借方、贷方和余额，适用于只进行金额核算的资本、债权、债务明细账。例如，各种日记账、总账以及负债类、所有者权益类总账所属的明细账户都可以使用三栏式账簿。

（3）多栏式账簿。多栏式账簿是在账簿的两个基本栏目借方和贷方按照需要分设若干个专栏的账簿。它适用于收入类、成本费用类、利润类明细账，如"生产成本""管理费用""销售费用""营业外收入""本年利润"等账户的明细分类核算。

（4）数量金额式账簿。这种账簿的借方、贷方和余额三个栏目内，都分别设有数量、单价和金额三个小栏目，以反映财产物资的实物数量和价值量，如"原材料""库存商品""固定资产"明细账。

（5）横线登记式账簿。横线登记式账簿又称平行式账簿，是指在同一张账页的同一行，记录某一项经济业务从发生到结束的相关内容，便于检查每笔业务的发生和完成情况的账簿。

三、会计报表

会计报表是对日常核算的资料按一定的表格形式进行汇总反映和综合反映的报告文

件。由于日常核算资料具有零星、分散、量大等特点,为了便于信息使用者一目了然地掌握企业、单位一定时期的经济活动情况及其效益,必须将日常核算的资料按统一规定的格式和口径进行汇总和综合。企业主要的会计报表包括资产负债表、利润表、现金流量表和所有者权益变动表。

(一) 资产负债表

资产负债表是反映企业在某一特定日期(月末、季末或年末)财务状况的会计报表,故又称为静态报表。资产负债表根据"资产＝负债＋所有者权益"这一会计等式,依照一定的分类标准和次序,把企业在某一特定日期的资产、负债和所有者权益项目予以适当排列编制而成。

资产负债表是企业主要的会计报表之一,它所提供的会计信息是国家宏观经济管理和企业内部管理制定决策所必需的资料,企业的投资者和债权人也要分别从不同的角度使用资产负债表。每一会计主体都必须按月编制资产负债表。

资产负债表是会计中非常重要的会计报表,最重要的作用是表现企业的经营状况。

(二) 利润表

利润表是反映企业在一定会计期间(如1个月、1个季度、半年或者1年)的经营成果的会计报表,故又称为动态报表。利润表根据"收入－费用＝利润"这一会计等式,依照一定的标准和次序,把企业一定时期内的收入、费用和利润项目予以适当排列编制而成。

利润表也是企业主要的会计报表之一,利用利润表的资料,可以了解企业一定时期实现利润或发生亏损的情况,评价企业该时期经营业绩的好坏;检查影响利润(或亏损)变动的原因,分析企业的盈利能力和经济效益;了解企业一定时期利润的分配或亏损的弥补情况等。所以,每一个独立核算的企业都必须按期编制利润表。

(三) 现金流量表

现金流量表是反映企业在一定时期内(如月度、季度或年度)的经营活动、投资活动、筹资活动对其现金及现金等价物所产生影响的会计报表。

编制现金流量表的主要目的,是为财务会计报告使用者提供企业一定会计期间内现金和现金等价物流入和流出的信息,以便于财务会计报告使用者了解和评价企业获取现金和现金等价物的能力,并据以预测企业未来现金流量。现金流量表的作用主要体现在以下几个方面:一是有助于评价企业支付能力、偿债能力和周转能力;二是有助于预测企业未来现金流量;三是有助于分析企业收益质量及影响现金净流量的因素,掌握企业经营活动、投资活动和筹资活动的现金流量,可以从现金流量的角度了解净利润的质量,为分析和判断企业的财务前景提供信息。

(四) 所有者权益变动表

所有者权益变动表又称股东权益变动表,是指反映构成所有者权益的各组成部分当期(年度或中期)的增减变动情况的报表。所有者权益变动表应当全面反映一定时期内所有者权益变动的情况。

所有者权益变动表既可以为报表使用者提供所有者权益总量增减变动的信息,也能为其提供所有者权益增减变动的结构性信息,特别是能够让报表使用者理解所有者权益增减变动的根源。

案例 2-3

故意销毁会计凭证,六人入狱

2018年1月2日,洛阳市涧西区人民检察院指控,某顺公司自成立以来,一直使用公司专门印制的检测凭证进行账目核对,但通过少计收入的方式逃避税款。

2016年4月1日,洛阳市地税局稽查局对某顺公司开展稽查时,调取了某顺公司未及时藏匿的4天使用的检测凭证(2015年12月26日至29日)。

2016年4月5日,被告人常某、张某飞召集被告人雷某丽、马某娣、郭某娟、蒋某媛等人开会研究对策,并要求雷某丽、马某娣、郭某娟、蒋某媛等人在面对调查时,统一口径称这4天使用的内部检测凭证系检测站搞活动所用。

随后,为防止税务机关发现真相,逃避税务稽查,被告人常某、张某飞又指使雷某丽、马某娣、郭某娟、蒋某媛等人将历年的内部检测凭证整理后用车辆拉走销毁。被销毁的凭证金额不低于9 824 930元。

2018年2月27日,洛阳市涧西区人民法院一审判决,公司负责人常某犯隐匿、故意销毁会计凭证罪,判处有期徒刑1年,缓刑1年零6个月,并处罚金人民币10万元;包括会计、出纳在内的另外5人分别被判处了有期徒刑并处以罚金。

案例来源:河南省洛阳市涧西区人民法院.常珂、张志飞隐匿、故意销毁会计凭证、会计账簿、财务会计报告一审刑事判决书[EB/OL].(2018-02-27)[2018-10-10].http://wenshu. court. gov. cn/content/content? DocID = 0b0bef32-d646-4152-9190-a894010e9d31&KeyWord.

第四节 会计信息化

随着网络技术的飞速发展,在会计工作中应用信息技术的概念日益为大众所熟知。会计信息化是信息社会对财务信息管理提出的一个新要求,也是会计主动适应信息化社会环境的结果。

一、会计信息化的概念

会计信息化是指将会计信息作为管理信息资源,全面运用计算机、网络通信为主的信息技术对其进行获取、加工、传输、应用等处理,为企业经营管理、控制决策和经济运行提供充足、实时、全方位的信息。

会计信息化不但是以计算机为处理工具来取代手工处理过程,而且是要实现手工处理无法实现的功能,使会计信息处理产生质的飞跃。究其实质,会计信息化主要是指企、事业单位的工作全面实现业务流程的数字化和网络化。其具体内容包括会计数据采集的数据库化和代码化、会计数据处理的电子化和计算机化、会计信息传递的标准化和实时化、会计信息输出的无纸化。

目前,会计信息化已从减轻会计人员劳动强度、提高财务工作效率的手段,发展成为科学合理的财务管理方法和先进高效的资本预算管理、财务成本控制管理、会计核算管理等多项财务信息化控制手段。它有助于管理人员利用企业内部会计信息和外部会计信息进行管理、分析、预测和决策。

二、会计信息化的产生与发展

(一) 会计信息化的萌芽

会计信息化的前身是会计电算化。在会计电算化产生之前,会计主要依靠人工进行会计数据的收集、储存、加工和传递。

随着计算机的发明与推广,其自动、高速进行大量计算和数据处理的特性使之得到了部分行业的重视。20世纪50年代,美国通用电气公司第一次使用计算机计算职工薪酬,引发了会计数据处理形式的变革,将计算机应用于会计工作的模式随之产生。

在我国,将计算机应用于会计数据处理工作于20世纪70年代兴起。1979年,第一汽车制造厂进行计算机在会计工作中应用的试点工作,这成为我国会计信息化发展过程中的一个里程碑。1981年8月,财政部和中国会计学会联合召开"财务、会计、成本应用电子计算机专题研讨会",第一次正式提出"会计电算化"的概念,探讨电子信息技术在会计工作中的应用问题。

(二) 会计信息化的提出

随着市场经济的发展,企业不再是单纯的生产经营单位,因而会计工作中应用信息技术的范围不再局限于提出"会计电算化"时的财务会计。1999年4月,在深圳召开的"会计信息化理论专家座谈会"上,与会专家首次提出"会计信息化"这一名词,并对会计信息化做出以下解读:会计信息化是会计与信息技术相结合的新阶段,其核心是现代会计信息系统的建立及计算机信息资源的深度开发和利用。

随后,在政府的大力推动下,我国会计信息化工作快速进入普及和深化阶段。市场上开始出现专业软件公司,推出"先锋""用友""金蝶""浪潮"等商品化会计软件。在这一阶段,会计软件行业的雏形已基本形成,并具有软件开发设计规模化、软件生产工业化、软件售后服务专业化等特点。

（三）会计信息化的全面发展

21世纪以来,计算机、网络通信等现代信息技术的广泛应用,推动了计算机技术与会计高度融合的、开放的现代会计信息系统的建立,会计信息已经成为一种重要的管理信息资源。网络应用和全面信息管理成为大趋势,业务财务一体化成为主流,会计信息化向更高阶段迈进。

2009年,财政部发布了《关于全面推进我国会计信息化工作的指导意见》(财会〔2009〕6号),对全面推进我国会计信息化工作提出了指导意见。全面推进我国会计信息化工作的主要任务:推进单位会计信息化建设,推进会计师事务所审计信息化建设,推进会计管理和会计监督信息化建设,推进会计教育与会计理论研究信息化建设,推进会计信息化人才建设,推进统一的会计相关信息平台建设。

现代信息技术手段能够实时、便捷地获取、加工、传递、存储和应用会计信息,为企业经营管理、控制决策和经济运行提供充足、实时、全方位的信息。未来,随着现代信息技术的深入发展与应用,会计信息化将有更深刻的内涵和更广阔的外延。

三、会计软件的产生与发展

会计信息化的核心工作是建立会计信息系统,而会计软件是会计信息系统的重要组成部分。具体而言,我国的会计软件发展主要历经了以下三个阶段。

（一）专用会计软件

在会计信息化的起步阶段,会计信息化只是将计算机作为一种高级的计算工具并将其应用到会计领域,会计软件的开发和设计以用户对单个功能的需要为主,没有考虑到整个会计信息系统功能的完整。其内容主要是用计算机代替人工操作,模拟手工业务处理过程,完成记账、算账、报账等业务;其目的主要是减轻会计人员的工作强度,提高工作效率,增强会计信息的准确性和及时性。

（二）商品化核算型会计软件

20世纪90年代后期,随着国内市场需求的扩大以及国际化进程的加速,市场上开始出现商品化核算型会计软件。商品化核算型会计软件将企业其他部门的日常核算纳入软件管理,引入更多的会计核算子系统,形成了一套完整的会计核算软件系统,包括账务处理子系统、报表子系统、往来管理子系统、工资核算子系统、固定资产子系统、成本核算子系统、销售核算子系统等。商品化核算型会计软件引领会计信息化工作由单项的会计核算业务到全面信息化发展,实现企业内部以会计核算系统为核心的信息集成化。

(三)管理型会计软件

随着现代信息技术在财务会计中应用的拓展,会计软件的核算功能趋于成熟和完善。但核算型会计软件多为仅供财务部门使用的封闭系统,与其他信息模块缺乏交流功能,不能满足企业管理的需要。因此,以 ERP 系统为代表的管理型会计信息系统应运而生,它使会计信息化从利用软件进行核算转向更大范围的管理应用。会计软件的功能开始从财务部门延伸到业务部门,使实现业务财务一体化管理成为可能。

近年来,我国管理型会计软件已覆盖预算管理、成本管理、战略管理、营运管理、绩效管理等管理会计工具运用的主要领域,功能更加细分化、专业化和集成化,并逐步实现了业务与财务的一体化处理、远程处理、在线实时监控、集团财务集中管理等功能。会计将不再是孤立的系统,而是一个实时处理、高度自动化的系统,它与其他业务系统连接,可以直接从其他系统读取数据,并进行一系列的加工、处理、存储和传输,使财务信息为企业生产经营和企业其他业务领域的信息化提供基础和保障,从而实现财务信息的高效集成,发挥会计的管理控制职能,为企业的管理和发展做出更大贡献。

案例 2-4

七匹狼公司会计信息化建设之路

七匹狼公司是我国知名的服装企业。与国内大多数企业一样,七匹狼公司早期的会计信息化建设并没有很好地进行总体规划和统一建设,而是各自为政,有的分公司甚至拥有独立的信息系统。这导致公司内部的数据不能及时共享和反馈,其销售部门往往不能及时掌握商品的库存信息,很难及时了解销售订单的处理情况及产品价格变化情况;仓储部门也很难掌握商品在市场的销售情况及库存情况,使之无法确定一个合理的库存量;总部也很难及时了解分公司和代理商的经营状况,不能对公司资金流转状况进行很好的监督和控制。

为了适应日益激烈的市场竞争,七匹狼公司开始着手从总体上提升公司的会计信息化水平。起初,公司引入了通用型 ERP 系统来满足企业管理信息化的需求。这种通用型 ERP 系统虽然可以满足不同行业的普遍性需求,但在分销流程方面做得不够细致,而这恰好是服装行业体现竞争优势的必要手段。因此,随着七匹狼公司的发展,这种普遍性与特殊性的矛盾日渐凸显。

为此,七匹狼公司决定推翻原来的系统,重铸新的 ERP 分销系统。2006 年,公司引入 OA 系统,实现了企业内部各部门间信息的快速传递。2008 年,公司正式与甲骨文公司(Oracle)合作,并花费重金购入零售规划软件,从而实现了公司零售分销以及供应链和财务的一体化。2009 年,公司销售网络升级项目建设完成,零售 ERP 项目计划系统成功上线,实现了对公司库存的实时控制。2011 年,ERP 系统项目升级成功并投入使用。该项目升级的模块包含零售模块和财务管理模块,整合了公司的批发及

> 零售业务平台,优化了业务流程。2011年年底,全国分销系统正式上线,七匹狼公司要求全国的代理商和加盟商都使用这个系统,将代理商全都整合到了一起,很好地解决了公司原本对销售信息收集不够准确、不够及时的问题。代理商和合作伙伴也能通过数据分析平台,增强自身对销售数据、库存分析的能力,从而提高销售商的管理水平。
>
> 案例来源:应里孟,林贤顺.七匹狼会计信息化提升案例分析[J].会计之友,2014(04).

第五节 会计规范体系

会计是一项综合性的经济管理工作,为了保证会计工作的顺利进行和会计任务的全面完成,会计工作必须做到有法可依、有章可循。

我国会计规范体系由会计法律、行政法规和部门规章构成。

一、会计法律

会计法律是指调整经济生活中会计关系的法律总称。它主要包括《会计法》等。《会计法》是会计工作的最高层次的规范,是指导会计工作的根本法,是制定其他会计法规的依据。该法由全国人民代表大会常务委员会制定,以国家主席令颁布。

《会计法》是为了加强会计工作,保障会计人员依法行使职权,维护社会主义市场经济秩序,发挥会计工作在维护国家财政制度和财务制度、加强经济管理、提高经济效益中的作用而制定的,是我国会计工作经验和会计理论研究成果的概括和总结。1985年1月21日,第六届全国人大常委会第九次会议通过第一部《会计法》;1993年12月29日,第八届全国人大常委会第五次会议对《会计法》进行了修正;1999年10月31日,第九届全国人大常委会第十二次会议再次修订了《会计法》;2017年11月4日,第十二届全国人民代表大会常务委员会第三十次会议对《会计法》进行了修正,并从2017年11月5日起实施。

现行的《会计法》主要对涉及会计从业资格证书相关条款进行调整,对会计人员的专业能力及职业道德重新进行了要求。该法分为7章,包括总则,会计核算,公司、企业会计核算的特别规定,会计监督,会计机构和会计人员,法律责任,附则。现行的《会计法》主要包括以下内容。

(一)总则

(1)明确指出《会计法》的立法目的是规范会计行为,保证会计资料真实、完整,加强经济管理与财务管理,提高经济效益,维护社会主义市场经济秩序。

(2) 明确了《会计法》的适用范围是国家机关、社会团体、企事业单位、个体工商户和其他组织。

(3) 规定了单位负责人对本单位会计工作和会计资料的真实性、完整性负责。

(4) 规定了会计工作的管理体制：国务院财政部门管理全国的会计工作，地方各级人民政府的财政部门管理本地区的会计工作。

(5) 规定了国家实行统一的会计制度，由国务院财政部门制定并公布。

（二）会计核算

《会计法》规定了会计核算的基本内容，如款项和有价证券的收付；财物的收发、增减和使用；债权债务的发生和结算；收入、费用、成本的计算等。为了保证会计信息的质量，《会计法》对填制会计凭证、登记会计账簿、编制会计报表等会计核算全过程规定了基本的要求。这是保证会计信息符合国家宏观经济管理的要求，满足有关各方了解企业财务状况和经营成果的需要，满足企业加强内部经营管理需要的重要条件。

（三）公司、企业会计核算的特别规定

《会计法》主要针对公司、企业会计核算的特殊性和重要性，强调了公司、企业会计核算中对会计要素确认、计量、记录的基本要求和公司、企业会计核算的禁止性规定。

（四）会计监督

《会计法》要求健全和完善与新形势要求相适应的三位一体的会计监督体系。三位一体的会计监体系是指通过建立单位内部会计监督制度进行的单位内部监督、通过注册会计师进行的社会监督和以财政部门为主的国家监督。

（五）会计机构和会计人员

《会计法》规定了会计机构设置、总会计师设置、会计机构内部稽核制度、会计机构负责人的任职资格、会计人员职业道德、会计人员工作交接等内容，取消了会计人员必须取得从业资格证的要求，修改为会计人员应当具备从事会计工作所需要的专业能力。

（六）法律责任

《会计法》规定了单位领导人、会计人员违反《会计法》应负的法律责任。其特点是对各种违法行为做了明确具体的界定，便于在实际执行时认定违法行为，并对违法行为及时惩处；扩大了惩治对象的范围；加重了所规定的各种违法行为的责任，特别是加大了对伪造、变造会计凭证、会计账簿，编制虚假财务会计报告，以及隐匿、销毁应当保存的会计凭证、会计账簿、财务会计报告及其他会计资料等行为的打击力度；明确了单位负责人的法律责任。

二、行政法规

行政法规是指调整经济生活中某些方面会计关系的法律规范。行政法规由国务院制

定发布或者由国务院有关部门拟订经国务院批准发布。它包括《总会计师条例》等。

总会计师是组织领导本单位的财务管理、成本管理、预算管理、会计核算和会计监督等方面的工作,参与本单位重要经济问题分析和决策的单位行政领导人员。总会计师协助单位主要行政领导人工作,直接对单位主要行政领导人负责。

为了确定总会计师的职权和地位,发挥总会计师在加强经济管理、提高经济效益中的作用,《总会计师条例》于1990年12月31日由国务院发布,2011年1月8日《国务院关于废止和修改部分行政法规的决定》对《总会计师条例》进行了修订。《总会计师条例》主要对总会计师的职责、权限、任免与奖惩等方面做出了明确的规定。

三、部门规章

部门规章是由国家主管会计工作的财政部及其他部委制定的规范性文件。它包括会计准则、《会计基础工作规范》《会计档案管理办法》等。

(一)会计准则

会计准则是反映经济活动、确认产权关系、规范收益分配的会计技术标准,是生成和提供会计信息的重要依据,也是政府调控经济活动、规范经济秩序和开展国际经济交往等的重要手段。会计准则是由财政部制定的,具有公认性和权威性(强制性)。

会计准则具有严密和完整的体系,我国已颁布的会计准则有《企业会计准则》《小企业会计准则》《政府会计准则》《事业单位会计准则》。

1.《企业会计准则》

我国的企业会计准则体系包括基本准则、具体准则、应用指南和解释公告等。

2006年2月15日,财政部发布了《企业会计准则——基本准则》,同时发布了《企业会计准则第1号——存货》等38项具体准则,自2007年1月1日起在上市公司范围内施行。此后,财政部又陆续发布了4项具体准则,目前共有42项具体准则,如表2-8所示。

表2-8 企业会计准则一览表

编号	会计准则名称	编号	会计准则名称
1	存货	9	职工薪酬
2	长期股权投资	10	企业年金基金
3	投资性房地产	11	股份支付
4	固定资产	12	债务重组
5	生物资产	13	或有事项
6	无形资产	14	收入
7	非货币性资产交换	15	建造合同
8	资产减值	16	政府补助

(续表)

编号	会计准则名称	编号	会计准则名称
17	借款费用	30	财务报表列报
18	所得税	31	现金流量表
19	外币折算	32	中期财务报告
20	企业合并	33	合并财务报表
21	租赁	34	每股收益
22	金融工具确认和计量	35	分部报告
23	金融资产转移	36	关联方披露
24	套期保值	37	金融工具列报
25	原保险合同	38	首次执行企业会计准则
26	再保险合同	39	公允价值计量
27	石油天然气开采	40	合营安排
28	会计政策、会计估计变更和差错更正	41	在其他主体中权益的披露
29	资产负债表日后事项	42	持有待售的非流动资产、处置组和终止经营

2.《小企业会计准则》

2011年10月18日,财政部发布了《小企业会计准则》,自2013年1月1日起施行。

《小企业会计准则》适用于在我国境内依法设立的、符合《中小企业划型标准规定》所规定的小型企业标准的企业,但下列三类小企业除外:①股票或债券在市场上公开交易的小企业。②金融机构或其他具有金融性质的小企业。③企业集团内的母公司和子公司。母公司是指控制一个或一个以上主体(含企业、被投资单位中可分割的部分,以及企业所控制的结构化主体等)的主体;子公司是指被母公司控制的主体。

工业和信息化部、国家统计局、国家发展和改革委员会、财政部于2011年6月18日联合发布的《中小企业划型标准规定》所规定的微型企业标准的企业,参照执行《小企业会计准则》。

3.《政府会计准则》

我国政府会计准则体系由基本准则、具体准则和应用指南三部分组成。2015年10月23日,财政部发布《政府会计准则——基本准则》,自2017年1月1日起在各级政府、各部门、各单位施行。各部门、各单位是指与本级政府财政部门直接或者间接发生预算拨款关系的国家机关、军队、政党组织、社会团体、事业单位和其他单位。政府会计由预算会计和财务会计构成。预算会计实行收付实现制,国务院另有规定的,依照其规定;财务会计实行权责发生制。

2016年以来,财政部陆续发布了《政府会计准则第1号——存货》《政府会计准则第2号——投资》等多项具体准则。2017年10月24日,财政部印发了《政府会计制度——行政事业单位会计科目和报表》(财会〔2017〕25号),自2019年1月1日起施行。

4.《事业单位会计准则》

2012年12月6日,财政部修订发布了《事业单位会计准则》,自2013年1月1日起在各级各类事业单位施行。该准则对我国事业单位的会计工作进行了规范。

(二)《会计基础工作规范》

为了加强会计基础工作,建立规范的会计工作秩序,提高会计工作水平,财政部根据《会计法》的有关规定,制定了《会计基础工作规范》(以下简称《规范》),于1996年6月17日以财会字〔1996〕19号发布,同时废止了1984年4月24日财政部发布的《会计人员工作规则》。

《规范》在遵循《会计法》规定的基本原则和各项要求的基础上,对会计基础工作方面的内容进行了具体规范。可以说,《规范》是对《会计法》中有关会计基础工作方面的内容的具体化,是《会计法》重要配套规章之一;同时,《规范》吸收了《会计人员工作规则》中科学的、合理的内容,并对部分内容根据新形势的要求做了相应充实和完善。

《规范》适用于一切有会计工作的单位,为了增强适应性和可操作性,一方面,《规范》尽可能地适应不同类型单位的会计工作要求,只是对会计基础工作的最基本环节做出规定,以兼顾会计工作发展不平衡的实际状况;另一方面,根据经济管理和会计工作的发展要求,对会计工作中正在发展的新情况从会计基础的角度做出规范,如会计电算化等,以起到积极引导作用。

《规范》主要包括会计机构及会计人员管理规范、会计基础工作一般规范、会计凭证规范、会计账簿规范、财务报告规范、内部会计管理制度规范、会计工作交接规范、会计档案管理规范等。对于会计中的基础工作,如填制会计凭证、登记会计账簿、编制会计报表等都做出了详细而具体的规定。

(三)《会计档案管理办法》

《会计档案管理办法》(以下简称《管理办法》)是为了加强会计档案管理,有效保护和利用会计档案而制定的法规。1984年,中华人民共和国财政部、国家档案局联合印发了《管理办法》。2015年12月11日,财政部、国家档案局令第79号发布修订后的《管理办法》,自2016年1月1日起施行。《管理办法》明确了会计档案的定义及范围,将电子会计档案纳入会计档案的范围;明确了电子会计档案的管理要求;规定了会计档案的销毁程序并且规定了会计档案的定期保管期限。

复习思考题

1. 企业会计确认基础是什么?会计计量属性有哪些?
2. 什么是复式记账法?借贷记账法的主要内容有哪些?
3. 会计核算的基本程序有哪些?

案例分析题

1. 2×18年10月，某工业企业发生如下经济业务(假定不考虑相关税费)：

(1) 国家投资200 000元，已存入银行。

(2) 以银行存款4 800元预付本季的房屋租赁费。

(3) 提取现金15 000元备用。

(4) 计提本月固定资产折旧费6 000元，其中车间应负担1 500元。

(5) 购买A材料500千克，单价为100元，货款50 000元已通过银行付款，运费100元，以现金支付。

(6) 向锦江公司销售B产品400件，单价为3 000元，货款1 200 000元未收。

(7) 仓库转来本月发出材料登记表，本月共领用A材料价值60 000元，其中车间领用50 000元，其余10 000元为厂部领用。

(8) 预提本月应付银行短期贷款利息1 800元。

(9) 以银行存款支付广告费5 000元。

(10) 职工李某出差归来，报销差旅费250元，交回多借现金250元。

要求：

(1) 根据上述经济业务编制会计分录。

(2) 编制发生额试算平衡表。

2. 张山和李斯拥有一个面包房，他们做的姜汁面包非常有名。他们都没有接受过会计教育，但他们认为只要在记录时采用复式记账的方法就不会出现错误了，于是自己设计了一个用来记录交易的系统，并自认为很有效。下面列示的是该面包房2×18年7月所发生的一些交易(假定不考虑相关税费)：

(1) 收到商品的订单，当货物发出后将收到1 000元。

(2) 发出一份商品订单，订购价值600元的商品。

(3) 将货物发运给顾客并收到1 000元。

(4) 收到所订的货物并支付600元现金。

(5) 用现金支付银行400元的利息。

(6) 赊购6 000元的设备。

张山和李斯对以上业务进行了记录，如表2-9所示。

表2-9 业务交易情况表　　　　　　　　　　　单位：元

资产=		负债+所有者权益	+（收入-费用）	
收到商品订单	1 000		销售	1 000
发出订购商品的订单	600		存货支出	-600
现金	1 000			
将货物发运给顾客	-1 000			

(续表)

资产=		负债+所有者权益		+（收入-费用）	
收到所订的商品	600	应付账款	-600		
支付现金	400			利息支出	-400
赊购设备		应付账款	6 000	设备支出	-6 000

要求：

(1) 向张山和李斯解释他们对记录交易的错误理解。

(2) 更正张山和李斯在记录中的错误。

3. 张强于 2×18 年 9 月投资 30 000 元，开办一个火锅店。该火锅店开业当月的经营情况如下（假定不考虑相关税费）：

(1) 预付 4 个月房租 4 000 元。

(2) 购入各种饮料 4 500 元，本月耗用其中的 2/3。

(3) 购入菜品、原料等 18 000 元，月末盘存 1 000 元。

(4) 支付雇员工资 2 500 元。

(5) 支付水电费 300 元。

(6) 获取营业收入 27 000 元。另预收下月初宴席订金 1 000 元。

要求：按照权责发生制，分析 9 月份张强的火锅店赚了还是亏了？

第三章
CHAPTER 3

资　产

　　资产是企业从事生产经营活动的物质基础。任何一个企业要进行正常的生产经营活动，都必须拥有一定数量和结构的资产。资产分为流动资产和非流动资产，包括货币资金、交易性金融资产、应收及预付款项、存货、合同资产、债权投资、长期股权投资、固定资产、无形资产、投资性房地产等。

第一节　资产的确认

一、资产的分类及内容

（一）资产的定义及特征

　　资产是指过去的交易或事项形成的、由企业拥有或控制的、预期会给企业带来经济利益的资源，主要包括各种财产、债权和其他权利。根据资产的定义，资产具有以下特征：

　　（1）资产是由企业过去的交易或事项形成的。企业过去的交易或事项包括购买、生产、建造行为或其他交易或事项，只有过去的交易或事项才能产生资产，预期在未来发生的交易或事项可能产生的结果不属于现在的资产。

　　（2）资产应是企业拥有或控制的资源。拥有是指企业享有某项资源的所有权，如企业购置的设备；控制是指虽然不享有某项资源的所有权，但该资源能被企业所控制，如融资租入的设备。

　　（3）资产预期会给企业带来经济利益。预期会给企业带来经济利益是指资产直接或间接导致现金和现金等价物流入企业的潜力。这种潜力可以来自企业日常的生产经营活动，也可以是非日常活动。

　　资产预期能否为企业带来经济利益是资产的重要特征。如果某一项目预期不能给企业带来经济利益,那么就不能将其确认为资产;前期已经确认为资产的项目,如果不能再为企业带来经济利益,也不能再确认为资产。

(二)资产的分类

在资产负债表上,资产一般分为流动资产和非流动资产。

1. 流动资产

流动资产是指企业可以在 1 年内或者超过 1 年的一个营业周期内变现或耗用的、以交易为目的而持有的资产。也就是说,在短期内可变现的资产,可以作为短期偿债的保证,包括货币资金、交易性金融资产、应收及预付款项、存货、合同资产等。

(1) 货币资金是指库存现金、银行存款和其他货币资金等。其他货币资金包括企业的银行汇票存款、银行本票存款、信用卡存款、信用证保证金存款、存出投资款、外埠存款等。

(2) 交易性金融资产是指企业持有的以公允价值计量且其变动计入当期损益的金融资产。

(3) 应收及预付款项是指企业在日常生产经营过程中发生的各项债权,包括应收款项和预付款项。应收款项包括应收账款、应收票据、应收股利、应收利息、其他应收款等;预付款项是指企业按照合同规定预付的款项,如预付账款。

(4) 存货是指企业在日常活动中持有以备出售的产成品或商品、处于生产过程中的在产品以及在生产过程或提供劳务过程中耗用的材料、物料等。企业的存货通常包括原材料、在产品、半成品、产成品、商品和周转材料(包装物和低值易耗品)。

(5) 合同资产是指已向客户转让商品而有权收取对价的权利(不包括仅取决于时间流逝因素的权利)。

需要说明的是,合同资产和应收款项都是企业拥有的有权收取对价的合同权利,两者的区别在于,应收款项代表的是无条件收取合同对价的权利,即企业仅仅随着时间的流逝即可收款,而合同资产并不是一项无条件收款权,该权利除了时间流逝之外,还取决于其他条件(如履行合同中的其他履约义务)才能收取相应的合同对价。

案例 3-1

万福生科财务造假事件

2012 年 8 月 22 日,万福生科股份有限公司(以下简称"万福生科")发布上市后的第一份半年报,半年报管理层讨论与分析称:2012 年上半年,公司实现的净利润由于受到原材料价格的上涨、计提的资产减值损失等因素同比有所下降。此时湖南证监局上市公司检查组正在万福生科进行上市后的例行现场检查,检查组很快发现了万福生科 2012 年半年报预付账款存在重大异常:公开披露的资产负债表显示,"预付账款"项目余额为 1.46 亿元,而科目余额表显示,万福生科"预付账款"科目余额超过 3 亿元,预付账款"账表不符"。财务总监解释称为了让报表好看一点,将一部分预付账款重分

（续上）

> 类至"在建工程"等其他科目,但检查组的职业敏感让其意识到如此畸高的预付账款绝对不正常,因为上年同期才只有0.2亿元,那么这些预付款去哪里了?
>
> 检查组追查到银行追踪资金真实去向,银行真实的资金流水显示,账列预付8 036万元设备供应款根本就没有打给供应商(法人),而是打给自然人;再一比对,发现下游回款根本不是客户(法人)打进来的,而是自然人打进来的,并不满足资产的确认条件。万福生科的造假模式是用公司的自有资金打到体外循环,同时虚构粮食收购和产品销售业务,虚增销售收入和利润。
>
> 案例来源:佚名. 万福生科IPO造假启示录[EB/OL]. (2014-09-03)[2018-10-02]. https://wenku.baidu.com/view/0233d475647d27284a735113.html.

2. 非流动资产

非流动资产是指流动资产以外的资产,主要包括债权投资、其他债权投资、长期股权投资、其他权益工具投资、长期应收款、投资性房地产、固定资产、在建工程、无形资产、长期待摊费用和商誉等。

(1) 债权投资是指同时符合下列条件的长期债权投资:①企业管理该金融资产的业务模式是以收取合同现金流量为目标。②该金融资产的合同条款规定,在特定日期产生的现金流量,仅为对本金和以未偿付本金金额为基础的利息的支付。

(2) 其他债权投资是指同时符合下列条件的长期债权投资:①企业管理该金融资产的业务模式既以收取合同现金流量为目标,又以出售该金融资产为目标。②该金融资产的合同条款规定,在特定日期产生的现金流量,仅为对本金和以未偿付本金金额为基础的利息的支付。

(3) 长期股权投资是指对被投资单位实施控制、重大影响的权益性投资,以及对其合营企业的权益性投资。

投资方能够对被投资单位实施控制的权益性投资,即对子公司投资。控制是指投资方拥有对被投资单位的权力,通过参与被投资单位的相关活动而享有可变回报,并且有能力运用对被投资单位的权力影响其回报金额。控制一般存在于以下情况:第一,投资方直接拥有被投资单位50%以上的表决权资本;第二,投资方直接拥有被投资单位50%或者以下的表决权资本,但具有实质控制权的情况。

投资方与其他合营方一同对被投资单位实施共同控制且对被投资单位净资产享有权利的权益性投资,即对合营企业投资。共同控制是指按照相关约定对某项安排所共有的控制,并且该安排的相关活动必须经过分享控制权的参与方一致同意后才能决策。

投资方对被投资单位具有重大影响的权益性投资,即对联营企业投资。重大影响是指对一个企业的财务政策和经营政策有参与决策的权力,但并不能够控制或与其他方一起共同控制这些政策的制定。实务中,较为常见的重大影响体现为在被投资单位的董事会或类似权力机构中派有代表,通过在被投资单位财务政策和经营决策制定过程中的发言权实施重大影响。投资方直接或通过子公司间接持有被投资单位20%以上但低于50%的表决权时,一般认为对被投资单位具有重大影响,除非有明确的证据表明不能参与被投资单位的生产经营决策,不形成重大影响。

【例3-1】 甲、乙、丙三家公司于2×18年1月投资参股A公司,分别持有A公司80%、15%和5%的股权。A公司董事会共有5名董事,其中,甲公司委派4名董事,乙公司委派1名董事。甲公司委派的董事任董事长。丙公司因持股比例较低等原因,在A公司董事会中没有委派成员,也没有派出人员参与A公司的经营管理。A公司董事会会议由董事长召集并主持,由出席会议的董事2/3以上表决通过。由于乙公司股东和管理层对A公司所属行业不具备足够的专业管理知识和经验,乙公司自投资之日起委派董事对A公司的经营管理主动参与程度较少,曾缺席过若干次董事会会议。出席的董事会决议均未做出过与甲公司委派董事不同的表决。

本例中,甲公司持有A公司80%股权,委派董事担任董事长,并在董事会5名成员中享有4个名额,因此能对A公司实施控制(A公司为其子公司);乙公司虽然只持有A公司15%的股份,但在A公司董事会中派有1名成员,具有参与A公司财务和经营决策的权力,因此能对A公司实施重大影响(A公司为其联营企业);丙公司没有派出人员参与A公司的经营管理,假定也没有其他对A公司具有重大影响的情况,丙公司持有对A公司的股权投资不属于长期股权投资,应纳入金融资产核算。

(4) 其他权益工具投资是指企业指定为以公允价值计量且其变动计入其他综合收益的非交易性权益工具投资。

(5) 长期应收款是指企业融资租赁产生的应收款项和采用递延方式分期收款、实质上具有融资性质的销售商品和提供劳务等经营活动产生的应收款项。

(6) 投资性房地产是指为赚取租金或资本增值,或两者兼有而持有的房地产,并且应当能够单独计量和出售。它主要包括:已出租的土地使用权、持有并准备增值后转让的土地使用权和已出租的建筑物。

(7) 固定资产是指企业使用期限超过一个会计年度,为生产商品、提供劳务、出租或经营管理而持有的房屋、建筑物、机器、运输工具以及其他与生产经营有关的设备工具等。

(8) 在建工程是指企业资产的新建、改建、扩建,或技术改造、设备更新和大修理工程等尚未完工的工程支出。

(9) 无形资产是指企业拥有或控制的没有实物形态的可辨认非货币性资产。它通常包括专利权、非专利技术、商标权、著作权、特许权、土地使用权等。

(10) 长期待摊费用是指企业已经支出,但摊销期限在1年以上的各项费用,如以经营租赁方式租入的固定资产发生的改良支出以及摊销期在1年以上的固定资产大修理支出等。

(11) 商誉是指能在未来期间为企业经营带来超额利润的潜在经济价值,或一家企业预期的获利能力超过可辨认资产正常获利能力(如社会平均投资回报率)的资本化价值。在企业合并时,它是购买企业投资成本超过享有被合并企业净资产公允价值份额的差额。

二、资产的确认条件

将一项资源确认为资产,需要符合相关资产的定义,还应同时满足以下两个条件:

(1) 与该资源有关的经济利益很可能流入企业。从资产的定义可以看到,能否带来经济利益是资产的一个本质特征,但在现实生活中,由于经济环境瞬息万变,与资源有关的经济利益能否流入企业或者能够流入多少,实际上带有不确定性。因此,资产的确认还应与经济利益流入的不确定性程度的判断结合起来,如果根据编制财务会计报告时所取得的证据,与资源有关的经济利益很可能流入企业,那么就应当将其作为资产予以确认;反之,则不能确认为资产。例如,某企业赊销一批商品给某一客户,从而形成了对该客户的应收账款。由于企业最终收到款项与销售实现之间有一个时间差,而且收款又在未来期间,因此带有一定的不确定性。如果企业在销售时判断未来很可能收到款项或能够确定收到款项,企业就应当将该应收账款确认为一项资产;如果企业判断在通常情况下很可能部分或者全部无法收回,表明该部分或全部应收账款已经不符合资产的确认条件。

(2) 该资源的成本或价值能够可靠地计量,即应当能以货币来计量。财务会计系统是一个确认、计量和报告的系统,其中计量起着枢纽作用,可计量性是所有会计要素确认的重要前提,资产的确认也是如此。只有当有关资源的成本或价值能够可靠地计量时,资产才能予以确认。

第二节 资产的初始计量

初始计量是指资产在开始进入财务会计报告系统时的确认,是对已经确认的交易或事项的价值数量首次加以衡量和确定。资产的初始计量通常采用历史成本计量属性,也有少数资产采用公允价值、现值等其他计量属性。

一、外部取得资产的初始计量

企业从外部取得的资产一般有四种初始计量模式:一是以成本进行初始计量,如外购的存货、固定资产和无形资产;二是以现值进行初始计量,如延期付款购买、具有融资性质的资产和融资租入的固定资产;三是以公允价值进行初始计量,如交易性金融资产、债权投资;四是以其他特殊方式进行初始计量。

(一) 以成本进行初始计量

1. 采购成本的计算

采购成本是指企业物资从采购到入库前或达到预定可使用状态前所发生的购买价款、可以抵扣的增值税以外的相关税费、运输费、装卸费、保险费、安装费和专业人员服务费等。例如,企业外购的存货、固定资产、无形资产等,均按照成本进行初始计量。

购买价款是指企业购入资产的发票账单上列明的价款,但不包括按规定可以抵扣的增值税进项税额。

相关税费是指企业购买、自制或委托加工存货发生的进口关税、消费税、资源税和不能抵扣的增值税进项税额等。

对于存货的成本,还包括成本中除上述各项以外的可归属于存货采购成本的费用,如在存货采购过程中发生的仓储费、包装费、运输途中的合理损耗、入库前的挑选整理费用等。

对于采购过程中发生的物资毁损、短缺等,除合理的运输损耗应当作为存货的其他可归属于存货采购成本的费用计入采购成本外,应区别不同情况进行会计处理:

(1) 应从供货单位、外部运输机构等收回的物资短缺或其他赔款,冲减所购物资的采购成本。

(2) 因遭受意外灾害发生的损失和尚待查明原因的途中损耗,不得增加物资的采购成本,暂作为"待处理财产损溢"进行核算,查明原因后再做处理。

2. 增值税的处理

增值税是以商品和劳务在流转过程中产生的增值额作为计税依据而征收的一种流转税。按照我国税法的规定,增值税是对在我国境内销售货物、提供劳务、销售无形资产和不动产(发生应税行为),以及进口货物的企业单位和个人,就其销售货物、提供应税劳务、发生应税行为的增值额和货物进口金额为计税依据征收的一种流转税。增值税实行价外税模式,也就是由消费者负担,有增值才征税,没有增值不征税。

企业在进行增值税应税活动时,会在增值税专用发票上注明货物的金额和相应的税额,交易的总价款就是增值税专用发票上标明的价税合计数额。发票上注明的税额对于卖方来说是销项税额,对于买方来说就是进项税额。增值税根据纳税人不同可分为一般纳税人和小规模纳税人。

(1) 一般纳税人。一般纳税人是指年应征增值税销售额超过财政部、国家税务总局规定的小规模纳税人标准的企业和企业型单位。

增值税一般纳税人销售或进口货物、提供应税劳务、提供应税服务,除低税率适用范围外,基本税率为 16% 和 10%,企业通过设置"应交税费——应交增值税"账户来记录增值税的进项税额和销项税额,并定期计算其纳税义务。

一般纳税人销售货物或提供应税劳务或发生应税行为适用一般计税方法计税。其计算公式如下:

$$当期应纳增值税额 = 当期销项税额 - 当期进项税额$$

(2) 小规模纳税人。小规模纳税人是指年销售额在规定标准以下,并且会计核算不健全,不能按照规定报送有关税务资料的增值税纳税人。

小规模纳税人销售货物或提供应税劳务或发生应税行为,实行按照销售额和征收率计算应纳税额的简易办法,但不得抵扣进项税额。取得的增值税专用发票上注明的增值税额应计入成本,征收率一般为 5% 和 3%。其计算公式如下:

当期应纳增值税额 ＝ 当期销售额(不含增值税)×征收率

3. 会计处理

企业购买原材料,如果直接入库,借记"原材料""应交税费——应交增值税(进项税额)"账户,贷记"银行存款"等账户;如果需要经过一定的时间才能收货入库,则需在"在途物资"账户进行过渡性账务处理,待收到原材料时,再从"在途物资"账户转入"原材料"账户。

企业购入不需要安装的固定资产时,应按购入成本,通过"固定资产"账户核算;购入的需要安装的固定资产,要先通过"在建工程"账户核算,待固定资产达到预定可使用状态时,再将"在建工程"账户转入"固定资产"账户。同时,借记"应交税费——应交增值税(进项税额)"账户,贷记"银行存款"等账户。

企业购入的无形资产,按应计入无形资产成本的金额,通过"无形资产"账户核算;需要通过研发而形成的无形资产,应通过"研发支出"账户核算,研发成功后,再将"研发支出"账户转入"无形资产"账户。同时,借记"应交税费——应交增值税(进项税额)"账户,贷记"银行存款"等账户。

【例3-2】 甲公司为增值税一般纳税人。2×18年7月,甲公司支付1 160 000元购入原材料,取得的增值税专用发票上注明的价款为1 000 000元,增值税额为160 000元;另发生运费30 000元,增值税额为3 000元。款项已通过银行存款支付,原材料尚未收到。甲公司账务处理如下:

借:在途物资　　　　　　　　　　　　　　　　　　　　　　　1 030 000
　　应交税费——应交增值税(进项税额)　　　　　　　　　　　　163 000
　　贷:银行存款　　　　　　　　　　　　　　　　　　　　　　1 193 000

【例3-3】 甲公司为增值税一般纳税人。2×18年9月,甲公司购入一台不需要安装的机器设备,取得的增值税专用发票上注明的价款为400 000元,增值税额为64 000元;支付的运费为10 000元,增值税额为1 000元。款项已通过银行支付。甲公司的账务处理如下:

借:固定资产　　　　　　　　　　　　　　　　　　　　　　　　410 000
　　应交税费——应交增值税(进项税额)　　　　　　　　　　　　　65 000
　　贷:银行存款　　　　　　　　　　　　　　　　　　　　　　　475 000

【例3-4】 甲企业为增值税小规模纳税人,增值税征收率为3%,原材料按实际成本计算。2×18年7月,甲企业以每千克6元的价格外购原材料5 000千克,取得的增值税专用发票上注明的货款为30 000元,增值税额为4 800元,款项已通过银行支付,材料已验收入库。甲企业的账务处理如下:

借:原材料　　　　　　　　　　　　　　　　　　　　　　　　　 34 800
　　贷:银行存款　　　　　　　　　　　　　　　　　　　　　　　 34 800

案例 3-2

60 岁兼职会计虚开增值税专用发票遭判刑

2018 年 7 月 2 日,北京市第一中级人民法院对 60 岁兼职会计苑宏英虚开增值税专用发票做出一审判决,判处其有期徒刑 14 年,剥夺政治权利 3 年,并处罚金人民币 40 万元。2013 年至 2016 年间,苑宏英作为北京宇桥速通科技发展有限公司、北京中天瑞达科技发展有限公司、嘉桓(北京)科技有限公司的兼职会计,在无实际业务往来的情况下,多次为上述公司以及介绍北京英浩驰华智能科技有限公司、北京帕莫瑞科技有限公司、北京森源德信网络技术有限公司(后变更为北京东×××公司)、北京思路高医疗科技有限公司、北京天昊阳科技发展有限公司、北京天睿翰琪科技有限公司、北京中天智通科技有限公司等十余家公司,从北京恒泰思源科技有限公司、恒佳众和(北京)商贸有限公司虚开增值税专用发票 689 张,税款合计人民币 2 396 万余元,案发前已抵扣税款 2 392 万余元。

案例来源:北京市第一中级人民法院. 苑宏英虚开增值税专用发票一审刑事判决书[EB/OL]. (2018-07-03)[2018-10-02]. http://wenshu.court.gov.cn/content/conten? DocID.

(二)以现值进行初始计量

现值计量是指资产按照预计从其持续使用和最终处置中所产生的未来净现金流量的折现金额计量,主要包括融资租入和分期付款购入固定资产。

融资租赁是指实质上转移与资产所有权有关的全部或绝大部分风险和报酬的租赁;分期付款购入固定资产,其时间超过 1 年,在这种情况下,该项购买合同实质上具有融资性质,购入固定资产应以购买价款的现值计量,即按照各期支付的价款选择恰当的折现率进行折现后的金额加以确定。实际入账价值与未来付款额的差额作为未确认融资费用,在每期期末按实际利率法摊销计入财务费用。其计算公式如下:

$$\frac{未确认融资费用}{本期摊销金额} = \left(\frac{长期应付款}{期初余额} - \frac{未确认融资费用}{期初余额}\right) \times 折现率$$

【例 3-5】 2×17 年 1 月 1 日,A 公司与 B 公司签订一项购货合同,A 公司从 B 公司购入一台不需要安装的大型设备用于生产。合同约定,A 公司采用分期付款方式支付价款,该设备价款共计 30 000 000 元,增值税额为 4 800 000 元,在 2×17 年至 2×19 年的 3 年内每年平均支付一次,每年的付款日期为当年的 12 月 31 日。增值税额当日一次性支付。A 公司适用的折现率为 10%,A 公司为增值税一般纳税人,假设不考虑折旧及其他因素,(P/A,10%,3)=2.486,A 公司相关计算与账务处理如下:

购买固定资产价款现值 $= 10\,000\,000 \times (P/A,\ 10\%,\ 3)$
$= 10\,000\,000 \times 2.486$
$= 24\,860\,000(元)$

未确认融资费用 $= 30\,000\,000 - 24\,860\,000 = 5\,140\,000(元)$

a. 2×17年1月1日：

借：固定资产——××设备	24 860 000
应交税费——应交增值税(进项税额)	4 800 000
未确认融资费用	5 140 000
贷：长期应付款——B公司	30 000 000
银行存款	4 800 000

b. 2×17年12月31日：

未确认融资费用本期摊销额 $= 24\,860\,000 \times 10\% = 2\,486\,000(元)$

借：财务费用	2 486 000
贷：未确认融资费用	2 486 000
借：长期应付款	10 000 000
贷：银行存款	10 000 000

c. 2×18年12月31日：

未确认融资费用本期摊销额 $= [(30\,000\,000 - 10\,000\,000) - (5\,140\,000 - 2\,486\,000)] \times 10\%$
$= 1\,734\,600(元)$

借：财务费用	1 734 600
贷：未确认融资费用	1 734 600
借：长期应付款	10 000 000
贷：银行存款	10 000 000

d. 2×19年12月31日：

未确认融资费用本期摊销额 $= 5\,140\,000 - 2\,486\,000 - 1\,734\,600 = 919\,400(元)$

借：财务费用	919 400
贷：未确认融资费用	919 400
借：长期应付款	10 000 000
贷：银行存款	10 000 000

(三) 以公允价值进行初始计量

金融资产一般采用公允价值进行初始计量，包括交易性金融资产、债权投资、其他债权投资和其他权益工具投资。企业取得交易性金融资产时,应按其公允价值计量,相关的交易费用应当直接计入当期损益;与交易性金融资产不同的是,企业取得的其他金融资产,相关的交易费用计入资产的初始计量金额。

交易费用是指可直接归属于购买、发行或处置金融工具新增的外部费用,如支付给代理机构、咨询公司、券商等的手续费和佣金及其他必要支出,不包括债券溢价、折价、融资费用、内部管理成本及其他与交易不直接相关的费用。购买的资产中包含的已到付息期但尚未领取的债券利息或者已宣告发放但尚未领取的现金股利,通过"应收利息"或"应收股利"核算。

为了比较和理解交易性金融资产和其他金融资产初始计量的区别,下面举例说明。

【例3-6】 2×18年1月1日,长城股份有限公司以每股8元的价格(其中包含已宣告但尚未发放的现金股利0.2元)购进甲公司股票100 000股,购买该股票支付手续费等10 000元。长城股份有限公司打算短期持有该公司股票,将其划分为交易性金融资产。假设不考虑其他因素,长城股份有限公司的账务处理如下:

借:交易性金融资产——成本　　　　　　　　　　　　　　780 000
　　应收股利　　　　　　　　　　　　　　　　　　　　　 20 000
　　投资收益　　　　　　　　　　　　　　　　　　　　　 10 000
　贷:银行存款　　　　　　　　　　　　　　　　　　　　　810 000

【例3-7】 2×18年1月1日,长城股份有限公司以每股8元的价格(其中包括已宣告但尚未发放的现金股利0.2元)购进乙公司股票100 000股,购买该股票支付手续费等10 000元。长城股份有限公司将购入的乙公司股票划分为其他权益工具投资。假设不考虑其他因素,长城股份有限公司的账务处理如下:

借:其他权益工具投资——成本　　　　　　　　　　　　　790 000
　　应收股利　　　　　　　　　　　　　　　　　　　　　 20 000
　贷:银行存款　　　　　　　　　　　　　　　　　　　　　810 000

【例3-8】 2×18年7月1日,长城股份有限公司以10 500 000元的价款(含交易费用150 000元)购买面值为10 000 000元的债券作为债权投资。该债券系甲公司于当年1月1日发行,票面利率为6%,期限为3年,每半年付息一次,到期还本的债券。长城股份有限公司购买该债券时,上半年的利息尚未支付。假设不考虑其他因素,长城股份有限公司的账务处理如下:

借:债权投资——成本　　　　　　　　　　　　　　　　 10 000 000
　　　　　　——利息调整　　　　　　　　　　　　　　　　200 000
　　应收利息　　　　　　　　　　　　　　　　　　　　　300 000
　贷:银行存款　　　　　　　　　　　　　　　　　　　 10 500 000

(四)以其他特殊方式进行初始计量

1. 长期股权投资的初始计量

企业取得长期股权投资,其初始投资成本一般为支付的全部价款,或者付出的非现金资产、发生或承担的负债以及发行的权益性证券的公允价值。不包括为取得长期股权投资所发生的评估、审计、咨询等费用,也不包括实际支付的价款中包含的已宣告但尚未领取的现金股利等。

但是,通过同一控制下的企业合并形成的长期股权投资(即参与合并的企业在合并前后均受同一方或相同的多方最终控制且该控制并非暂时性的),应当在合并日按照所取得的被合并方在最终控制方合并财务会计报告中净资产账面价值的份额作为长期股权投资的初始投资成本。

长期股权投资的初始投资成本与支付的现金、转让的非现金资产及所承担债务账面价值、发行股票的面值之间的差额,应当调整资本公积(资本溢价或股本溢价);资本公积的余额不足冲减的,依次冲减盈余公积和未分配利润。

例如,A公司是上市公司,E公司系A公司的控股股东,同时E公司对B公司具有重大影响。2×18年10月,A公司与B公司进行重大资产重组:B公司以其持有的C公司和D公司100%股权注入A公司,A公司向B公司定向增发股份2亿股。2×18年10月,A公司完成C公司和D公司股权过户手续,变更为股权持有人。2×18年12月,A公司完成变更注册资本的工商变更登记手续,重组完成后B公司持有A公司60%的股份,成为A公司的控股股东。交易前,E公司为A公司的控股股东,而B公司则是C公司和D公司的控股股东。参与合并的A公司在合并前受E公司控制,C公司和D公司受B公司控制,而E公司对B公司只能施加重大影响,所以A公司与C公司和D公司在合并前不受同一方控制,故该项交易属于非同一控制下的企业合并。

【例3-9】 2×18年6月,甲公司以向其母公司乙公司发行10 000 000股普通股(每股面值为1元,每股公允价值为5元),取得乙公司拥有对丙公司100%的股权,并能够对丙公司实施控制。合并日,丙公司的净资产账面价值为40 000 000元。假设甲公司和丙公司都受乙公司最终同一控制,在企业合并前采用的会计政策相同,且不考虑其他因素。那么,甲公司在合并日应确认对丙公司的长期股权投资,初始投资成本为应享有丙公司在乙公司合并财务会计报告中的净资产账面价值份额。甲公司的账务处理如下:

借:长期股权投资——丙公司 40 000 000
　　贷:股本 10 000 000
　　　　资本公积——股本溢价 30 000 000

[例3-9]中,假设该项合并属于非同一控制下的企业合并,长期股权投资的初始投资成本应当按照付出对价的公允价值计量。甲公司的账务处理如下:

借:长期股权投资——丙公司 50 000 000
　　贷:股本 10 000 000
　　　　资本公积——股本溢价 40 000 000

2. 其他形式取得资产的初始计量

(1)接受捐赠的非现金资产,通常应以有关发票或参照市场同类资产的价格加上应由企业负担的费用作为初始计量金额。接受捐赠时,借记相关资产类账户,贷记"营业外收入"账户。

(2) 接受投资的非现金资产,应以接受的非现金资产的公允价值加上相关税费及其他归属于资产成本的费用作为入账价值。

(3) 作为债权人在债务重组中取得的非现金资产,应按受让的非现金资产的公允价值入账。非现金资产的公允价值与重组债权账面价值的差额作为债务重组损失计入"营业外支出"。

(4) 在非货币性资产交换中取得的资产,如果交换具有商业实质,同时换入资产和换出资产的公允价值能够可靠计量,应当以换出资产的公允价值、应支付的相关税费和支付的补价作为换入资产的成本,公允价值与换出资产账面价值的差额计入当期损益。非货币性资产交换不具有商业实质,或虽然具有商业实质但换入资产和换出资产的公允价值均不能可靠地计量的,应当以换出资产的账面价值、应支付的相关税费和支付的补价作为换入资产的成本。

二、企业自制资产的初始计量

企业自制的资产主要包括工业企业生产的产品、房地产企业开发的产品等。这类资产一般以自制资产所耗用的生产成本作为初始计量。

(一) 工业企业产品的初始计量

工业企业的产品成本一般包括以下三个成本项目:

(1) 直接材料。直接材料是指企业生产经营过程中实际消耗的原材料、辅助材料、备品配件、外购半成品、燃料、动力、包装物和其他直接材料。

(2) 直接人工。直接人工是指产品在制造过程中发生的直接从事产品生产和劳务提供人员的职工薪酬。

(3) 制造费用。制造费用是指企业各个生产单位(如分厂、车间)为组织和管理生产所发生的各种费用。它一般包括:生产单位管理人员工资、职工福利费、生产单位的固定资产折旧费、租入固定资产租赁费、机物料消耗、低值易耗品、取暖费、水电费、办公费、差旅费、运输费、保险费、劳动保护费、季节费、修理期间的停工损失费和其他制造费用、废品损失等。

企业发生直接材料和直接人工耗费时,直接借记"生产成本"账户,贷记"原材料""应付职工薪酬"等账户。企业发生的制造费用,则借记"制造费用"账户,贷记"原材料""累计折旧""银行存款""应付职工薪酬"等账户。月末分配结转应由各产品负担的制造费用时,借记"生产成本"账户,贷记"制造费用"账户。本期已经完成、验收入库的产成品实际成本,应从"生产成本"账户结转至"库存商品"账户。

【例3-10】 宏达家具公司为增值税一般纳税人。2×18年8月1日,公司接到一份生产写字桌和椅子的订单,为此,宏达家具公司采购了一批原材料,增值税专用发票上注明的原材料单价为40元,共采购500千克,增值税额为3 200元。8月5日,公司生产写字桌和椅子各领用10 000元木料。生产期间,车间发放从事直接生产的工人的工资

12 000元,按照劳动量分配给写字桌的直接人工成本为9 000元,分配给椅子的直接人工成本为3 000元。该车间用银行存款支付水、电、气等车间开支1 000元和车间管理人员薪酬5 000元,按照公司的成本核算办法,由写字桌和椅子平均分摊车间的制造费用。8月20日,该批写字桌和椅子已完成全部工序,产成品已从车间运到仓库。假设不考虑其他因素,宏达家具公司生产该批写字桌和椅子的会计处理如下。

a. 领用原材料：

借：生产成本——写字桌	10 000
——椅子	10 000
贷：原材料	20 000

b. 将直接人工分配到各个产品：

借：生产成本——写字桌	9 000
——椅子	3 000
贷：应付职工薪酬	12 000

c. 发放生产工人工资：

借：应付职工薪酬	12 000
贷：银行存款	12 000

d. 归集车间发生的各种间接支出：

借：制造费用	6 000
贷：应付职工薪酬	5 000
银行存款	1 000

e. 支付车间管理人员薪酬：

借：应付职工薪酬	5 000
贷：银行存款	5 000

f. 分配制造费用：

借：生产成本——写字桌	3 000
——椅子	3 000
贷：制造费用	6 000

g. 8月20日,写字桌和椅子完工并交付产品,结转产品成本：

写字桌的加工成本 = 10 000 + 9 000 + 3 000 = 22 000(元)
椅子的加工成本 = 10 000 + 3 000 + 3 000 = 16 000(元)

借：库存商品——写字桌	22 000
——椅子	16 000
贷：生产成本——写字桌	22 000
——椅子	16 000

案例 3-3

过量生产能产生超额利润吗

某大型机械制造商甲公司2×18年预计的产品需求量为10 000台,该产品2×18年的固定成本为240 000元,单位变动成本为100元。甲公司为降低单位产品成本,决定2×18年生产产品12 000台。甲公司超出市场需求量的产品的储存总成本为2 000元,甲公司该产品的市场售价为220元/台。若甲企业该产品的产量为10 000台,则该产品的单位成本为124元/台,全部售完企业获得的利润为960 000元[(220－124)×10 000]。实际上,甲公司该产品的产量为12 000台,则该产品的单位固定成本为20元/台,该产品的单位成本为120元/台,公司因市场需求限制售出产品获得利润为998 000元[(220－120)×10 000－2 000)]。可见,甲公司过量生产多获得了38 000元的利润。

(二)房地产企业开发成本的初始计量

房地产开发成本是指房地产企业为开发一定数量的商品房所支出的全部费用。构成房地产开发企业产品的开发成本,相当于工业产品的制造成本和建筑安装工程的施工成本。房地产企业开发成本包括以下几个方面。

(1) 土地征用及拆迁补偿费:包括土地征用费,耕地占用税,劳动力安置费及有关地上、地下附着物拆迁补偿的净支出,安置动迁用房支出等。

(2) 前期工程费:包括规划、设计、项目可行性研究和水文、地质、勘察、测绘、"三通一平"等费用。

(3) 建筑安装工程费:是指以出包方式、自营方式支付给承包单位的建筑安装工程费等。

(4) 基础设施费:包括开发小区内的道路、供水、供电、供气、排污、排洪、通讯、照明、环卫、绿化等费用。

(5) 公共配套设施费:是指不能有偿转让的开发小区内公共配套设施发生的支出。

(6) 开发间接费用:是指组织管理开发项目所发生的费用,包括工资、职工福利、折旧费、修理费、办公费、水电费、劳动保护费、周转房摊销等。

第三节 资产的后续计量

后续计量是指当有充分恰当的证据表明一项已被记录的项目其价值在初始计量后出现增加或减少的变动时进行的再计量,它确定该项目在资产负债表上的列示价值。资产的后续计量一般包括成本计量模式、公允价值计量模式及其他计量模式等。

一、成本计量模式

资产采用成本模式进行后续计量,即采用账面历史成本进行计量,包括应收款项、存货、采用成本法核算的长期股权投资、固定资产、无形资产、以成本模式计量的投资性房地产、债权投资等。其中,固定资产、无形资产和投资性房地产在后续计量中要考虑资产的折旧或摊销;债权投资还需考虑因实际利率导致的摊余成本的计算和处理。

(一)不需要折旧或摊销的资产

大部分资产取得以后,如果不发生减值,一般都是以初始成本进行后续计量,如货币资金、存货、应收款项、采用成本法核算的长期股权投资等。因此,在后续计量中,除非相应资产发生增加或减少,一般均不调整资产的账面价值。下面以长期股权投资的成本法为例进行说明。

当投资企业能够对被投资企业具有控制时(即对子公司的投资),长期股权投资应当采用成本法核算。

成本法是指长期股权投资按成本计价的方法。在成本法下,长期股权投资的核算应当按照初始投资成本计价,除了投资企业追加投资、将应分得的现金股利或利润转为投资或收回投资外,长期股权投资的账面价值一般应当保持不变。即长期股权投资的价值一经入账后,除实际增减投资外,一般不再进行调整。也就是说,无论接受投资企业的生产经营情况如何,实现的利润多少,净资产是否增加或减少,投资企业均不改变其长期股权投资的账面价值。

【例3-11】 2×18年1月1日,A公司以50 000 000元的价格购入B公司60%的股权,购买过程中另支付相关税费500 000元。股权购入后,A公司能够控制B公司的生产经营和财务决策。2×18年3月1日,B公司宣告分配利润5 000 000元。2×18年3月7日,A公司收到B公司分派的利润。假设不考虑其他因素,A公司的账务处理如下。

a. 2×18年1月1日:

借:长期股权投资——B公司　　　　　　　　　　　　　50 500 000
　　贷:银行存款　　　　　　　　　　　　　　　　　　　　50 500 000

b. 2×18年3月1日:

借:应收股利　　　　　　　　　　　　　　　　　　　　3 000 000
　　贷:投资收益　　　　　　　　　　　　　　　　　　　　3 000 000

c. 2×18年3月7日:

借:银行存款　　　　　　　　　　　　　　　　　　　　3 000 000
　　贷:应收股利　　　　　　　　　　　　　　　　　　　　3 000 000

(二)需要折旧或摊销的资产

资产的折旧或摊销是指资产在使用过程中逐渐损耗而转移到商品或费用中去的那部

分价值。需要折旧或摊销的资产,采用摊余成本进行后续计量,即应按初始成本减去折旧或摊销金额后反映其账面价值。

1. 资产的折旧

固定资产和以成本模式计量的建筑物类投资性房地产等要进行折旧。折旧是指在资产的使用寿命内,按照确定的方法对应计折旧额进行的系统分摊。其中,应计折旧额是指应当计提折旧的资产的原价扣除其预计净残值后的金额。当月增加的资产当月不提折旧,从下个月开始计提;当月减少的资产当月照提折旧。折旧方法包括年限平均法、工作量法、双倍余额递减法和年数总和法等。

企业应当设置"累计折旧""投资性房地产累计折旧"等科目核算固定资产、投资性房地产计提的折旧额。对固定资产计提折旧时,借记"销售费用""管理费用""制造费用"等科目,贷记"累计折旧"科目。对投资性房地产计提折旧时,借记"其他业务成本"等科目,贷记"投资性房地产累计折旧"科目。

(1) 年限平均法。年限平均法是指将固定资产的应计提折旧总额平均分摊到其预计使用寿命期限内的一种方法。采用这种方法计算的每期折旧额均是等额的。由于采用年限平均法,资产累计折旧额呈直线状上升,因此这种方法又称直线法。其计算公式如下:

$$年折旧额 = (原价 - 预计净残值) \div 预计使用年限$$
$$= 原价 \times (1 - 预计净残值 \div 原价) \div 预计使用年限$$
$$= 原价 \times 年折旧率$$
$$月折旧额 = 年折旧额 \div 12$$

【例 3-12】 2×18 年 12 月 10 日,甲公司购入一台不需要安装的机器设备用于 A 产品的生产,并于当月投入使用。设备原价为 500 000 元,预计使用寿命为 5 年,预计净残值率为 4%,采用年限平均法计提折旧。假设不考虑其他因素,甲公司有关折旧的计算和账务处理如下。

固定资产 2×18 年 12 月投入使用,2×19 年 1 月开始计提折旧,则:

$$年折旧额 = (500\ 000 - 500\ 000 \times 4\%) \div 5 = 96\ 000(元)$$
$$月折旧额 = 96\ 000 \div 12 = 8\ 000(元)$$

2×19 年 1 月 31 日:

借:制造费用　　　　　　　　　　　　　　　　　　　　　　　8 000
　　贷:累计折旧　　　　　　　　　　　　　　　　　　　　　　　8 000

其他各月折旧的计算和账务处理同上。

采用年限平均法计提资产折旧简便易行,但是,在各期资产负荷程度不相同的情况下,采用该方法计提折旧,会造成各期折旧费用负担和资产与实际损耗程度不相符,不能真实地反映资产的实际使用情况。因此,为了弥补年限平均法的缺陷,企业对某些资产也可以采用工作量法计提折旧。

(2) 工作量法。工作量法是指根据资产在经营过程中实际完成的工作量计算每期应计提折旧额的一种方法。其计算公式为:

$$单位工作量折旧额 = \frac{固定资产原价 \times (1 - 预计净残值率)}{预计总工作量}$$

$$某项固定资产月折旧额 = 该项固定资产当月工作量 \times 单位工作量折旧额$$

【例3-13】 某企业有生产设备一台,其账面原价为600 000元,预计净残值率为5%,预计生产产品的总产量为1 000 000件,本月实际生产8 000件。该生产设备本月应提折旧额计算和账务处理如下:

单位产品折旧额 = 600 000 × (1 - 5%) ÷ 1 000 000 = 0.57(元/件)

本月应计提折旧额 = 8 000 × 0.57 = 4 560(元)

借:制造费用　　　　　　　　　　　　　　　　　　　　　　　4 560
　　贷:累计折旧　　　　　　　　　　　　　　　　　　　　　　4 560

工作量法的主要优点是将固定资产的效能与固定资产的使用程度联系起来,计算的折旧额与固定资产所完成的工作量成正比,而且计算比较简便,易于理解和掌握。但这种方法的不足之处在于对固定资产预计能够完成的总工作量难以估计准确。因此,工作量法一般适用于损耗程度与完成的工作量密切相关的固定资产,如季节性使用的固定资产等。

年限平均法和工作量法是固定资产折旧计算的两种传统的方法,以下进一步介绍双倍余额递减法和年数总和法这两种加速折旧的方法。所谓加速折旧法,是指在固定资产使用的早期多提折旧、在其使用的后期少提折旧的一种折旧的计提方法。在实际工作中,加速折旧法能够更好地满足固定资产提前更新的需要。

(3) 双倍余额递减法。双倍余额递减法是指在不考虑固定资产预计净残值的情况下,根据每期期初固定资产原价减去累计折旧后的余额和双倍的直线法折旧率计算固定资产折旧的一种方法。采用双倍余额递减法,折旧额的计算公式如下:

$$年折旧率 = \frac{2}{预计使用年限} \times 100\%$$

$$年折旧额 = 固定资产年初账面净值 \times 年折旧率$$

$$月折旧额 = 年折旧额 \div 12$$

由于每年年初固定资产净值没有扣除预计净残值,而对固定资产计算折旧额时又不能使固定资产的账面折余价值降低到其预计净残值以下,因此,在我国现行会计实务中,采用双倍余额递减法计提固定资产折旧时,应在其折旧年限到期前2年内,将固定资产净值扣除预计净残值后的余额平均摊销(改按年限平均法计提折旧),即:年折旧额 = (原始价值 - 累计折旧 - 预计净残值) ÷ 2。

【例3-14】 2×17年12月10日,甲公司购入一台机器设备,用于产品生产,并于当月投入使用。该设备原价为500 000元,预计使用年限为5年,预计净残值率为4%。甲公司按双倍余额递减法计算折旧。假设不考虑其他因素,甲公司每年折旧额计算如下:

a. 固定资产2×17年12月投入使用,2×18年1月开始计提折旧。

$$年折旧率 = \frac{2}{5} \times 100\% = 40\%$$

2×18 年应提的折旧额 $= 500\,000 \times 40\% = 200\,000$(元)

2×19 年应提的折旧额 $= (500\,000 - 200\,000) \times 40\% = 120\,000$(元)

2×20 年应提的折旧额 $= (500\,000 - 200\,000 - 120\,000) \times 40\% = 72\,000$(元)

b. 从 2×21 年起改按年限平均法计提折旧。

$$\begin{aligned}2 \times 21\text{年和}2 \times 22\text{年应计提的折旧额} &= (500\,000 - 200\,000 - 120\,000 - 72\,000 - 500\,000 \times 4\%) \div 2 \\ &= 44\,000(\text{元})\end{aligned}$$

（4）年数总和法。年数总和法又称年限合计法，是指将固定资产的原价减去预计净残值后的余额再乘以一个逐年递减的分数（即折旧率）来计算各年折旧额的一种方法。这个分数的分子代表固定资产尚可使用的年数，分母则代表预计使用寿命的逐年数字之和。其计算公式如下：

$$年折旧率 = \frac{\text{尚可使用年限}}{\text{预计使用年限的逐年数字之和}} \times 100\%$$

年折旧额 $=$（原值 $-$ 预计净残值）$\times$ 年折旧率

月折旧额 $=$ 年折旧额 $\div 12$

【例 3-15】承[例 3-14]，假设企业采用年数总和法计提折旧，则各年应计提的折旧额计算如下：

2×18 年应计提折旧额 $= 500\,000 \times (1 - 4\%) \times \dfrac{5}{1+2+3+4+5} = 160\,000$(元)

2×19 年应计提折旧额 $= 500\,000 \times (1 - 4\%) \times \dfrac{4}{1+2+3+4+5} = 128\,000$(元)

2×20 年应计提折旧额 $= 500\,000 \times (1 - 4\%) \times \dfrac{3}{1+2+3+4+5} = 96\,000$(元)

2×21 年应计提折旧额 $= 500\,000 \times (1 - 4\%) \times \dfrac{2}{1+2+3+4+5} = 64\,000$(元)

2×22 年应计提折旧额 $= 500\,000 \times (1 - 4\%) \times \dfrac{1}{1+2+3+4+5} = 32\,000$(元)

资产计提的折旧费用一般计入费用或成本，如制造费用、管理费用和销售费用，因此不同的折旧方法对企业利润的影响也就不同。利用直线法折旧，企业每期期末分摊的价值相同，而使用加速折旧方法计提折旧，企业每期分摊的费用不同，前期多，后期少。同样一项资产，假设不考虑其他因素，直线法和加速折旧法每期期末计提的折旧数额不同，产生的相关费用也就不同，因此就会对期末的利润产生不同的影响。企业可以在合法范围内，通过折旧方法的选择和折旧年限的确定进行纳税筹划和盈余管理。

案例 3-4

盛运股份：折旧方法变更增亮业绩

盛运股份（300090）创建于 1997 年，主要为城市生活、医疗垃圾焚烧发电、尾气净化处理设备输送系列产品。公司在 2012 年左右利润有所下滑，于 2013 年召开董事会决定对其固定资产折旧方法进行变更。由于项目进展、垃圾处置等方面原因，各期发电量不尽均衡，如延用平均年限法计提折旧，会导致垃圾焚烧发电各期利润波动较大，故改用工作量法。变更减少当期折旧额 3 621 622.51 元，净利润增加 2 535 135.76 元，由于折旧额减少所带来的利润增加数占公司当年净利润的 40%。可见，变更固定资产的折旧方法能够对当期利润产生巨大的影响。

案例来源：罗勇，李敬飞，等．上市公司盈余管理手段分析与识别研究[M]．北京：经济科学出版社，2018．

2. 资产的摊销

对于使用寿命有限的无形资产以及房地产企业用于投资性房地产开发的土地使用权，企业应自取得的当月起对其进行摊销。摊销方法包括直线法、生产总量法等。无形资产的应摊销额为其取得成本扣除预计残值后的金额。使用寿命有限的无形资产，其残值通常为零。

企业应当设置"累计摊销""投资性房地产累计摊销"账户，核算无形资产和投资性房地产（土地使用权）计提的摊销额。企业摊销无形资产时，应根据不同的使用部门进行账务处理，在贷记"累计摊销"账户的同时，借记"管理费用""生产成本""其他业务成本"等账户；摊销投资性房地产（土地使用权）时，借记"其他业务成本"等账户，贷记"投资性房地产累计摊销"账户。

3. 溢价或折旧的摊销

企业在进行债券投资时，可能会发生实际支付的价格高于债券面值（溢价）或低于债券面值（折价）的情况。此时，企业实际取得的利息收入就不等于按债券票面面值和票面利率计算的应收利息（或应计利息）。此时，企业便需要采用实际利率法对债券的溢价或折价进行摊销。

在实际利率法下，每期实际利息收入按期初摊余成本乘以实际利率计算，按照面值乘以票面利率（或合同利率）计算应收利息，两者之间的差额就是当期应摊销的溢价或折旧金额。其中，实际利率是指使某项资产或负债的未来现金流量现值等于当前公允价值的折现率。相关计算公式如下：

本期应确认的实际利息收入 ＝ 期初摊余成本 × 实际利率

本期应收或应计利息 ＝ 债券面值 × 票面利率

本期应摊销的溢价或折价 ＝ 本期应确认的实际利息收入 － 本期应收或应计利息

【例 3-16】 2×18 年 1 月 1 日，甲公司支付价款 105 万元（含交易费用）从上海证券交易所购入 C 公司发行的 5 年期公司债券，债券票面价值总额为 100 万元，票面年利率为

5%,于年末支付本年度债券利息,本金在债券到期时一次性偿还。甲公司将其划分为债权投资。该债券投资的实际利率为3.89%。甲公司的账务处理如下。

a. 2×18年1月1日,购入债券:

借:债权投资——C公司债券——成本　　　　　　　　　　1 000 000
　　　　　　　　　　　　——利息调整　　　　　　　　　　50 000
　　贷:其他货币资金——存出投资款　　　　　　　　　　1 050 000

b. 2×18年12月31日,摊销溢价:

$$应收利息 = 1\,000\,000 \times 5\% = 50\,000(元)$$

$$实际利息收入 = 1\,050\,000 \times 3.89\% = 40\,800(元)$$

$$摊销的债券溢价 = 50\,000 - 40\,800 = 9\,200(元)$$

借:应收利息　　　　　　　　　　　　　　　　　　　　　50 000
　　贷:投资收益　　　　　　　　　　　　　　　　　　　　40 800
　　　　债权投资——利息调整　　　　　　　　　　　　　　9 200

2×18年12月31日的摊余成本 = 1 050 000 - 9 200 = 1 040 800(元)

c. 2×19年12月31日,摊销溢价:

$$应收利息 = 1\,000\,000 \times 5\% = 50\,000(元)$$

$$实际利息收入 = 1\,040\,800 \times 3.89\% = 40\,487.12(元)$$

借:应收利息　　　　　　　　　　　　　　　　　　　　　50 000.00
　　贷:投资收益　　　　　　　　　　　　　　　　　　　　40 487.12
　　　　债权投资——利息调整　　　　　　　　　　　　　　9 512.88

2×19年12月31日的摊余成本 = 1 040 800 - 9 512.77 = 1 031 287.12(元)

d. 2×20年12月31日、2×21年12月31日、2×22年12月31日摊销的会计处理原则同上,此处从略。

二、公允价值计量模式

以公允价值进行后续计量的资产包括交易性金融资产、其他债权投资、其他权益工具投资,以及以公允价值模式进行后续计量的投资性房地产等。

(一)交易性金融资产

资产负债表日,按交易性金融资产公允价值与其账面价值之间的差额,借记或贷记"交易性金融资产——公允价值变动"账户,同时贷记或借记"公允价值变动损益"账户。

【例3-17】 2×18年1月1日,德富公司支付价款20 000 000元用于购买甲公司发行的债券。2×18年6月30日,德富公司购买的该笔债券的市价为21 000 000元。2×18年12月31日,该笔债券的市价为19 000 000元。假设不考虑其他因素,德富公司对该笔债券公允价值变动的账务处理如下。

a. 2×18年6月30日：

借：交易性金融资产——公允价值变动　　　　　　　　　　　　1 000 000

　　贷：公允价值变动损益　　　　　　　　　　　　　　　　　　1 000 000

b. 2×18年12月31日：

借：公允价值变动损益　　　　　　　　　　　　　　　　　　　2 000 000

　　贷：交易性金融资产——公允价值变动　　　　　　　　　　　2 000 000

（二）其他债权投资和其他权益工具投资

资产负债表日，按其他债权投资和其他权益工具投资公允价值与其账面价值之间的差额，借记或贷记"其他债权投资——公允价值变动""其他权益工具投资——公允价值变动"等账户，贷记或借记"其他综合收益"账户。此外，其他债权投资需要按照与债权投资相同的方法对其溢价或折旧金额进行摊销。

【例3-18】 2×18年1月1日，长城公司以每股10元的价格（其中包括已宣告但尚未发放的现金股利0.1元）购进B公司股票100 000股。购买该股票支付手续费等20 000元。长城公司将购入的B公司股票划分为其他权益工具投资。2×18年3月10日，长城公司收到B公司原宣告的现金股利10 000元。2×18年12月31日，B公司股票的市价为每股12元。2×19年3月1日，B公司宣告发放2×18年的现金股利为每股0.5元。长城公司于2×19年3月10日收到上述股利。假设不考虑其他因素，长城公司相关账务处理如下。

a. 2×18年1月1日，购入股票：

借：其他权益工具投资——成本　　　　　　　　　　　　　　1 010 000

　　应收股利　　　　　　　　　　　　　　　　　　　　　　　10 000

　　贷：银行存款　　　　　　　　　　　　　　　　　　　　　1 020 000

b. 2×18年3月10日，收到现金股利：

借：银行存款　　　　　　　　　　　　　　　　　　　　　　　10 000

　　贷：应收股利　　　　　　　　　　　　　　　　　　　　　　10 000

c. 2×18年12月31日，公允价值变动：

借：其他权益工具投资——公允价值变动　　　　　　　　　　　200 000

　　贷：其他综合收益　　　　　　　　　　　　　　　　　　　　200 000

d. 2×19年3月1日，B公司宣告分配现金股利：

借：应收股利　　　　　　　　　　　　　　　　　　　　　　　50 000

　　贷：投资收益　　　　　　　　　　　　　　　　　　　　　　50 000

e. 2×19年3月10日，收到B公司宣告分配现金股利：

借：银行存款　　　　　　　　　　　　　　　　　　　　　　　50 000

　　贷：应收股利　　　　　　　　　　　　　　　　　　　　　　50 000

(三) 以公允价值进行后续计量的投资性房地产

企业只有存在确凿证据表明投资性房地产的公允价值能够持续可靠取得时，才可以采用公允价值模式对投资性房地产进行后续计量。企业一旦选择采用公允价值计量模式，就应当对其所有的投资性房地产均采用公允价值模式进行后续计量。

企业采用公允价值模式进行后续计量的，不对投资性房地产计提折旧或进行摊销，不提减值，应当以资产负债表日投资性房地产的公允价值为基础调整其账面价值，公允价值与原账面价值之间的差额计入当期损益（公允价值变动损益）。

【例 3-19】 德利集团于 2×18 年 1 月 1 日接受乙公司投资的一项土地使用权，双方协议价为 80 000 000 元。德利集团取得该土地使用权后准备增值后适时转让，该土地所有权的法定有效期为 40 年，不考虑预计净残值。假设德利集团接受乙公司投资取得的土地使用权有活跃的市场报价，德利集团选择采用公允价值模式进行后续计量。2×18 年 12 月 31 日，该土地使用权的公允价值为 100 000 000 元。假设不考虑其他因素，德利集团的账务处理如下。

a. 2×18 年 1 月 1 日，接受投资：
借：投资性房地产　　　　　　　　　　　　　　　80 000 000
　　贷：实收资本——乙公司　　　　　　　　　　　　　　80 000 000

b. 2×18 年 12 月 31 日，公允价值变动：
借：投资性房地产——公允价值变动　　　　　　　20 000 000
　　贷：公允价值变动损益　　　　　　　　　　　　　　　20 000 000

案例 3-5

三木集团：变更投资性房地产核算方法，实现业绩大翻身

三木集团在 2011 年度公司业绩大幅下降的情况下，2012 年 1 月 1 日将投资性房地产的后续计量模式由成本模式变更为公允价值模式。之前，三木集团对投资性房地产按 1.9%～3.80% 的年折旧率计提折旧或摊销，预计使用年限和净残值率分别为 25～50 年和 5%。会计政策变更后，三木集团改按投资性房地产的公允价值进行后续计量，同时在变更日对财务会计报告进行追溯调整。追溯调整后，2012 年 1 月 1 日三木集团合并会计报告中未分配利润的账面价值调增 885.12 万元，较调整前增加 9.93%。会计政策变更当年，三木集团的净利润从变更前的 592.02 万元直接跃升至 1 532 万元，变动幅度达到了 158.78%，此番变化正是因为投资性房地产评估价值通过公允价值变动损益体现在当年利润表中。在公司业务没有发生任何变动的情况下，三本集团仅通过一次纯粹的会计政策变更就强力拉动了公司的净利润，扭转了即将亏损的不利局势，公司实现了业绩实现大翻身。

案例来源：谢佳. 三木集团变更投资性房地产计量模式变更研究[D]. 长沙：湖南大学硕士论文，2013.

三、其他计量模式

其他计量模式的资产主要是指以权益法核算的长期股权投资。

以权益法核算的长期股权投资,主要包括以下两类投资:①投资企业对被投资单位具有共同控制的长期股权投资,即对合营企业的投资。②投资企业对被投资单位具有重大影响的长期股权投资,即对联营企业的投资。

在权益法下,长期股权投资的账面价值随着被投资单位所有者权益的变动而变动。具体会计处理如下。

(一)初始投资成本的调整

投资方取得对联营企业或合营企业的投资以后,对于取得投资时初始投资成本与应享有被投资单位可辨认净资产公允价值份额之间的差额,应按以下情况区别处理:

(1)如果初始投资成本大于取得投资时应享有被投资单位可辨认净资产公允价值份额的,该部分差额是投资方在取得投资过程中通过作价体现出的与所取得股权份额相对应的商誉价值,这种情况下不对长期股权投资的成本进行调整。

(2)如果初始投资成本小于取得投资时应享有被投资单位可认净资产公允价值份额的,两者之间的差额体现为双方在交易作价过程中转让方的让步,该部分经济利益流入应计入取得投资当期的营业外收入,同时调整增加长期股权投资的账面价值。借记"长期股权投资"账户,贷记"营业外收入"账户。

(二)被投资单位实现净利润或亏损的处理

被投资单位实现净利润时,投资方应当按照投资份额确认投资收益,同时增加长期股权投资的账面价值,借记"长期股权投资"账户,贷记"投资收益"账户;被投资单位发生净亏损时,投资单位应按照投资份额相应地减少投资收益,同时减少长期股权投资的账面价值,借记"投资收益"账户,贷记"长期股权投资"账户。

(三)投资单位取得现金股利或利润的处理

投资方自被投资单位取得的现金股利或利润,应抵减长期股权投资的账面价值。在被投资单位宣告分派现金股利或利润时,借记"应收股利"账户,贷记"长期股权投资"账户。

(四)被投资单位其他综合收益或其他权益变动的处理

被投资单位其他综合收益或其他权益变动的,投资方应当按照归属于本企业的部分,相应调整长期股权投资的账面价值,借记或贷记"长期股权投资"账户,贷记或借记"其他综合收益"账户或"资本公积"账户。

【例3-20】 2×18年1月1日,甲公司用银行存款10 000 000元对乙公司投资,取得乙公司20%的股份,并能够对乙公司的经营决策施加重大影响。当日,乙公司可辨认净资产公允价值与账面价值均为60 000 000元。2×18年,乙公司实现净利润10 000 000

元,由于乙公司持有其他公司的金融资产公允价值的变动使得乙公司增加了其他综合收益6 000 000元。2×19年3月1日,乙公司宣告分配现金股利5 000 000元,甲公司于2×19年3月10日收到乙公司发放的现金股利。假设不考虑其他因素,甲公司的账务处理如下。

a. 2×18年1月1日,取得投资:

借:长期股权投资——乙公司　　　　　　　　　　　　　　　　10 000 000
　　贷:银行存款　　　　　　　　　　　　　　　　　　　　　　10 000 000

因为甲公司初始投资成本10 000 000元小于应享有被投资单位可辨认净资产公允价值的份额12 000 000元(60 000 000×20%),需要调整投资成本,差额记入当期营业外收入。

借:长期股权投资——乙公司　　　　　　　　　　　　　　　　2 000 000
　　贷:营业外收入　　　　　　　　　　　　　　　　　　　　　2 000 000

b. 2×18年,乙公司实现净利润:

借:长期股权投资——乙公司　　　　　　　　　　　　　　　　2 000 000
　　贷:投资收益　　　　　　　　　　　　　　　　　　　　　　2 000 000

c. 2×18年,乙公司实现其他综合收益:

借:长期股权投资——乙公司　　　　　　　　　　　　　　　　1 200 000
　　贷:其他综合收益　　　　　　　　　　　　　　　　　　　　1 200 000

d. 2×19年3月1日,乙公司宣告分配现金股利:

借:应收股利　　　　　　　　　　　　　　　　　　　　　　　1 000 000
　　贷:长期股权投资——乙公司　　　　　　　　　　　　　　　1 000 000

e. 2×19年3月10日,收到乙公司分配的现金股利:

借:银行存款　　　　　　　　　　　　　　　　　　　　　　　1 000 000
　　贷:应收股利　　　　　　　　　　　　　　　　　　　　　　1 000 000

案例 3-6

1万元"变出"126亿元　雅戈尔是财技高超还是掩耳盗铃

2018年4月9日,雅戈尔集团股份有限公司(以下简称"雅戈尔")公布的一季度业绩预增公告显示,预计2018年第一季度实现归属于上市公司股东的净利润与上年同期相比将增加约86.80亿元,同比增长687.95%左右。然而,在2018年1月雅戈尔披露的业绩预告中显示,公司2017年度归属于上市公司股东的净利润将减少约33.30亿元,经营利润同比下跌90%左右。

在短短3个月不到的时间里,究竟发生了什么令雅戈尔的财务表现产生了"翻天覆地"的变化呢?

(续上)

究其原因,这主要是由其对中信股份的投资引起的。2015年,雅戈尔斥资204亿港元,以每股约14港元的成本买了约14.5亿股港股中信股份的股票,折合人民币约161亿元。不幸的是,自其大手笔投资以后,中信股份股价开启持续下跌模式,至2018年3月,股价跌至10.98港元/股。根据雅戈尔2016年年报,公司投资中信股份亏损37.74亿元人民币,如果算上公司2017年计提的33.08亿元的资产减值准备,2年下来,雅戈尔在中信股份上的亏损合计达到70.82亿元。然而在2018年3月9日,雅戈尔仅花费1.15万港元再次买入中信股份1 000股,就彻底逆转了此前业绩预告中所预计的公司净利润同比降低90%的命运。

根据相关会计准则,只要持有标的公司5%以上股票且向标的公司董事会派驻非执行董事,标的公司对雅戈尔的性质就可以从一笔投资转变为联营公司,体现在财务会计报告里就是从"可供出售金融资产"(相当于目前的"其他权益工具投资",下同)变为"长期股权投资"。并且,根据会计准则所规定的不同科目有不同的计价方式,在"可供出售金融资产"里,计价方式就是二级市场的股价,也就是每股10.98港元;在"长期股权投资"里,计价方式就是可辨认净资产公允价值,也就是账面净资产,按照这种算法中信股份每股价格立即变成了18.94港元。也就是说,变更了会计核算方法,每股立刻多了8港元,因为公司持股14.5亿股,所以最后的结果就是增加了非经常性收入93亿元人民币。

至此,一个简单的小额增持动作,将2017年33亿元的投资损失扭转为93亿元的投资收益,相当于用1万元"变出"了126亿元。后来,在市场的持续关注和上交所的发函监管下,雅戈尔被迫放弃了这次操作。

案例来源:刘露扬.1万元"变出"126亿元 雅戈尔是财技高超还是掩耳盗铃[N].投资者报,2018-04-28.

第四节 资产的期末计量

资产的期末计量是指在会计期末对资产的价值进行重新计量。资产负债表日,企业应对以公允价值进行后续计量以外的资产价值进行检查。如果资产存在减值迹象,应当进行减值测试。如果发生减值,则需要计提资产减值准备,确认资产减值损失。

一、存货的期末计量

资产负债表日,存货应当按照成本与可变现净值孰低计量。存货成本高于其可变现净值的,应当计提存货跌价准备,计入当期损益。

可变现净值对于已经完工、可立即对外出售的存货(如库存商品和可直接出售的低值易耗品、原材料等)而言,是指其估计售价减去估计的销售费用和相关税费后的金额;对于不可直接对外出售的存货(如在产品、不可直接出售的原材料等)而言,是指该存货加工完成后的产成品的估计售价减去自当前状态加工到可销售状态估计将要发生的成本、估计的销售费用和相关税费后的金额。

企业应当设置"资产减值损失"科目核算其计提各项资产减值准备所形成的损失。该科目可按照发生资产减值损失的项目进行明细核算。

企业应当设置"存货跌价准备"科目核算企业对存货计提的跌价准备。该科目是存货项目的备抵科目。已计提跌价准备的存货对外销售时,在结转销售成本的同时还应结转已计提的存货跌价准备。

企业计提存货跌价准备以后,如果导致以前减记存货的影响因素已经消失,则应恢复以前已经减记的金额,转回已经计提的存货跌价准备,但转回的金额不得超过原已计提的存货跌价准备。

【例 3-21】 某企业于 2×18 年开始对存货采取成本与可变现净值孰低计价。2×18 年年末,存货的账面价值为 600 000 元,其中原材料 300 000 元,库存商品 150 000 元,在产品 100 000 元,周转材料 50 000 元。年末,该企业对存货计提的资产减值准备分别为:原材料 3 000 元,库存商品 1 000 元,在产品 1 000 元,周转材料 500 元。该企业的账务处理如下:

```
借:资产减值损失                              5 500
    贷:存货跌价准备——原材料                  3 000
              ——库存商品                     1 000
              ——在产品                       1 000
              ——周转材料                       500
```

案例 3-7

长城股份:"洗大澡"成功避免退市

四川长城特殊钢股份有限公司(以下简称"长城股份",股票代码 000569)是 1988 年经绵阳市政府批准设立的股份有限公司。在 2008 年遭遇金融危机之后,公司业绩一路下滑,利润下降,出现亏损,为了避免退市,长城股份采取了对其存货计提跌价准备和转回的方式来增加利润。根据公司财务会计报告资料显示,2009 年对存货计提 10 478 938.37 元的跌价准备,当年亏损 42 364 373.24 元;2010 年继续对存货计提跌价准备 15 485 446.52 元;当年亏损 21 591 264.72 元,公司连续 2 年亏损,被戴上了 ST 的帽子,想要避免退市,在 2011 年必须盈利;2011 年公司转回存货跌价准备 21 973 841.74 元,实现微利 28 665 459.08 元,成功避免退市。

案例来源:黄海燕,赵良才."洗大澡"与盈余管理——基于长城股份的案例研究[J].经济视角,2011(5).

二、金融资产的期末计量

(一)预期信用损失的计量

对于以摊余成本计量的金融资产(如应收账款、债权投资等)、分类为以公允价值计量且其变动计入其他综合收益的金融资产(如其他债权投资、其他权益工具投资等),企业应以预期信用损失为基础进行减值会计处理。合同资产、租赁应收款比照处理。

预期信用损失是指以发生违约的风险为权重的金融工具信用损失的加权平均值。在这里发生违约的风险可以理解为发生违约的概率;信用损失是指企业根据合同应收的现金流量与预期能收到的现金流量之间的差额(简称"现金流缺口")的现值。由于预期信用损失考虑付款的金额和时间分布,因此即使企业预计可以全额收款但收款时间晚于合同规定的到期期限,也会产生信用损失。

对于企业购买或源生时未发生信用减值但在后续资产负债表日已发生信用减值的金融资产,企业在计量其预期信用损失时,应当基于该金融资产的账面余额与按该金融资产原实际利率折现的预计未来现金流量的现值之间的差额。

在反映相关要素的前提下,企业可在计量预期信用损失时运用简便方法。例如,对于应收账款的预期信用损失,企业可参照历史信用损失经验,编制应收账款逾期天数与固定准备率对照表(例如,若未逾期,固定准备率为1%;若逾期不到30日,固定准备率为2%;若逾期天数为30~90日,固定准备率为3%等),以此为基础计算预期信用损失。

企业应当采用相关金融工具初始确认时确定的实际利率或其近似值,将现金流缺口折现为资产负债表日的现值,而不是预计违约日或其他日期的现值。对于购买或源生已发生信用减值的金融资产,应按照该金融资产在初始确认时确定的经信用调整的实际利率折现。

对于企业购买或源生的已发生信用减值的金融资产,应按照该金融资产经信用调整的实际利率折现。

在估计现金流量时,企业应当考虑金融工具在整个预计存续期的所有合同条款(如提前还款、展期、看涨期权或其他类似期权等)。企业所考虑的现金流量应当包括出售所持担保品获得的现金流量,以及属于合同条款组成部分的其他信用增级所产生的现金流量。

企业通常能够可靠估计金融工具的预计存续期。在极少数情况下,金融工具预计存续期无法可靠估计的,企业在计算确定预期信用损失时,应当基于该金融工具的剩余合同期间。如果该金融资产信用风险自初始确认后未显著增加,企业应当按照未来12个月的预期信用损失计量损失准备。

(二)金融资产减值会计处理

1. 减值准备的计提和转回

企业应当在资产负债表日计算金融资产预期信用损失。如果该预期信用损失大于该资产当前减值准备的账面金额,企业应当将其差额确认为减值损失,借记"信用减值损失"账户,根据金融工具的种类,贷记"坏账准备""债权投资减值准备""贷款损失准备"等账户或"其他综合收益"账户(用于以公允价值计量且其变动计入其他综合收益的债权类金融资产)。

如果资产负债表日计算的预期信用损失小于该金融资产当前减值准备的账面金额(例如,从按照整个存续期预期信用损失计量损失准备转为按照未来12个月预期信用损失计量损失准备时,可能出现这一情况),则应当将差额确认为减值利得,做相反的会计处理。

对于购买或源生的已发生信用减值的金融资产,企业应当在资产负债表日仅将自初始确认后整个存续期内预期信用损失的累计变动确认为损失准备。在每个资产负债表日,企业应当将整个存续期内预期信用损失的变动金额作为减值损失或利得计入当期损益。即使该资产负债表日确定的整个存续期内预期信用损失小于初始确认时估计现金流量所反映的预期信用损失的金额,企业也应当将预期信用损失的有利变动确认为减值利得。

2. 已发生信用损失金融资产的核销

企业实际发生信用损失,认定相关金融资产无法收回,经批准予以核销的,应当根据批准的核销金额,借记"坏账准备""债权投资减值准备""贷款损失准备"等账户,贷记"应收账款""债权投资""贷款"等相应的资产类账户。若核销金额大于已计提的损失准备,还应按其差额借记"信用减值损失"账户。

【例3-22】 2×18年12月31日,甲公司债务人乙公司发生严重财务困难,甲公司对应收乙公司应收账款计提预期信用损失200 000元。此前,甲公司对乙公司计提的"坏账准备"账户余额为20 000元。2×19年2月20日,甲公司根据乙公司财务状况认为该笔应收账款无法收回,全部确认为坏账损失。假设不考虑其他因素,甲公司的账务处理如下。

a. 2×18年12月31日,对应收乙公司账款计提坏账准备:

甲公司此前"坏账准备"账户有20 000元贷方余额,应再计提180 000元(200 000－20 000)的坏账准备。

借:信用减值损失　　　　　　　　　　　　　　　　　　180 000
　　贷:坏账准备　　　　　　　　　　　　　　　　　　　　180 000

b. 2×19年2月20日,确认坏账损失:

借:坏账准备　　　　　　　　　　　　　　　　　　　　180 000
　　信用减值损失　　　　　　　　　　　　　　　　　　　 20 000
　　贷:应收账款　　　　　　　　　　　　　　　　　　　 200 000

案例 3-8

天沃科技:利用坏账准备进行盈余管理

为更加客观、公正地反映公司的财务状况和经营成果,结合公司业务的实际情况并参考同行业上市公司的情况,苏州天沃科技股份有限公司(以下简称"天沃科技",股票代码002564)于2016年10月16日发布公告,拟对以账龄为组合的应收款项重新

（续上）

评估其信用风险，重新确定坏账准备的计提比例。公司同时基于2016年12月31日应收账款及其他应收款的余额及账龄结构进行测算，将影响公司2016年度净利润14 864.68万元。公司仅仅将1年以上应收账款的计提比例减半，比如1~2年的比例由10%的比例调整为5%，这样简单一改，可以使得2016年增加1.49亿元利润，由此也可以推断出公司1年以上的应收账款金额巨大。

案例来源：罗勇，李敬飞，等.上市公司盈余管理手段分析与识别研究[M].北京：经济科学出版社，2018.

三、非流动资产的期末计量

资产负债表日，非流动资产（不含金融资产）应当按照账面价值与可收回金额孰低计量。可收回金额是指资产的公允价值减去处置费用后的净额与资产未来现金流量的现值两者之间较高者。当非流动资产账面价值低于可收回金额时，按资产账面价值计量；当资产账面价值高于可收回金额时，按可收回金额计量，同时按账面价值与可收回金额的差额计提资产减值准备。

非流动资产减值主要涉及固定资产减值、无形资产减值、长期股权投资减值和以成本模式计量的投资性房地产减值等。非流动资产的减值损失一经确认，在以后会计期间不得转回。也就是说，即使其可收回金额有所回升，也不予以转回。在处置资产时，应当注销原计提的非流动资产的减值准备。

对于固定资产和使用寿命有限的无形资产等，如果涉及折旧或摊销，则在计提资产减值损失后的会计期间，应当在减值后的账面价值基础上重新计算资产的折旧或摊销额。

【例3-23】 长城公司于2×16年12月购入一台生产用机器设备，原值为200 000元，预计净残值为8 000元，预计使用年限为5年，采用年限平均法计提折旧。2×18年12月31日，该机器发生减值，预计可收回金额为110 000元。计提减值准备后，该机器设备的预计使用年限为2年，预计净残值为2 000元。假设不考虑其他因素，长城公司的相关计算和账务处理如下：

该设备截至2×18年12月31日的累计折旧额＝(200 000－8 000)÷5×2
＝76 800(元)

2×18年12月31日的账面价值＝200 000－76 800＝123 200(元)

应计提的固定资产减值准备＝123 200－110 000＝13 200(元)

借：资产减值损失　　　　　　　　　　　　　　　　　　13 200
　　贷：固定资产减值准备　　　　　　　　　　　　　　　　　13 200

计提减值准备之后的年折旧额＝(110 000－2 000)÷2＝54 000(元)

【例3-24】 甲公司于2×17年1月1日向乙公司购入一项专利技术，实际发生成本120 000元，甲公司预计该项专利技术可以使用20年。2×18年12月31日，甲公司对该项专利技术进行减值测试,预计未来现金流量的现值为 100 000 元,该项专利技术的公允价值为 88 000 元,使用年限不发生改变。甲公司的相关计算和账务处理如下:

该项专利技术到 2×18 年 12 月 31 日的相关计算如下:

$$累计摊销 = 120\,000 \div 20 \times 2 = 12\,000(元)$$
$$账面价值 = 120\,000 - 12\,000 = 108\,000(元)$$
$$可收回金额 = 100\,000(元)$$
$$发生的减值损失 = 108\,000 - 100\,000 = 8\,000(元)$$

借:资产减值损失　　　　　　　　　　　　　　　　　　　　　8 000
　　贷:无形资产减值准备　　　　　　　　　　　　　　　　　　8 000

案例 3-9

精功科技:固定资产减值准备的"神功"

浙江精功科技股份有限公司(以下简称"精功科技",股票代码 002006)是一家主要从事太阳能光伏、新能源多晶硅片等相关的高新技术产品的开发制造的企业。2010 年至 2015 年,公司只在净利润剧烈变化的 2012 年、2013 年和 2014 年计提了固定资产减值准备,在 2011 年盈利的情况下,2012 年和 2013 年的亏损额分别达到 2.02 亿元和 2.03 亿元。公司在 2012 年对机器设备计提了 6 368.47 万元的固定资产减值准备,连同当年计提的高达 7 319.88 万元的坏账准备,这两项资产减值准备计提额占到了当年亏损额的 67.49%,对当期净利润产生了不容忽视的重大影响,这也为公司 2014 年扭亏为盈打下基础,公司最终实现净利润 961.21 万元,避免了被暂停上市的风险。

计提大额的固定资产减值准备,一方面,可以减少以后年度的折旧费用;另一方面,如果其中有即将报废的固定资产,还能在处置时增加资产处置收益,从而将当期利润转移到下一年度,以达到盈余管理的目的。

案例来源:张凤. 上市公司利用资产减值进行盈余管理行为的研究[D]. 青岛:青岛大学,2017.

第五节　资产的处置

资产的处置是指企业转移、变更和核销其部分或全部资产,以及改变资产性质或用途的行为,主要涉及资产的出售、转让、报废、毁损等业务。当企业处置资产时,应对该项资产进行终止确认。

一、资产终止确认的条件

本节所述的资产终止确认的条件包括金融资产终止确认的条件和非金融资产终止确认的条件。

(一) 金融资产终止确认的条件

企业转移了金融资产所有权上几乎所有风险和报酬的,应当终止确认该金融资产。金融资产满足下列情况之一的,应当予以终止确认:①收取该金融资产现金流量的合同权利终止。②该金融资产已转移,且该转移满足会计准则关于终止确认的规定。

【例3-25】 甲公司将应收账款卖给某商业银行,此时收取现金流量的权利已转移给商业银行。若双方约定,应收账款到期时,如果银行向对方收不到款项,与甲公司没有任何关系,此时甲公司应终止确认;若双方约定,银行收不到款项时,银行可以向甲公司追索,此时风险报酬没有转移,则甲公司不能终止确认。

【例3-26】 甲公司将11 000 000元的债权投资卖给乙公司,售价为11 000 000元,同时签订合同,半年后,按照当时的市场价格购回,此时属于回购价为公允价值,则在出售时应终止确认。若约定半年后以11 500 000元购回,此时属于固定价格回购,在出售时,不可以终止确认。

(二) 非金融资产终止确认的条件

非金融资产满足下列条件之一的,应当予以终止确认:

第一,该资产处于处置状态。从资产用途的角度看,处于处置状态的资产已不能再用于生产产品、提供劳务、出租或经营管理等,因此不再符合资产的定义,应予以终止确认。

第二,该资产预期通过使用或处置不能产生经济利益。从资产的定义角度看,不能产生经济利益便不再符合资产的定义和确认条件,也应予以终止确认。

二、资产处置的会计处理

(一) 存货的处置

1. 存货发出计价方法

在日常工作中,企业发出存货,应当根据各类存货的实物流转方式、企业管理的要求、存货的性质等实际情况,合理地确定发出存货成本的计算方法,以及当期发出存货的实际成本。在实际成本核算模式下,企业可以采用的发出存货成本的计价方法包括个别计价法、先进先出法、月末一次加权平均法和移动加权平均法等。

1) 个别计价法

个别计价法是假设存货具体项目的实物流转与成本流转相一致,按照各种存货逐一辨认各批发出存货和期末存货所属的购进批别或生产批别,分别按其购入或生产时所确定的单位成本计算各批发出存货和期末存货成本的一种方法。这种方法把每一种存货的实际成本作为计算发出存货成本和期末存货成本的基础。

个别计价法的成本计算准确,符合实际情况,但在存货收发频繁的情况下,其发出成本分辨的工作量较大。因此,这种方法适用于一般不能替代使用的存货、为特定项目专门购入或制造的存货以及提供的劳务,如珠宝、名画等贵重物品。

2) 先进先出法

先进先出法是指以先购入的存货应先发出(销售或耗用)这样一种存货实物流动假设为前提,对发出存货进行计价的一种方法。采用这种方法,先购入的存货成本在后购入存货成本之前转出,据此确定发出存货和期末存货的成本。

先进先出法可以随时结转存货发出成本,但较烦琐;如果存货收发业务较多且存货单价不稳定时,其工作量较大。在物价持续上升时,期末存货成本接近市价,而发出成本偏低,会高估企业当期利润和库存存货价值;反之,会低估企业存货价值和当期利润。

【例 3-27】 甲公司 2×18 年 5 月 1 日 A 商品期初结存 1 000 件,单价为 15 元。A 商品 5 月购进和销售情况如表 3-1 所示。

表 3-1　甲公司 A 商品购进和销售情况

日期	购入(件)	发出(件)	单价(元/件)
5 月 2 日	500		16
5 月 8 日		900	
5 月 14 日	800		17
5 月 23 日		1 100	

采用先进先出法计价,甲公司 2×18 年 5 月库存商品明细分类账的登记结果如表 3-2 所示。

表 3-2　甲公司存货发出成本计算表　　金额单位:元　数量单位:件

月	日	摘要	购入			发出			结存		
			数量	单价	金额	数量	单价	金额	数量	单价	金额
5	1	期初结存							1 000	15	15 000
	2	购入	500	16	8 000				1 000 500	15 16	15 000 8 000
	8	发出				900	15	13 500	100 500	15 16	1 500 8 000
	14	购入	800	17	13 600				100 500 800	15 16 17	1 500 8 000 13 600
	23	发出				100 500 500	15 16 17	18 000	300	17	5 100
5	31	月末汇总	1 300		21 600	2 000		31 500	300	17	5 100

3) 月末一次加权平均法

月末一次加权平均法是指以本月全部进货数量加上月初存货数量作为权数,除以本月全部进货成本加上月初存货成本,计算出存货的加权平均单位成本,以此为基础计算本月发出存货的成本和期末存货的成本的一种方法。其计算公式如下:

$$\text{存货加权平均单位成本} = \left[\text{月初库存存货的实际成本} + \left(\text{本月各批进货的实际单位成本} \times \text{本月各批进货的数量}\right)\right] \div \left(\text{月初库存存货数量} + \text{本月各批进货数量之和}\right)$$

本月发出存货成本 = 本月发出存货的数量 × 存货加权平均单位成本

本月月末库存存货成本 = 月末库存存货的数量 × 存货加权平均单位成本

或: = 月初库存存货的实际成本 + 本月收入存货的实际成本 — 本月发出存货的实际成本

采用加权平均法,企业只在月末一次计算加权平均单价,比较简单,有利于简化成本计算工作,但由于平时无法从账上提供发出和结存存货的单价及金额,因此不利于存货成本的日常管理与控制。

【例3-28】 接[例3-27],如果甲公司采用月末一次加权平均法来核算发出存货成本,2×18年5月库存商品明细分类账的登记结果如表3-3所示。

表3-3 甲公司存货发出成本计算表　　金额单位:元
数量单位:件

月	日	摘要	购入			发出			结存		
			数量	单价	金额	数量	单价	金额	数量	单价	金额
5	1	期初结存							1 000	15	15 000
	2	购入	500	16	8 000				1 500		
	8	发出				900			600		
	14	购入	800	17	13 600				1 400		
	23	发出				1 100			300		
5	31	月末汇总	1 300		21 600	2 000	15.91	31 820	300	15.91	4 773

2×18年5月A商品一次加权平均单位成本 = (1 000 × 15 + 500 × 16 + 800 × 17) ÷ (1 000 + 500 + 800)

= 15.91(元/件)

4) 移动加权平均法

移动加权平均法是指以每次进货的成本加上原有库存存货的成本,除以每次进货数量加上原有库存存货的数量,据以计算加权平均单位成本,作为在下次进货前计算各次发出存货成本依据的一种方法。

采用移动平均法,企业管理当局能够及时了解存货的结存情况,计算的平均单位成本以及发出和结存的存货成本比较客观。但由于每次收货都要计算一次平均单价,计算工作量较大,对收发货较频繁的企业不适用。

【例 3-29】 接[例 3-27],如果采用移动加权平均法,2×18 年 5 月库存商品明细分类账的登记结果如表 3-4 所示。

表 3-4 甲公司存货发出成本计算表   金额单位:元
                                 数量单位:件

月	日	摘要	购入			发出			结存		
			数量	单价	金额	数量	单价	金额	数量	单价	金额
5	1	期初结存							1 000	15	15 000
	2	购入	500	16	8 000				1 500	15.33	23 000
	8	发出				900	15.33	13 797	600	15.33	9 203
	14	购入	800	17	13 600				1 400	16.29	22 803
	23	发出				1 100	16.29	17 919	300	16.29	4 884
5	31	月末汇总	1 300		21 600	2 000		31 716	300	16.29	4 884

5 月 2 日 A 商品加权平均单位成本 $= (1\,000 \times 15 + 500 \times 16) \div (1\,000 + 500) = 15.33 (元/件)$

5 月 2 日 A 商品加权平均单位成本 $= (9\,203 + 800 \times 17) \div (600 + 800) = 16.29 (元/件)$

不同的存货发出计价方法对企业财务会计报告会产生一定的影响。在物价上涨的情况下,与其他方法相比,采用先进先出法计算的发出存货成本偏低,资产负债表中期末存货偏高,利润表中本期利润偏高。因此,从企业纳税筹划角度来看,在物价上涨的情况下,企业采用月末一次加权平均法或移动加权平均法,可以相对减轻纳税负担从而达到延缓纳税的效果;在物价不断下跌的情况下,企业应该采用先进先出法;在物价上下波动时,价格涨落幅度较大的可以采用移动加权平均法;如果价格涨落幅度不大,可以采用加权平均法,从而避免因企业应纳税额上下波动影响到资金周转和其他经营活动。存货发出计价方法一经确定,不得随意改变。

 案例 3-10

新中基:为什么变更存货发出计价方法

新疆新中基实业股份有限公司(以下简称"新中基")是我国重要的番茄酱供应商,受全球金融危机影响,2009 年其主业番茄制品的市场价格明显下滑,国内出口量锐减,公司番茄酱销售形势十分严峻。同年,公司将发出存货的计价方法由先进先出法变更为加权平均法,而 2010 年年报中披露发出存货的计价方法又变更回原来的先进

（续上）

先出法。进一步分析存货计价方法变更对其利润的影响可知，2008年，新中基的营业成本为15.8亿元，净利润为-0.9亿元；2009年存货期末余额占期末总资产比例23.51%，存货计价方法由先进先出法变更为加权平均法后，降低了发出存货单价，大幅降低了营业成本，净利润扭亏为盈，存在明显的盈余管理嫌疑。2010年，其发出存货计价方法再次改变为先进出法之后，导致发出存货的成本上升，营业成本增加，是净利润减少5.86亿元的原因之一。由此可知，存货计价方法的选择对利润影响深远，公司可选择适当的存货计价方法进行盈余管理。

案例来源：罗勇，李敬飞，等. 上市公司盈余管理手段分析与识别研究[M]. 北京：经济科学出版社，2018.

2. 存货销售的会计处理

企业销售存货，应确认销售收入，同时结转销售的存货成本。对于已计提存货跌价准备的存货，在结转销售成本时，还应同时结转已计提的存货跌价准备。

【例3-30】 长城现代农业股份公司生产的葡萄酒的账面价值为9 000 000元，2×17年12月31日，该公司根据确凿证据计算的该批存货的可变现净值为6 000 000元。2×18年3月10日，该公司以含税价11 600 000元将该批货物全部批发售出，其中价款10 000 000元，增值税额为1 600 000元，款项已经到账，货物已经交付。其账务处理如下。

a. 2×17年12月31日：

借：资产减值损失　　　　　　　　　　　　　　　　　　　　3 000 000
　　贷：存货跌价准备　　　　　　　　　　　　　　　　　　3 000 000

b. 2×18年3月10日：

借：银行存款　　　　　　　　　　　　　　　　　　　　　　11 600 000
　　贷：主营业务收入　　　　　　　　　　　　　　　　　　10 000 000
　　　　应交税费——应交增值税（销项税额）　　　　　　　1 600 000

同时，结转销售成本：

借：主营业务成本　　　　　　　　　　　　　　　　　　　　6 000 000
　　存货跌价准备　　　　　　　　　　　　　　　　　　　　3 000 000
　　贷：库存商品　　　　　　　　　　　　　　　　　　　　9 000 000

（二）固定资产清理

企业出售、转让、报废固定资产或发生固定资产毁损时，应当将处置收入扣除账面价值和相关税费后的金额计入当期损益。其中，固定资产的账面价值是指固定资产成本扣减累计折旧和减值准备后的金额。

固定资产处置应通过"固定资产清理"账户核算。企业处置固定资产时，先将固定资产账面价值转入"固定资产清理"账户。对于发生的清理费用和相关税费，也通过"固定资产清理"账户核算。

固定资产清理过程中取得的收入,以及对于按保险合同或相关规定计算的应由保险公司或过失人赔偿的损失,借记"银行存款""其他应收款"等账户,贷记"固定资产清理"账户。

经过上述处理后,对于固定资产清理净损益,区分情况分别转入"资产处置损益""营业外收入""营业外支出"等账户。结转以后,"固定资产清理"账户无余额。

【例3-31】 甲公司一台生产用机器设备,因使用期满批准报废。该设备原价为500 000元,累计提折旧480 000元。在清理过程中,以银行存款支付清理费用5 000元,收到残料变卖收入13 000元。假定不考虑其他因素,甲公司的账务处理如下:

a. 结转固定资产账面价值:

借:固定资产清理	20 000
累计折旧	480 000
贷:固定资产	500 000

b. 支付清理费用:

借:固定资产清理	5 000
贷:银行存款	5 000

c. 收到残料变价收入:

借:银行存款	13 000
贷:固定资产清理	13 000

d. 结转固定资产清理净损益:

借:营业外支出	12 000
贷:固定资产清理	12 000

(三) 无形资产的处置

企业出售无形资产,应当将取得的价款与该无形资产账面价值及应交税费的差额计入当期损益(资产处置损益)。如果无形资产报废,报废损失计入营业外支出。

【例3-32】 2×18年11月,甲公司将拥有的某项专利技术转让给乙公司。该专利技术成本为1 000万元,已摊销金额为500万元,已计提的减值准备为20万元,取得出售收入600万元,应交纳的增值税额为36万元。甲公司的账务处理如下:

借:银行存款	6 000 000
累计摊销	5 000 000
无形资产减值准备	200 000
贷:无形资产	10 000 000
应交税费——应交增值税(销项税额)	360 000
资产处置损益	840 000

(四) 投资性房地产的处置

当投资性房地产被处置或永久退出使用且预计不能从其处置中取得经济利益时,企业应当终止确认该项投资性房地产。企业出售、转让、报废投资性房地产或投资性房地产发生毁损时,应当将处置收入扣除其账面价值和相关税费后的金额计入当期损益。

1. 成本模式计量的投资性房地产的处置

企业处置采用成本模式计量的投资性房地产时,应当按实际收到的金额,借记"银行存款"等账户,贷记"其他业务收入"账户;按该项投资性房地产的账面价值,借记"其他业务成本"账户,按其账面余额,贷记"投资性房地产"账户,按照已计提的折旧或摊销,借记"投资性房地产累计折旧(摊销)"账户,原已计提减值准备的,借记"投资性房地产减值准备"账户。

【例3-33】 甲公司将其出租的一栋写字楼确认为投资性房地产。租赁期届满后,甲公司将该栋写字楼出售给乙公司,合同价款为300 000 000元,乙公司已用银行存款付清。假设这栋写字楼原采用成本模式计量。出售时,该栋写字楼的成本为280 000 000元,已计提折旧20 000 000元,假设不考虑其他因素,甲公司的账务处理如下:

借:银行存款　　　　　　　　　　　　　　　　　　　　　300 000 000
　　贷:其他业务收入　　　　　　　　　　　　　　　　　　300 000 000

借:其他业务成本　　　　　　　　　　　　　　　　　　　280 000 000
　　投资性房地产累计折旧　　　　　　　　　　　　　　　 20 000 000
　　贷:投资性房地产　　　　　　　　　　　　　　　　　　300 000 000

2. 公允价值模式计量的投资性房地产的处置

企业处置采用公允价值模式计量的投资性房地产时,应当按实际收到的金额,借记"银行存款"等账户,贷记"其他业务收入"账户。按该项投资性房地产的账面余额,借记"其他业务成本"账户,按其成本,贷记"投资性房地产"账户,按其累计公允价值变动,贷记或借记"投资性房地产——公允价值变动"账户;同时,将原计入其他综合收益和公允价值变动损益的金额转出,调整其他业务成本。

(五)金融资产的处置

企业出售金融资产时,应结转相应金融资产的账面价值。金融资产处置利得,一般计入当期损益(投资收益)。

对于指定为以公允价值计量且其变动计入其他综合收益的金融资产,在金融资产终止确认时,如果该金融资产为非交易性债权投资,之前计入其他综合收益的累计利得或损失应当从其他综合收益中转入投资收益;若为非交易性权益工具投资,当其终止确认时,应当计入留存收益。

【例3-34】 2×18年5月20日,甲公司从深圳证券交易所购入乙公司股票100万股,占乙公司有表决权股份的5%,支付价款合计5 072 000元(包含已宣告发放现金股利72 000元,假定不考虑相关税费)。甲公司将其划分为交易性金融资产。2×18年6月20日,甲公司收到乙公司发放的2×18年现金股利72 000元。2×18年6月30日,乙公司股票收盘价为每股5.20元。2×18年8月18日,甲公司以每股5.50元的价格将股票全部转让(假定不考虑相关税费)。甲公司的账务处理如下。

a. 2×18年5月20日,购入金融资产:

借:交易性金融资产——乙公司——成本	5 000 000	
应收股利——乙公司	72 000	
贷:银行存款		5 072 000

b. 2×18年6月20日,收到现金股利:

借:银行存款	72 000	
贷:应收股利——乙公司		72 000

c. 2×18年6月30日,确认乙公司股票公允价值变动:

　　公允价值变动金额 = 1 000 000 × 5.20 − 5 000 000 = 200 000(元)

借:交易性金融资产——乙公司——公允价值变动	200 000	
贷:公允价值变动损益		200 000

d. 2×18年8月18日,出售乙公司股票:

借:银行存款	5 500 000	
贷:交易性金融资产——乙公司——成本		5 000 000
——公允价值变动		200 000
投资收益		300 000

【例3-35】 接[例3-34],如果甲公司根据其管理乙公司股票的业务模式和乙公司股票的合同现金流量特征,将乙公司股票分类为以公允价值计量且其变动计入当期损益的金融资产,甲公司按净利润的10%计提盈余公积。其他资料不变。甲公司的账务处理如下。

a. 2×18年5月20日,购入金融资产:

借:其他权益工具投资——乙公司——成本	5 000 000	
应收股利——乙公司	72 000	
贷:银行存款		5 072 000

b. 2×18年6月20日,收到现金股利:

借:银行存款	72 000	
贷:应收股利——乙公司		72 000

c. 2×18年6月30日,确认乙公司股票公允价值变动:

　　公允价值变动金额 = 1 000 000 × 5.20 − 5 000 000 = 200 000(元)

借:其他权益工具投资——乙公司——公允价值变动	200 000	
贷:其他综合收益		200 000

d. 2×18年8月18日,出售乙公司股票:

借:银行存款	5 500 000	
贷:其他权益工具投资——乙公司——成本		5 000 000
——公允价值变动		200 000
盈余公积		30 000
利润分配——未分配利润		270 000

借：其他综合收益	200 000	
贷：盈余公积		20 000
利润分配——未分配利润		180 000

（六）长期股权投资的处置

企业处置长期股权投资时，应相应结转与所售股权相对应的长期股权投资的账面价值，出售所得价款与处置长期股权投资账面价值之间的差额，应确认为投资损益。

采用权益法核算的长期股权投资，原计入其他综合收益中的金额，在处置时应进行结转，将与所出售股权相对应的部分在处置时自其他综合收益转入当期损益。除上述处理外，还应结转原计入其他综合收益的相关金额，借记或贷记"其他综合收益"账户，贷记或借记"投资收益"账户。

【例3-36】 甲公司原持有乙公司40%的股权。2×19年12月25日，甲公司出售对乙公司1/4的股权，出售价款为14 100 000元。出售时甲公司对乙公司"长期股权投资"账户所属的明细账户余额分别为："投资成本"36 000 000元，"损益调整"（借方）9 600 000元，"其他综合收益"（借方）6 000 000万元。假设不考虑其他因素，甲公司的账务处理如下：

a. 确认处置损益：

借：银行存款	14 100 000	
贷：长期股权投资——乙公司（投资成本）		9 000 000
（损益调整）		2 400 000
（其他综合收益）		1 500 000
投资收益		1 200 000

b. 结转其他综合收益：

借：其他综合收益	1 500 000	
贷：投资收益		1 500 000

第六节 资产的清查

为了加强企业财产物资管理，避免资产因管理不善导致损失，企业应当定期或不定期对资产进行清查。

一、资产盘存制度

资产的盘存制度是指在日常会计核算中采用什么方法确定各项财产物资的盘存数。企业财产物资的盘存制度通常有以下两种。

(一)永续盘存制

永续盘存制又称账面盘存制,是指企业通过设置资产明细账,平时登记资产的增减变化并随时结出余额的一种管理制度。永续盘存制的计算公式如下:

$$资产期末结存数 = 期初结存数 + 本期增加数 - 本期减少数$$

永续盘存制的优点是能够随时反映资产在一定期间内收入、发出及结存的详细情况,有利于加强对财产物资的管理与控制。相对而言,其工作量较大,尤其对那些品种规格繁多的存货资产;同时,由于自然灾害和人为等原因,可能发生账实不符的现象,所以在永续盘存制下,仍需对财产物资进行实地盘点,以便查明是否发生盘盈或盘亏。在一般情况下,各企业都应采用永续盘存制。

(二)实地盘存制

实地盘存制又称定期盘存制,是指会计期末通过对资产进行实地盘点确定期末结存数量的一种管理制度,即以期末具体盘点实物的结果为依据来确定财产物资的结存数量的方法。实地盘存制在期末通过盘点实物来确定财产物资结存数量,并据以倒算出发出数量。其具体做法是:平时只登记财产物资收入数,不登记财产物资发出数,期末通过实地盘点,确定结存数量,并倒挤发出数量及金额,完成账簿记录,使账实相符。在实地盘存制下,本期减少数的计算公式如下:

$$本期减少数 = 期初结存数 + 本期增加数 - 期末结存数$$

实地盘存制的优点是核算工作比较简单,工作量较小。其缺点是手续不够严密,不能通过账簿随时反映和监督各项财产物资的收、发、结存情况;同时,仓库管理中存在的多发少发、物资毁损、盗窃、丢失等情况,在账面上均无反映,而全部隐藏在本期的发出数内,不利于存货的管理,也不利于监督检查。因此,实地盘存制只适应数量大、价值低、收发频繁的存货。

二、资产盘亏或盘盈的会计处理

(一)库存现金盘盈或盘亏的会计处理

库存现金清查中发现盘盈或盘亏的,应根据现金盘点报告进行处理,以确保账实相符,并对盘盈或盘亏的现金进行处理。现金的盘盈或盘亏一般通过"待处理财产损溢"账户来核算,待查明原因后,再根据不同的原因进行会计处理。

1. 对于库存现金短缺的会计处理

(1)属于有关责任人或保险公司赔偿的部分,借记"其他应收款"或"库存现金"等账户,贷记"待处理财产损溢——待处理流动资产损溢"账户。

(2)无法查明原因的,经过批准后,借记"管理费用——现金短缺"账户,贷记"待处理财产损溢——待处理流动资产损溢"账户。

2. 对于库存现金盈余的会计处理

（1）属于应支付给其他方的，应借记"待处理财产损溢——待处理流动资产损溢"账户，贷记"其他应付款——应付现金溢余"账户。

（2）属于无法查明原因的现金盈余，经过批准后，借记"待处理财产损溢——待处理流动资产损溢"账户，贷记"营业外收入"账户。

【例3-37】甲企业进行现金清查，发现长款120元，原因待查明。其账务处理如下：

借：库存现金　　　　　　　　　　　　　　　　　　　　　　　　120
　　贷：待处理财产损溢——待处理流动资产损溢　　　　　　　　　　　120

经过反复核查，仍然无法查明原因，经过单位领导批准后，将其转为企业的营业外收入。其账务处理如下：

借：待处理财产损溢——待处理流动资产损溢　　　　　　　　　　　120
　　贷：营业外收入　　　　　　　　　　　　　　　　　　　　　　　120

（二）银行存款的核对

企业每月至少应将银行存款日记账与银行对账单核对一次，以检查银行存款收付及结存情况。银行存款日记账与银行对账单余额不符的，需查明原因，可能的原因主要有两种情况：一是由于计算错误；二是由于未达账项。

未达账项是指银行和企业对于同一笔款项收付业务因记账时间不同而发生的一方已经入账，另一方尚未入账的款项。未达账项有以下四种情况：

（1）企业已经收款入账、银行尚未收款入账的款项。
（2）企业已经付款入账、银行尚未付款入账的款项。
（3）银行已经收款入账、企业尚未收款入账的款项。
（4）银行已经付款入账、企业尚未付款入账的款项。

银行存款的核对，一般通过编制银行存款余额调节表进行。银行存款余额调节表主要目的是在于核对企业账目与银行账目的差异，也用于检查企业与银行账目的差错。其编制方法一般采用"补记式"的余额调节法，即在双方现有余额基础上，各自加上对方已收、本方未收账项，减去对方已付、本方未付的款项，计算调节双方应有余额。其计算公式如下：

$$\text{银行存款日记账余额} + \text{银行已收企业未收账项} - \text{银行已付企业未付款项} = \text{银行对账单余额} + \text{企业已收银行未收账项} - \text{企业已付银行未付款项}$$

【例3-38】甲企业2×18年1月银行存款日记账及银行对账单有关数据如表3-5至表3-7所示。

表3-5　银行存款日记账　　　　　　　　　　　　　　　　　　　单位：元

日期	凭证单号	摘要	借方	贷方	余额
2×18年1月1日		期初余额			10 000
2×18年1月7日	银付001	付料款		5 000	5 000

(续表)

日期	凭证单号	摘要	借方	贷方	余额
2×18年1月10日	银付002	付料款		3 000	2 000
2×18年1月21日	银收001	收销货款	7 000		9 000
2×18年1月25日	银付003	交纳税金		1 000	8 000
2×18年1月31日		期末余额			8 000

表3-6 银行对账单　　　　　　　　　　　　　　　　　　单位:元

日期	摘要	账单号	借方	贷方	余额
2×18年1月1日	期初余额				10 000
2×18年1月8日	支付工行款	000001	5 000		5 000
2×18年1月20日	结转水电费	000002	1 000		4 000
2×18年1月23日	补付上年利息	000003		500	4 500
2×18年1月25日	支票转账	000004	1 000		3 500
2×18年1月31日		期末余额			3 500

表3-7 银行存款余额调节表　　　　　　　　　　　　　　单位:元

项目	金额	项目	金额
银行存款日记账余额	8 000	银行对账单余额	3 500
加:银行已收、企业未收		加:企业已收、银行未收	
(1)补付上年利息	500	(1)收销货款	7 000
减:银行已付、企业未付		减:企业已付、银行未付	
(1)结转水电费	1 000	(1)付料款	3 000
(2)支票转账	1 000	(2)交税金	1 000
调节后余额	6 500	调节后余额	6 500

如果银行存款余额调节表的调节后余额一致,一般表明账户内结存额计算没有问题。如果经调节后余额不一致的,应查明错误所在。属于银行原因的,应通知银行进行更正;属于本单位原因的,应按错账进行更正。

(三)存货盘盈或盘亏的会计处理

为了确保存货的账实相符,企业应定期或不定期地对企业的存货进行清查。发现盘盈或盘亏的,应查明原因后进行会计处理。

1. 存货盘盈的会计处理

盘盈存货应当按照重置成本作为入账价值,通过"待处理财产损溢"账户进行会计处理,经过批准后,冲减当期管理费用。

【例3-39】 甲公司期末盘点库存商品时发现盘盈A商品,估计的重置成本是1 000元,经查明属于商品收发计量方面的错误。甲公司的账务处理如下。

  a. 批准处理前:

借:库存商品	1 000
贷:待处理财产损溢	1 000

  b. 批准处理后:

借:待处理财产损溢	1 000
贷:管理费用	1 000

2. 存货盘亏的会计处理

存货发生盘亏的,应通过"待处理财产损溢"账户进行核算。经过批准后,根据存货盘亏的原因,分别按照以下情况进行会计处理:

(1)属于存货收发计量差错和管理不善等原因造成的存货短缺,应先扣除残料价值、可以收回的保险赔偿款和过失人赔偿,将净损失计入管理费用。

(2)属于自然灾害等原因造成的存货毁损,应先扣除处置收入、可以收回的保险赔偿和过失人损失赔偿,将净损失计入营业外支出。

【例3-40】 甲公司期末盘点库存商品时发现盘亏A材料50千克,实际单位成本为100元。经查明,盘亏的材料中有10千克属于管理不善造成的,其中20千克是因不可抗力造成的,剩余的20千克材料由保险公司赔偿。假设不考虑其他因素,甲公司的账务处理如下。

  a. 批准处理前:

借:待处理财产损溢	5 000
贷:原材料——A材料	5 000

  b. 批准处理后:

借:管理费用	1 000
营业外支出	2 000
其他应收款	2 000
贷:待处理财产损溢	5 000

(四)固定资产盘盈或盘亏的会计处理

企业应当定期或至少每年年末对固定资产进行清查盘点,以保证固定资产核算的账实相符。在固定资产清查过程中,会计人员如果发现盘盈、盘亏的固定资产,应当填制固定资产盘盈盘亏报告表。会计人员清查固定资产的损溢,应当及时查明原因,并按照规定程序经过批准后处理。

1. 固定资产盘盈的会计处理

企业在财产清查中盘盈的固定资产,作为前期差错处理,应按照重置成本确定其入账价值,借记"固定资产"账户,贷记"以前年度损益调整"账户。

2. 固定资产盘亏的会计处理

固定资产盘亏造成的损失,应当计入当期损益。企业在财产清查中盘亏的固定资产,按照盘亏固定资产的账面价值借记"待处理财产损溢——待处理固定资产损溢"账户,按照已计提的累计折旧,借记"累计折旧"账户,按已计提的减值准备,借记"固定资产减值准备"账户,按固定资产原价,贷记"固定资产"账户。盘亏按管理权限报经批准后,按可收回的保险赔偿或过失人赔偿,借记"其他应收款"账户,按净损失的金额,借记"营业外支出——盘亏损失"账户,贷记"待处理财产损溢"账户。

【例3-41】 乙公司进行财产清查时发现短缺一台笔记本电脑,原价为10 000元,已计提折旧7 000元。假设不考虑其他因素,乙公司的账务处理如下。

a. 盘亏固定资产时:

借:待处理财产损溢　　　　　　　　　　　　　　　　　3 000
　　累计折旧　　　　　　　　　　　　　　　　　　　　7 000
　贷:固定资产　　　　　　　　　　　　　　　　　　　10 000

b. 报经批准转销时:

借:营业外支出——盘亏损失　　　　　　　　　　　　　3 000
　贷:待处理财产损溢　　　　　　　　　　　　　　　　3 000

复习思考题

1. 资产的初始计量有哪些计量模式？它们各自适用于哪些资产？
2. 资产的后续计量有哪些计量模式？它们各自适用于哪些资产？
3. 如何进行资产的期末计量？其对企业财务会计报告有何影响？
4. 如何区分金融资产和长期股权投资？它们各自有哪些内容？
5. 长期股权投资的后续计量方法有哪些？它们各自的核算要点是什么？
6. 固定资产的折旧方法有哪些？各种方法对企业利润有何影响？
7. 存货发出计价方法有哪些？各种方法对存货发出成本有何影响？
8. 资产的盘存制度有哪些？它们各自有什么优缺点？

案例分析题

1. 甲公司是增值税一般纳税人。除相关金融资产以外,公司对所有资产均采用成本模式核算。2×19年12月,公司发生下列经济业务:

(1) 从外地购进材料一批,价款为1 000万元,增值税额为160万元,全部款项以银行存款支付,材料运到且已验收入库。

(2) 购买某上市公司股票 10 000 股,每股市价为 15 元,全部价款为 15 万元。公司将其划分为交易性金融资产。月末,该公司股票每股市价为 20 元。

(3) 本月生产产品领用原材料 540 万元,应付生产工人工资及福利等职工薪酬 80 万元。

(4) 计提固定资产折旧 100 万元,其中车间折旧 60 万元,行政管理部门折旧 30 万元,销售部门折旧 10 万元。

(5) 在财产清查中发现原材料短缺 5 万元,后经查明原因,系管理不善导致形成,要求相关责任人员赔偿 3 万元。

(6) 将一栋厂房对外出租。厂房原始成本为 500 万元,累计折旧为 200 万元。

(7) 出售一项专利权,出售价格为 200 万元。专利权原价为 300 万元,累计摊销为 150 万元。增值税税率为 6%。

要求:根据以上资料编制甲公司相关会计分录(假定不考虑除增值税以外的其他税费)。

2. 文成公司为增值税一般纳税人,2×17 年至 2×19 年有关固定资产的业务资料如下:

(1) 2×17 年 12 月 10 日,购入一台需要安装的机器设备,价款为 100 万元,增值税额为 16 万元,全部款项以银行存款支付。

(2) 2×17 年 12 月 10 日,公司开始安装该项固定资产,发生人工费用 10 万元,领用原材料 5 万元。

(3) 2×17 年 12 月 31 日,该项固定资产达到预定可使用状态,当日投入使用。该项固定资产的预计使用年限为 5 年,净残值为 3 万元,采用年限平均法计提折旧。

(4) 2×18 年 12 月 31 日,公司对该固定资产进行检查时,发现其已经发生减值。该固定资产预计可收回金额为 80 万元。

(5) 2×19 年 1 月 11 日,因产品市场销售不佳,公司决定将该设备出售,出售价格为 65 万元(假定不考虑相关税费)。

要求:编制文成公司 2×17 年至 2×19 年固定资产相关会计分录。

3. 甲公司和乙公司是不具有关联关系的两个独立的公司,2×17 年至 2×19 年发生如下经济业务:

(1) 2×17 年 12 月 25 日,甲公司以银行存款 900 万元对乙公司投资,取得乙公司 10% 的股份。甲公司向乙公司派出一名管理人员,担任乙公司副总经理。当日,乙公司可辨认净资产的公允价值和账面价值为 8 000 万元。

(2) 2×18 年 12 月 31 日,乙公司全年实现净利润 3 000 万元。

(3) 2×19 年 2 月 4 日,乙公司宣告分配现金股利 2 000 万元。

要求:

(1) 你认为甲公司对乙公司是否形成了控制、共同控制或重大影响?为什么?

(2) 甲公司对乙公司的投资应该确认为金融资产还是长期股权投资?为什么?

(3) 甲公司对乙公司的投资应当采用什么方法进行后续计量?不同计量方法对甲公司财务会计报告的影响如何?

(4) 编制甲公司对乙公司投资的相关会计分录。

4. 甲公司于2×18年1月1日从证券市场上购入A公司于2×17年1月1日发行的债券。债券期限为5年,票面年利率为5%,每年1月5日支付上年度的利息,到期日为2×23年1月1日,到期日一次归还本金和最后一次利息。购入债券的面值为1 000万元,实际支付价款为1 076.30万元,另支付相关费用10万元。购入债券时的实际利率为4%。合同约定,该债券的发行方在遇到特定情况时可以将债券赎回,且不需要为提前赎回支付额外款项。假定债券按年计提利息。其他资料如下:

(1) 2×18年12月31日,该债券的公允价值为1 020万元(不含利息)。
(2) 2×18年12月31日,该债券预期信用损失为100万元。
(3) 2×20年1月20日,甲公司将该债券全部出售,收到款项995万元存入银行。

要求:
(1) 你认为甲公司应当将购买的债券划分为哪一类金融资产?为什么?
(2) 根据你对上述金融资产的分类,编制甲公司从2×18年至2×20年有关业务的会计分录。

5. 环发公司设有两个业务部门:销售部和加工部。两个部门对发出的存货均采用加权平均法计价。因销售业务不景气,拟将发出存货的计价方法改为先进先出法,以改善公司经营业绩。加工部所面临的问题是原材料价格大幅上涨,现已停工2个月。所幸库存零部件存货比较充足,短期内可满足销售之需。销售部的主要问题是销售数额大幅下降。若按先进先出法计价,其年底存货余额为500 000元;若按加权平均法计价,年末存货余额则为570 000元。加工部生产的零部件和销售部的库存商品均未发生减值。

要求:
(1) 加工部在已停工2个月且存货越来越少的情况下,对存货计价采用先进先出法,其销售成本是否能降下来?为什么?
(2) 该公司改变存货计价方法有何利弊?

第四章
CHAPTER 4

负 债

企业资金来源通常包括企业所有者投入资金和债权人投入资金。其中,债权人对投入资产的求偿权称为债权人权益,表现为企业的负债。负债分为流动负债和非流动负债,包括借入款项、应付及预收款项、应交税费、预计负债、应付债券等。

第一节 负债概述

一、负债的定义

负债是指企业过去的交易或事项形成的、预期会导致经济利益流出企业的现时义务。根据负债的定义,负债具有以下特征。

(一)负债是由过去的交易或事项形成的

负债是基于企业过去的交易或事项而产生的,即导致负债的交易或事项必须已经发生。企业将在未来发生的承诺、签订的合同等交易或事项,不形成负债。

【例4-1】 2×17年6月1日,甲企业向银行借款6 000万元,该交易已经发生,形成负债;同时,甲企业还与银行达成了5个月后借入7 400万元的借款意向书,但该交易不属于过去的交易或事项,不应确认为负债。

(二)负债是企业承担的现时义务

现时义务是指企业在现行条件下已承担的义务。现实义务通常分为法定义务和推定义务。其中,法定义务是指具有约束力的合同或法律、法规规定的义务,通常必须依法执行。例如,企业向银行借入款项会产生还款义务、形成借款;购买货物存在购销合同、形成应付款项(已付款或在交货时支付款项的情形除外);按照税法规定存在应交纳的税款等,均属于企业应当承担的法定义务,需要依法予以偿还。推定义务是指根据企业多年来的习惯或做法、公开的承诺或公开宣布的政策而导致企业将承担的责任。

【例4-2】 2×18年,甲企业主营的A产品实现2亿元的销售额。根据甲企业多年来的产品质量保证条款,售出商品若在1年内发生正常质量问题,甲企业将免费负责维修。根据以往经验,出现较小的质量问题需发生的修理费为销售额的2%;若出现较大的质量问题,则须发生的修理费为销售额的3%。同时,通常85%的该产品不会发生质量问题,有10%将发生较小质量问题,有5%将发生较大质量问题。

预期将为售出商品提供的保修服务属于推定义务,甲企业因承担该项推定义务而形成负债。甲企业应参照以往经验,根据发生保修服务所形成的保修支出的最佳估计数确认预计负债。因此,2×18年年末,甲企业应确认的预计负债金额为0.007亿元[(2×2%)×10%+(2×3%)×5%]。

(三)负债的清偿预期会导致经济利益流出企业

企业在履行清偿义务时会导致经济利益流出企业,这是负债的本质特征。例如,若企业赊购产品,则当企业将来用库存现金或银行存款等清偿其应付而未付的款项时,就会导致经济利益流出企业;同时,导致经济利益流出企业的具体形式不仅限于货币资金流出企业,企业还可能以实物资产或提供劳务等形式偿还负债或将负债转为资本等,但无论企业采用哪种偿还方式,都会导致企业未来经济利益的流出。

二、负债的分类

负债按其偿还期长短,可分为流动负债和非流动负债。

(一)流动负债

流动负债是指将在1年(含1年)或者超过1年的一个正常营业周期内偿还的债务。流动负债主要包括短期借款、应付票据、应付账款、预收账款、合同负债、应付职工薪酬、应付股利、应交税费、其他应付款、预计负债等。

(1)短期借款:是指企业向银行或其他金融机构等借入的、还款期限在1年以下(含1年)的各种借款。短期借款一般是企业为了满足正常生产经营所需的资金或为了抵偿某项债务而借入的款项。

(2)应付票据:是指企业购买材料、商品和接受劳务供应等开出、承兑的商业汇票,包括商业承兑汇票和银行承兑汇票。我国商业汇票的付款期限不超过6个月,因此,由于应付票据的偿付时间较短,在会计实务中,一般按照开出、承兑的应付票据的面值入账。

(3)应付账款:是指企业因购买材料、商品或接受劳务供应等经营活动而应付给供应单位的款项。这是买卖双方由于取得物资或服务与支付货款在时间上不一致而产生的负债。

(4)预收账款:是指企业在合同负债以外,向购买单位或接受劳务的单位在未发出商品或提供劳务时预收的款项。它通常包括预收的货款、预收购货定金等。

（5）合同负债：是指企业已收或应收客户对价而应向客户转让商品的义务。企业在向客户转让商品之前，客户已经支付了合同对价或企业已经取得了无条件收取对价权利的，企业应将已收或应收的金额计入合同负债。在合同开始日之前预收的款项不能称为合同负债，一般作为预收账款处理。

（6）应付职工薪酬：是指企业为获得职工提供的服务或终止劳动合同关系而给予的各种形式的报酬。企业提供给职工配偶、子女、受赡养人、已故员工遗属及其他受益人等的福利，也属于职工薪酬。职工薪酬主要包括短期薪酬、离职后福利、辞退福利和其他长期职工福利。

（7）应付股利：是指企业根据股东大会或类似机构审议批准的利润分配方案确定分配给投资者的现金股利或利润。

（8）应交税费：企业必须按照国家规定履行纳税义务，对其经营所得依法交纳各种税费。应交税费包括企业依法交纳的增值税、消费税、所得税、资源税、土地增值税、城市维护建设税、房产税、土地使用税、车船税、教育费附加、矿产资源补偿费等税费，以及在上缴国家之前，由企业代收代缴的个人所得税等。

（9）其他应付款：是指与企业的主营业务没有直接关系的应付、暂收其他单位或个人的款项，如应付经营租赁固定资产租金、租入包装物租金、存入保证金等。

（10）预计负债：是指根据或有事项等相关准则确认的负债，包括对外提供担保、未决诉讼、产品质量保证、重组义务以及固定资产和矿区权益弃置义务等产生的负债。

（二）非流动负债

非流动负债是指偿还期在1年或超过1年的一个营业周期以上的债务。它通常包括长期借款、应付债券、长期应付款等。

（1）长期借款：是指企业向银行或其他金融机构借入的期限在1年以上（不含1年）的各种款项。长期借款一般是企业为满足固定资产构建、改扩建工程、大修理工程、对外投资以及为了保持长期经营能力等方面的需要而借入的。

（2）应付债券：是指企业为筹集长期资金而实际发行的债券及应付的利息。债券是企业为筹集长期使用资金而发行的一种书面凭证，企业通过发行债券取得资金是以将来履行归还购买债券者的本金和利息的义务作为保证的。

（3）长期应付款：是指除了长期借款和应付债券以外的其他多种长期应付款。它包括应付补偿贸易引进设备款和应付融资租入固定资产租赁费、分期付款方式购入固定资产发生的应付款项等。

三、负债的确认

（一）负债的确认

将一项现时义务确认为负债，不仅需要符合负债的定义，而且还需要同时满足以下两个条件。

1. 履行该项义务很可能导致经济利益流出企业

负债的清偿预期会导致经济利益流出企业,但履行义务所需流出的经济利益通常带有不确定性,尤其是与推定义务相关的经济利益通常需要依赖于合理的估计。因此,负债的确认应与经济利益流出的不确定性程度的判断结合起来。如果有确凿证据表明,与现时义务有关的经济利益很可能(概率在50%以上)流出企业,应当将其作为负债予以确认;反之,即使企业承担了现时义务,但该现时义务导致经济利益流出企业的可能性很小,则不符合负债的确认条件,因而不应将其作为负债予以确认。

【例4-3】 2×18年1月1日,甲企业与乙企业签订协议,承诺为乙企业的2年期银行借款提供全额担保。甲企业由于该担保事项而承担了一项现时义务,但这项义务的履行是否很可能导致经济利益流出企业,需依据乙企业的经营情况和财务状况等因素确定。假定2×18年年末,乙企业的财务状况恶化,且没有迹象表明可能发生好转,则表明乙企业很可能违约,从而甲企业履行该现时义务将很可能导致经济利益流出企业;反之,如果乙企业财务状况良好,通常可以认定乙企业不会违约,从而甲企业履行承担的该现时义务并非很可能导致经济利益流出,不应确认为负债。

2. 该项义务未来流出的经济利益的金额能够可靠计量

除考虑是否导致经济利益很可能流出企业外,负债的确认还需满足未来流出的经济利益的金额能够可靠计量的条件。通常,法定义务形成的预期经济利益流出金额,可以根据合同或者法律规定的金额予以确定;与推定义务有关的经济利益流出金额,企业应当根据履行相关义务所需支出的最佳估计数进行确定,并综合考虑有关货币时间价值、风险等因素的影响。

【例4-4】 甲企业(被告)涉及一桩诉讼案,甲企业败诉的可能性很大,但现在难以确定甲企业应赔偿的金额。

本例中,尽管知道甲企业败诉的可能性很大,但是由于不能可靠预计赔付的金额,因此不能确认为负债。但若能够根据以往类似的审判案例,推断、估算出赔偿金额的范围,则可认为甲企业承担的该项义务的金额能够可靠地计量,从而应对该未决诉讼确认一项预计负债。

(二)或有负债

或有负债在将来可能成为企业的负债,但当前并不是负债。或有负债是指由过去的交易或事项形成的潜在义务,其存在须通过未来不确定事项的发生或不发生而予以证实;或是指过去的交易或事项形成的现时义务,履行该义务不是很可能导致经济利益流出企业或该义务的金额不能可靠地计量。例如,一桩未决的诉讼案件,由于可能败诉、造成赔偿而产生或有负债。同时,由于或有负债无论作为潜在义务还是现时义务,均不符合负债的条件,因而会计上只在会计报表附注中作相应披露,不予确认。

案例 4-1

*ST 匹凸：转回预计负债致 2017 年度增盈 2.1 亿元[①]

2016 年 3 月 31 日，自然人黄永述将深圳柯塞威基金管理有限公司（以下简称"柯塞威"）（被告一）、匹凸匹金融信息服务（上海）股份有限公司（以下简称"*ST 匹凸"）（被告二）、柯塞威现任股东（被告三）列为被告向深圳中院提起诉讼。

在被提起诉讼时，*ST 匹凸认为，虽然公司在柯塞威未实缴注册资本的本息范围内对柯塞威的债务承担连带责任，但公司可以在履行相关义务后向柯塞威现任股东追偿，在其具备相应赔付能力的情况下，该诉讼事项不会对公司经营及当期业绩造成影响，不需确认预计负债。然而，2016 年度财务会计报告编制完成前，柯塞威现任股东于 2017 年 2 月 24 日受到中国证监会的巨额罚款。*ST 匹凸该案代理律师的法律分析意见认为：柯塞威现任股东很可能难以具备相应的赔付能力，公司作为本案的连带赔偿责任人，在承担相关赔偿责任之后，将难以向柯塞威现任股东进行追偿。因此，在 2016 年度财务会计报告中，*ST 匹凸将很可能承担并无法实现追偿赔偿金额 213 436 624.45 元，确认预计负债。

2017 年 12 月 22 日，深圳中院依法做出判决。*ST 匹凸该案代理律师的法律分析意见认为：目前证据显示柯塞威注册资本确于 2016 年 4 月 20 日缴足，公司无须就柯塞威的还款义务承担补充赔偿责任；公司在持有柯塞威股权期间，财产独立于柯塞威财产，不存在财产混同，故无须就柯塞威的债务对外承担连带清偿责任。截至目前，一审其他被告均未提出要求公司承担责任的诉讼请求，二审改判公司承担连带赔偿责任的概率较低。因此，*ST 匹凸在 2017 年度将原确认的预计负债予以追溯调整冲回。

第二节　负债形成的核算

负债形成的原因很多，包括借入资金、购买资产、销售商品或提供劳务、发生费用或利润分配等，从而形成短期借款、应付债券、应付账款、合同负债、应交税费、应付股利等不同负债。

一、借入资金形成的负债

借入资金是指企业依法筹集的、依约使用并按期偿还的资金，包括短期借款、长

[①] 本案例资料来源于上市公司 *ST 匹凸 2017 年年度报告，由作者个人改编而成。

期借款、应付债券等。短期借款是企业向银行或其他金融机构等借入的期限在1年以下(含1年)的各种借款;长期借款是企业向银行或其他金融机构等借入的期限在1年以上的各种借款;应付债券是指企业为筹集长期资金而实际发行的债券及应付的利息。

企业向银行或其他金融机构等借入各种借款时,借记"银行存款"账户,贷记"短期借款"或"长期借款"账户;企业发行债券时,借记"银行存款"账户,贷记"应付债券"账户。

债券发行有面值发行、溢价发行和折价发行三种情况。企业应当在"应付债券"账户下设置"债券面值""利息调整""应计利息"等明细账户,核算债券面值、溢折价和利息等情况。

【例4-5】 2×18年6月1日,甲公司向银行取得临时借款100 000元,年利率为4.2%,期限为3个月。利息在借款到期时同本金一起归还。甲公司的账务处理如下:

借:银行存款　　　　　　　　　　　　　　　　　　　　　100 000
　　贷:短期借款　　　　　　　　　　　　　　　　　　　　100 000

【例4-6】 为扩建厂房,甲公司经批准发行一批5年期限、8%年利率的公司债券,面值为1 000 000元,发行价格为1 050 000元。每年计息一次,到期本息一次归还。甲公司债券发行时的账务处理如下:

借:银行存款　　　　　　　　　　　　　　　　　　　　　1 050 000
　　贷:应付债券——债券面值　　　　　　　　　　　　　1 000 000
　　　　　　——利息调整　　　　　　　　　　　　　　　　50 000

二、购买资产形成的负债

为满足正常生产经营所需,企业需要购入设备、厂房、汽车等固定资产或购入专利权、专有技术、版权、商标权等无形资产或原材料等其他资产。但是,如果企业的自有资金不足,则可能形成负债。

企业购买资产时,一般借记"原材料""库存商品""固定资产""无形资产"等资产类账户,贷记"应付账款""应付票据"等账户。

企业延期付款购买资产,如果延期支付的购买价款超过正常信用条件,实质上具有融资性质的,应通过"长期应付款"账户核算。

【例4-7】 甲公司购买一台设备,价款为100万元,增值税额为16万元,货款未付,开出一张商业汇票。假定不考虑其他因素,甲公司的账务处理如下:

借:固定资产　　　　　　　　　　　　　　　　　　　　　1 000 000
　　应交税费——应交增值税(进项税额)　　　　　　　　　160 000
　　贷:应付票据　　　　　　　　　　　　　　　　　　　1 160 000

【例4-8】 甲公司于2×18年1月1日采用分期收款方式销售给乙公司一项大型设备,合同价格为1 000万元,分5年于每年年末收取200万元,设备成本为780万元。假定该大型设备现销方式下的销售价格为800万元,实际利率为7.93%,若不考虑增值税等其他因素,2×18年,甲公司的账务处理如下。

a. 2×18年1月1日:

借:固定资产	8 000 000
未确认融资费用	2 000 000
贷:长期应付款	10 000 000

b. 2×18年12月31日:

借:长期应付款	2 000 000
贷:银行存款	2 000 000

摊销的未确认融资费用=8 000 000×7.93%=634 400(元)

借:财务费用	634 400
贷:未确认融资费用	634 400

c. 2×19年至2×22年的账务处理原则同上,此处从略。

三、销售商品或提供劳务形成的负债

企业与客户订立了销售商品或提供劳务合同,企业在向客户转让商品之前,客户已经支付了合同对价或企业已经取得了无条件收取对价权利的,企业应将已收或应收的金额确认为合同负债,待未来履行了相关履约义务,即向客户转让相关商品时,再将该负债转为收入。在合同开始日前收到的款项作为预收账款。

【例4-9】 甲公司经营连锁面包店。2×18年,甲公司向客户销售了5 000张储值卡,每张卡的面值为200元,总额为1 000 000元。客户可在甲公司经营的任何一家门店使用该储值卡进行消费。截至2×18年12月31日,客户使用该储值卡消费的金额为400 000元。假定不考虑增值税等其他因素,2×18年,甲公司的账务处理如下。

a. 销售储值卡:

借:库存现金	1 000 000
贷:合同负债	1 000 000

b. 根据储值卡的消费金额确认收入:

借:合同负债	400 000
贷:主营业务收入	400 000

【例4-10】 2×18年1月1日,甲公司与乙公司签订合同,向其销售一批产品。合同约定,该批产品将于2年后交货。合同中包含两种可供选择的付款方式:一是乙公司在2年后交付产品时支付449.44万元;二是乙公司在合同签订时支付400万元。乙公司选择在合同签订时支付货款。该批产品的控制权在交货时转移。甲公司于2×18年1月1日收到乙公司支付的货款。假定年实际利率为6%,若不考虑增值税等其他因素,2×18年,甲公司的账务处理如下。

a. 2×18年1月1日：

借：银行存款	4 000 000
未确认融资费用	494 000
贷：合同负债	4 494 400

b. 2×18年12月31日（确认融资成分的影响）：

借：财务费用（4 000 000×6%）	240 000
贷：未确认融资费用	240 000

c. 2×19年12月31日：

借：财务费用（4 240 000×6%）	254 400
贷：未确认融资费用	254 400
借：合同负债	4 494 400
贷：主营业务收入	4 494 400

四、发生费用形成的负债

在生产经营中，企业存在未能及时支付或报销、按规定需跨月支付等的费用，以及存在很可能支出的赔偿费用、履行合同义务发生成本超过经济利益等预期需承担的损失等，企业因承担这些应付未付的费用而形成负债。例如，企业工资的计提和发放通常不在同1个月，企业未向员工支付工资但员工已为企业工作1个月。所以，月底计提时，企业就产生了一笔要给员工支付工资的负债，即"应付职工薪酬"。又如，企业在发生很可能败诉的未决诉讼时，因承担赔偿费用而形成"预计负债"。

同时，企业在日常生产经营活动中会产生应交纳的各种税费，包括增值税、消费税、城市维护建设税、资源税、所得税、土地增值税、房产税、车船税、土地使用税、教育费附加、矿产资源补偿费、印花税、耕地占用税等，但通常企业并不会在产生税费的同时立即交纳，因此会因承担应交纳但尚未交纳的各项税费形成负债。报表使用者应将资产负债表中"应交税费"项目与利润表中"税金及附加"及"所得税费用"项目、现金流量表的"经营活动产生的现金流出"中"支付的各项税费"项目结合进行综合分析。其中，有关增值税的核算参见第三章，其他税种的具体介绍详见第六章。

【例4-11】 2×18年10月，甲公司发生工资薪酬情况为：基本生产车间生产甲产品发生工资薪酬费用50 000元，车间管理人员职工薪酬费用为30 000元，行政管理部门人员职工薪酬费用为20 000元。假定不考虑其他因素，甲公司相关账务处理如下：

借：生产成本	50 000
制造费用	30 000
管理费用	20 000
贷：应付职工薪酬	100 000

【例4-12】 2×18年，乙公司发生一桩经济案件，估计很可能（超过50%的可能性）

败诉。如果败诉,将发生赔偿支出,赔偿金额在80万元至100万元,乙公司需承担诉讼费2万元。假定不考虑其他因素,乙公司的账务处理如下:

　　借:营业外支出[(800 000＋1 000 000)÷2]　　　　　　　　　　　　900 000
　　　　管理费用　　　　　　　　　　　　　　　　　　　　　　　　　20 000
　　　　贷:预计负债　　　　　　　　　　　　　　　　　　　　　　　　　　920 000

【例4-13】 2×18年3月,甲公司与乙公司签订合同,约定在2×19年5月向乙公司销售商品10 000件,单价为1 000元,单位成本为1 100元。产品尚未开始生产。假定不考虑其他因素,甲公司的账务处理如下:

　　借:营业外支出　　　　　　　　　　　　　　　　　　　　　　　　1 000 000
　　　　贷:预计负债　　　　　　　　　　　　　　　　　　　　　　　　　1 000 000

五、利润分配形成的负债

企业通常根据股东大会或类似机构审议批准的利润分配方案确定分配给投资者的现金股利或利润,但企业确定或宣告发放时点与实际支付现金股利或利润的时点通常不一致,存在已宣告但尚未发放的现金股利或利润,由此产生利润分配形成的负债。已宣告分配但尚未发放的现金股利通过"应付股利"账户核算。

【例4-14】 甲有限责任公司2×18年度实现净利润7 000 000元,经过董事会批准,决定2×18年度分配现金股利4 000 000元。甲有限责任公司的账务处理如下:

　　借:利润分配　　　　　　　　　　　　　　　　　　　　　　　　　4 000 000
　　　　贷:应付股利　　　　　　　　　　　　　　　　　　　　　　　　　4 000 000

若股利已经用银行存款支付:

　　借:应付股利　　　　　　　　　　　　　　　　　　　　　　　　　4 000 000
　　　　贷:银行存款　　　　　　　　　　　　　　　　　　　　　　　　　4 000 000

此外,需要说明的是,企业董事会或类似机构通过的利润分配方案中拟分配的现金股利或利润,不作账务处理,不作为应付股利核算,但应在附注中披露。企业分配的股票股利不通过"应付股利"账户核算。

第三节　借款费用的核算

借款费用是指企业因借款而发生的利息、折价或溢价的摊销和辅助费用,以及因外币借款而发生的汇兑差额。本节主要介绍利息费用的会计处理。

一、利息费用的会计处理原则

企业由于借款等原因发生的利息费用通常有两种处理方法：一种是费用化，作为当期的财务费用；另一种是资本化，计入有关资产的成本。

《企业会计准则第 17 号——借款费用》规定，企业发生的借款费用，可直接归属于符合资本化条件的资产的购建或生产的，应当予以资本化，计入相关资产成本；其他借款费用，应当在发生时根据其发生额确认为费用，计入当期损益。

当借款费用同时满足以下三个条件时，应当开始资本化：①资产支出已经发生。其中，资产支出只包括为购建或生产符合资本化条件的资产而以支付现金、转移非现金资产或者承担带息债务形式发生的支出。②借款费用已经发生。③为使资产达到预定可使用或可销售状态所必要的购建或生产活动已经开始。

购建或生产符合资本化条件的资产达到预定可使用或可销售状态时，借款费用应当停止资本化。

符合资本化条件的资产在购建或生产过程中发生非正常中断，且中断时间连续超过 3 个月的，应当暂停借款费用的资本化。在中断期间所发生的借款费用，应当计入当期损益，直至购建或生产活动重新开始。

案例 4-2

如何判断在建工程达到预定可使用状态

2×18 年，DDN 公司进行 A 生产线建设。公司认定，试生产结果表明资产能够正常生产出合格产品，则该资产已经达到预定可使用状态。2×18 年 6 月 30 日，A 生产线建设完成，公司于 2×18 年 7 月调试该生产线，产品合格率为 95％。若公司认为该 95％的产品合格率已经能够表明该生产线能够正常生产出合格产品，则该资产已经达到预定可使用状态，相关借款费用应停止资本化。但该公司以该生产线未达到公司预期的产品合格率 98％为由，认定该试生产结果表明该生产线未能正常生产出合格产品，因而 A 生产线并未达到预定可使用状态。直到 2×18 年 12 月 31 日，该生产线产品合格率才达到 98％，公司则认定在该时点 A 生产线才已经达到预定可使用状态，应由在建工程转入固定资产，因而相关借款费用才应停止资本化。通过调整公司产品合格率，DDN 公司延长借款费用资本化时点，增加借款费用资本化的金额，相应地降低公司当期财务费用，但同时这也降低了当期财务费用的抵税作用，最终也会影响公司利润。

二、利息费用的计量

企业取得负债的市场价值与其面值并不总是一致，存在债务溢价或折价的情况，因此,企业实际的利息负担并不总是等于支付利息的现金流出。企业通常采用实际利率法核算利息。

实际利率法又称实际利息法,是指每期的利息费用按期初摊余成本乘以实际利率计算,按照面值乘以票面利率(或合同利率)计算应付利息(或应计利息),两者之间的差额就是当期应摊销的利息调整金额。其中,实际利率是指使某项资产或负债的未来现金流量现值等于当前公允价值的折现率。相关计算公式如下:

期末摊余成本 ＝ 期初摊余成本 ＋ 本期利息费用 － 应付利息
本期应确认的利息费用(即实际的利息负担) ＝ 期初摊余成本 × 实际利率
本期应付或应计利息(现金流出) ＝ 债券面值 × 票面利率

三、利息费用的会计处理

企业因负债产生利息费用时,费用化利息费用应借记"财务费用""研发支出""在建工程"等账户;分期付息、一次还本的债券,企业按票面利率计算确定的应付未付利息,贷记"应付利息"账户;一次还本付息的债券,按票面利率计算确定的应付未付利息,贷记"应付债券——应计利息"账户。按其差额,借记或贷记"长期借款——利息调整"或"应付债券——利息调整"账户。

【例4-15】 甲公司于2×15年1月1日向银行借入一笔3年期长期借款100万元,年利率为5%,到期一次性还本付息。假定不考虑其他因素,甲公司的账务处理如下。

a. 2×15年1月1日,借入长期借款:

借:银行存款	1 000 000
贷:长期借款	1 000 000

b. 2×15年12月31日、2×16年12月31日、2×17年12月31日,计算本年应计利息:

借:财务费用	50 000
贷:长期借款	50 000

【例4-16】 乙公司于2×14年1月1日发行5年期、一次还本、分期付息的公司债券,每年12月31日支付利息。该债券票面利率为4.72%,面值为1 250万元,发行价格总额为1 000万元(假定无发行费用)。债券发行募集的资金专门用于建造一栋厂房,该厂房从2×14年1月1日开始建设,于2×16年年底完工且达到预定可使用状态。假定乙公司每年年末采用实际利率法摊销债券溢折价,实际利率为10%。不考虑其他因素,2×14年至2×18年,乙公司的账务处理如下。

a. 2×14年1月1日,发行债券:

借:银行存款	10 000 000
应付债券——利息调整	2 500 000
贷:应付债券——面值	12 500 000

应付债券摊余成本 = 12 500 000 − 2 500 000 = 10 000 000(元)

b. 2×14 年 12 月 31 日,确认利息费用:

应确认的利息费用 = 10 000 000 × 10% = 1 000 000(元)
应付利息 = 12 500 000 × 4.72% = 590 000(元)

借:在建工程	1 000 000
贷:应付债券——利息调整	410 000
应付利息	590 000
借:应付利息	590 000
贷:银行存款	590 000

应付债券摊余成本 = 10 000 000 + 410 000 = 10 410 000(元)

c. 2×15 年 12 月 31 日,确认利息费用:

应确认的利息费用 = 10 410 000 × 10% = 1 041 000(元)
应付利息 = 12 500 000 × 4.72% = 590 000(元)

借:在建工程	1 041 000
贷:应付债券——利息调整	451 000
应付利息	590 000
借:应付利息	590 000
贷:银行存款	590 000

应付债券摊余成本 = 10 410 000 + 451 000 = 10 861 000(元)

d. 2×16 年 12 月 31 日、2×17 年 12 月 31 日、2×18 年 12 月 31 日,账务处理原则同上,此处从略。

第四节 负债偿付及处置的核算

负债通常具有确切的或可合理估计的债权人及到期日,企业需要履行偿付义务。如果企业发生财务困难,难以按期偿还债务时,可以通过债务重组等手段处理企业债务问题。

一、负债的偿付

企业偿付负债时,通常借记"应付账款""短期借款"等负债类账户,贷记"银行存款"等资产类账户。

【例4-17】 甲企业于2×15年1月1日向银行借入一笔3年期长期借款100万元,年利率为5%。到期一次性还本付息。不考虑其他因素,甲公司还本付息时的账务处理如下:

借:长期借款　　　　　　　　　　　　　　　　　　　　　　1 150 000
　　贷:银行存款　　　　　　　　　　　　　　　　　　　　　　1 150 000

二、负债的处置

在生产经营过程中,企业可能由于各种原因不能按时足额偿还债务。在这种情况下,债权人可能会诉诸法院寻求帮助,也可能会与债务人协商进行债务重组。

债务重组是负债处置的一种重要方式。债务重组又称债务重整,是指债权人在债务人发生财务困难情况下,债权人按照其与债务人达成的协议或者法院的裁定做出让步的事项。其中,"发生财务困难"和"债权人做出让步"是认定债务重组的关键。

债务重组的方式主要有以下几种:①以资产清偿债务,即债务人转让其资产给债权人以清偿债务的债务重组方式。②债务转为资本,即债务人将债务转为资本,同时债权人将债权转为股权的债务重组方式。③修改其他债务条件,即减少债务本金、降低利率、免去应付未付的利息等。④以上三种方式组合,即采用以上三种方式共同清偿债务的债务重组形式。

在债务重组中,以现金清偿债务的,债务人应当将重组债务的账面价值与实际支付现金之间的差额,计入当期损益(营业外收入)。以非现金资产清偿债务的,债务人应当将重组债务的账面价值与转让的非现金资产公允价值(含税)之间的差额,作为债务重组利得,计入当期损益;转让的非现金资产公允价值与其账面价值之间的差额,作为处置资产损益,计入当期损益。将债务转为资本的,债务人应当将债权人放弃债权而享有股份的面值总额确认为股本(或者实收资本),股份的公允价值总额与股本(或者实收资本)之间的差额确认为资本公积,重组债务的账面价值与股份的公允价值总额之间的差额,计入当期损益(营业外收入)。修改其他债务条件的,债务人应当将修改其他债务条件后债务的公允价值作为重组后债务的入账价值,重组债务的账面价值与重组后债务的入账价值之间的差额,计入当期损益(营业外收入)。

【例4-18】 乙公司持有甲公司的应收票据20 000元,票据到期时,累计利息为1 000元。由于甲公司资金周转发生困难,经与乙公司协商,同意甲公司支付5 000元现金,同时转让一项无形资产以清偿该债务。该项无形资产的账面价值为14 000元,支付日该无形资产的公允价值为12 000元。假设不考虑税费等其他条件,甲公司债务重组利得的计算及其账务处理如下:

重组债务的账面价值 = 20 000 + 1 000 = 21 000(元)
债务重组利得 = 21 000 − 5 000 − 12 000 = 4 000(元)

借：应付票据	21 000
资产处置损益	2 000
贷：银行存款	5 000
无形资产	14 000
营业外收入——债务重组利得	4 000

案例 4-3

债务重组：世纪星源的盈余管理"艺术"

1995年，深圳世纪星源有限公司（以下简称"世纪星源"，股票代码000005）16 658万元银行贷款到期，本来用现金偿还即可。但是公司对交易过程进行了人为规划：用一项成本为3 061万元的在建楼宇华乐大厦中的部分产权，作价16 658万元，抵给银行以偿还贷款；同时，公司又用16 658万元将这部分大厦产权从银行购回。经过如此安排，公司在账面上形成13 597万元的利润。公司1995年年报披露净利润为5 922万元，若剔除上述13 597万元的利润，公司1995年实际上亏损7 000万元以上。

案例来源：蒲少平.世纪星源症候：一家上市公司的财务报表操纵[J].财经. 2002(2).

复习思考题

1. 什么是负债？负债确认的条件有哪些？
2. 负债的形成原因有哪些？如何进行会计处理？
3. 借款费用会计处理的原则是什么？
4. 债务重组如何进行会计处理？

案例分析题

1. 光明公司为增值税一般纳税人，适用的增值税税率为16%。2×18年，光明公司发生下列经济业务：

（1）1月1日，光明公司借入2年期，到期还本、每年年末支付利息的长期借款30 000元用于工程建设，合同约定的年利率为4%，假定利息全部符合资本化条件。

（2）4月1日，光明公司因急需流动资金，从银行取得5个月期限的借款100 000元，年利率为6%，按月计提利息，8月31日到期偿还本息。

(3) 10月31日，光明公司用银行存款支付本月发生的工资薪酬。其中，基本生产车间的工资薪酬费用为50 000元，车间管理人员的职工薪酬费用为10 000元，行政管理部门人员的职工薪酬费用为20 000元。

(4) 6月20日，光明公司涉及一起诉讼案，原告公司要求光明公司赔偿30万元。12月31日，法院尚未做出判决。根据公司法律顾问的职业判断，公司败诉的可能性为60%。

要求：根据上述资料，假设不考虑其他条件，针对各项经济业务，光明公司应该如何进行账务处理？

2. 2017年9月27日，证券时报网发表《债转股签约规模超1.3万亿元 企业杠杆率稳中趋降背后》一文，以下是文章部分内容：

"债转股在降低宏观经济杠杆和微观企业的财务压力方面，作用明显。截至9月22日，各类实施机构已与77家企业签署市场化债转股框架协议金额超过1.3万亿元。在降杠杆各项途径综合作用下，我国企业杠杆率呈现稳中趋降的态势，债务风险趋于下降。

从债转股的参与方来看，资金提供方主要有银行、四大资产管理公司、地方资产管理公司和保险公司等，工行、农行、中行、建行、交行旗下相应的债转股机构也陆续在成立当中，工行、建行参与债转股项目较多。民生证券研究报告显示，参与债转股的企业，从行业分布上看，主要集中在煤炭、钢铁、交通运输等行业。具体到企业层面来看，上市公司债转股推进的进度差别较大。

作为目前债转股落地规模最大的企业，陕西煤业控股股东陕西煤业化工集团共签订845亿元市场化债转股合作框架，落地规模达372.5亿元。从框架协议来看，陕西煤业化工集团共签订三笔债转股协议，合作机构分别为陕西金融资产管理股份有限公司及北京银行、中国人寿、建设银行。

8月17日，中国重工公告显示，同意子公司大连船舶重工集团有限公司和武昌船舶重工集团有限公司引入8名新股东实施市场化债转股，东方资产管理公司、信达资产管理公司、中国人寿、深圳市招商平安资产管理有限责任公司等现身出资人名单当中。

除了陕西煤业化工集团外，甘肃公航旅、南钢发展、河南能源化工集团、淮北矿业、太钢集团、山西焦煤、云锡集团、山东能源和武钢集团等均是市场化债转股的目标企业，太钢集团旗下的太钢不锈，山西焦煤集团旗下的西山煤电、山西焦化等后续都有可能成为参与债转股资金的退出平台。

目前债转股工作有了不错的进展，但实际落地的项目仍占比较少。根据东方资产管理公司统计，截至2017年6月9日，本轮债转股成功落地的项目为10个，涉及金额734.5亿元，占签约规模的10.35%。

中泰证券认为，银行和企业参与意愿下降原因有两个：一是债转股签约企业基本上都是大型国企，经济企稳后其融资渠道顺畅，债转股会摊薄企业的控股比例；二是银行资金参与债转股，最终要退出，会选择短期有压力、未来前途看好的企业，近期可选企业减少。"

要求：
(1) 你认为债转股在降低宏观经济杠杆和微观企业的财务压力方面有何作用？
(2) 债转股对参与各方的财务状况(资产负债表)和经营成果(利润表)分别有哪些影响？

第五章
CHAPTER 5

所有者权益

所有者和债权人是企业资源的共同提供者,两者共同享有企业资产的全部权益,所有者享有企业净资产的权益即为所有者权益。所有者权益包括实收资本(或股本)、资本公积、其他综合收益、盈余公积和未分配利润等内容。

第一节 所有者权益概述

所有者权益是企业资产中扣除债权人权益后应由所有者享有的部分,既可反映所有者投入资本的保值增值情况,又体现了保护债权人权益的理念。

一、所有者权益的定义及特征

所有者权益是企业资产中扣除负债后由所有者享有的剩余权益,是投资者对企业净资产的所有权。公司的所有者权益又称为股东权益。

所有者权益具有以下特征:
(1) 除非发生减资、清算或分派现金股利,企业不需要偿还所有者权益。
(2) 企业清算时,只有在清偿所有的负债后,所有者权益才返还给所有者。
(3) 所有者凭借所有者权益能够参与企业利润的分配。

二、所有者权益的具体内容

所有者权益通常由三部分组成:一是所有者投入的资本,通过"实收资本"(或"股本")"资本公积"等账户核算;二是生产经营中直接计入所有者权益的利得和损失,通过"其他综合收益"账户核算;三是所有者享有的未分配给所有者、留存于企业的利润,通过"盈余公积""未分配利润"报表项目反映,这两个项目又合称为留存收益。

(一) 实收资本(或股本)

实收资本(或股本)是指企业按照章程规定或者合同、协议约定,接受投资者投入企业的资本。其中,股份有限公司采用"股本"账户和报表项目名称;有限责任公司采用"实收资本"账户和报表项目名称。实收资本(或股本)的构成比例即投资者的出资比例或股东的股份比例,通常是确定所有者在企业所有者权益中所占的份额和参与企业财务经营决策的基础,也是企业进行利润分配或股利分配的依据,同时还是企业清算时确定所有者对净资产的要求权的依据。

值得一提的是,注册公司不再要求货币出资的比例,也不再限制出资的最低金额(特殊行业除外),由全体股东认缴并按照约定期限缴纳出资(法律、行政法规以及国务院决定对有限责任公司注册资本实缴、注册资本最低限额另有规定的,从其规定)。具体相关规定如下。

1. 有限责任公司

《中华人民共和国公司法》(以下简称《公司法》)规定,有限责任公司的注册资本为在公司登记机关登记的全体股东认缴的出资额。法律、行政法规以及国务院决定对有限责任公司注册资本实缴、注册资本最低限额另有规定的,从其规定。

股东可以用货币出资,也可以用实物、知识产权、土地使用权等可以用货币估价并可以依法转让的非货币财产作价出资。股东不按规定如期缴纳出资的,除应当向公司足额缴纳外,还应当向已按期足额缴纳出资的股东承担违约责任。

同时,企业应当对作为出资的非货币财产评估作价,核实财产,不得高估或者低估作价。法律、行政法规另有规定的,从其规定。有限责任公司成立后,发现作为设立公司出资的非货币财产的实际价额显著低于公司章程所定价额的,应当由交付该出资的股东补足其差额;公司设立时的其他股东承担连带责任。

公司成立后,股东不得抽逃出资。公司新增资本时,股东有权优先按照实缴的出资比例认缴出资,但全体股东约定不按照出资比例分取红利或不按照出资比例优先认缴出资的除外。

2. 股份有限公司

我国《公司法》规定,股份有限公司的设立,可以采取发起设立或募集设立的方式。

股份有限公司采取发起设立方式设立的,注册资本为在公司登记机关登记的全体发起人认购的股本总额。在发起人认购的股份缴足前,不得向他人募集股份。同时,发起人应当书面认足公司章程规定其认购的股份,并按照公司章程规定缴纳出资,以非货币财产出资的,应当依法办理其财产权的转移手续。发起人不依照前款规定缴纳出资的,应当按照发起人协议承担违约责任。

采取募集方式设立的,注册资本为在公司登记机关登记的实收股本总额。法律、行政法规以及国务院决定对股份有限公司注册资本实缴、注册资本最低限额另有规定的,从其规定。同时,发起人认购的股份不得少于公司股份总数的35%。法律、行政法规另有规定的,从其规定。

发行股份的股款缴足后,必须经依法设立的验资机构验资并出具证明。发起人应当自股款缴足之日起30日内主持召开公司创立大会。发行的股份超过招股说明书规定的截止期限尚未募足的,或发行股份的股款缴足后,发起人在30日内未召开创立大会的,认股人可以按照所缴股款并加算银行同期存款利息,要求发起人返还。同时,发起人、认股人缴纳股款或者交付抵作股款的出资后,除未按期募足股份、发起人未按期召开创立大会或者创立大会决议不设立公司的情形外,不得抽回其股本。

股份有限公司成立后,发起人未按照公司章程的规定缴足出资的,应当补缴;其他发起人承担连带责任。发现作为设立公司出资的非货币财产的实际价额显著低于公司章程所定价额的,应当由交付该出资的发起人补足其差额;其他发起人承担连带责任。

如果股份公司发行股票需要公开上市,必须满足一定的条件:①最近3个会计年度净利润均为正数且累计超过人民币3 000万元,净利润以扣除非经常性损益前后较低者为计算依据。②最近3个会计年度经营活动产生的现金流量净额累计超过人民币5 000万元,或最近3个会计年度营业收入累计超过人民币3亿元。③发行前股本总额不少于人民币3 000万元。④最近一期期末无形资产(扣除土地使用权、水面养殖权和采矿权等后)占净资产的比例不高于20%。⑤最近一期期末不存在未弥补亏损。

案例 5-1

股权之争:万科属于谁

万科股份有限公司(以下简称"万科")股权之争是中国A股市场历史上规模最大的一场公司并购与反并购攻防战。时间追溯到2015年8月26日,当日,前海人寿公司及其一致行动人钜盛华公司("宝能系")通知万科,截至当天,两家公司增持了万科5.04%的股份,加上此前的两次举牌,"宝能系"合计持有万科15.04%的股份,以0.15%的优势,首次超越了万科原第一大股东华润集团。9月4日,港交所披露,华润集团耗资4.97亿元,分别于8月31日和9月1日两次增持,重新夺回万科的大股东之位。截至2015年11月20日,华润集团共持有万科A股15.29%的股份。

此后,"宝能系"不断通过二级市场连续增持万科,再次超过华润集团成为第一大股东。12月17日,王石内部讲话称,不欢迎"宝能"。万科股权之争正式进入正面肉搏阶段。12月18日,万科A(股票代码000002)发布临时停牌公告,称正在筹划股份发行,用于重大资产重组及收购资产。

2016年3月13日,万科公告宣布引入新的战略投资伙伴——深圳市地铁集团有限公司(以下简称"深圳地铁")。但在万科这番反收购对策后,昔日相敬如宾的第一大股东华润集团,却做出了反对的反应,让王石等万科管理层措手不及。按照万科发布的交易预案公告,万科拟以发行股份的方式购买深圳地铁持有的前海国际发展有限公司100%股权,初步交易价格为456.13亿元。万科将以发行股份的方式支付全部交易对价。出这一招,万科的计划是通过发行股份,稀释"宝能系"的持股比例。但是令

(续上)

> 万科意外的是,这一招同时也稀释了华润集团的持股比例,直接导致华润集团的激烈反对。在6月17日的董事会上,"华润系"的三位董事对重组预案直接投了反对票。万科与"宝能系"的战争,突然杀入了华润集团,使得这场管理权之争的前景更为复杂和难测。6月26日,万科公告,收到"宝能系"要求罢免包括王石、郁亮在内的万科10名董事、2名监事。至此,"宝能系"亮出了底牌,旨在终结万科的"王石时代"。
>
> 2017年6月9日晚,恒大集团发布公告称,其持有15.53亿股万科股份,以292亿元悉数转让给深圳地铁。恒大集团转让14.07%万科股权后,深圳地铁持股由15.31%变为29.38%,超"宝能系"25.4%持股成万科第一大股东,终破"万宝之争"僵局。6月21日,万科公布的新一届董事会候选人名单中,已经见不到王石的名字。王石则通过微信朋友圈宣布,将接力棒交给郁亮。至此,曾经闹得天下大乱的万科股权之争终于尘埃落定。
>
> 案例来源:计思敏,李晓青.十大问题看明白,"万宝之争"究竟在争什么[EB/OL].(2015-12-27)[2018-08-16]. https://www.thepaper.cn/newsDetail_forward_1413848;刘映花.万科股权之争终于尘埃落定:王石让贤 郁亮接棒[EB/OL].(2017-06-22)[2018-08-16]. http://stock.qq.com/a/20170622/003708.htm.

(二) 资本公积

资本公积是指企业收到投资者超出其在企业注册资本(或股本)中所占份额的投资,以及直接计入所有者权益的利得和损失等。资本公积主要包括资本溢价(或股本溢价)和其他资本公积等。

资本溢价是指企业收到投资者超出其在企业注册资本(或股本)中所占份额的投资。除股份有限公司外的其他类型的企业在创立时,投资者认缴的出资额与注册资本一致,通常不会产生资本溢价。

股本溢价是指股份有限公司收到投资者超出其在股本中所占份额的投资。股份有限公司是以发行股票的方式筹集股本的,股票可按面值发行,也可按溢价发行,我国目前不准折价发行。与其他类型的企业不同,股份有限公司在成立时可能会溢价发行股票,因而在成立之初,就可能会产生股本溢价。股本溢价的数额等于股份有限公司发行股票时实际收到的款额超过股票面值总额的部分。

其他资本公积是指除资本溢价(或股本溢价)项目以外所形成的资本公积。

【例5-1】 甲、乙、丙、丁四个股东共同发起设立香樟林有限责任公司,分别以现金1 000万元出资,各享有25%的股权。公司成立2年后,一个新投资者戊希望加入该公司,如果戊也出资1 000万元,则在通常情况下,戊不能取得与原投资者相同的出资比例。因为公司进行正常生产经营之后,与其初创阶段存在经验、市场前景、资本利润率等诸多方面的差异。由于出资时间不同,相同数量的投资其对企业的影响程度不同,由此而给投资者的权力也不同。另外,新加入的投资者会分享企业的留存收益。因此,为了维护原来投资者的权益以保证公平原则,新加入的投资者往往要付出大于原投资者的出资额,才能取得与原投资者相同的出资比例,投资者多缴的部分就形成了资本溢价。

(三) 其他综合收益

其他综合收益是指企业根据会计准则规定未在当期损益中确认的各项利得和损失。企业日常经营中涉及一类经济业务,如其他债权投资、其他权益工具投资公允价值的变动,其仅是资本市场上的价格波动而没有实际的现金流入或流出,如果企业立即确认损益会导致利润的"虚增"或"虚减"。因此,为体现谨慎性的会计信息质量要求,这类由时间累计而得来的价值增值、企业的未来潜在收益通过"其他综合收益"核算。

其他综合收益主要包括以后会计期间不能重分类进损益的其他综合收益和以后会计期间满足规定条件时将重分类进损益的其他综合收益两类。

案例 5-2

雅戈尔:金融资产的盈余管理策略

雅戈尔集团股份有限公司(以下简称"雅戈尔",股票代码 600177)同其他上市公司比较,其在利用"其他综合收益"进行盈余管理和平滑收益方面更为明显。

表 5-1 2011—2013 年上市企业账户基本情况(部分数据)   金额单位:元

年度	2013-12-31			2012-12-31			2011-12-31		
项目	可供出售金融资产	交易性金融资产	倍数	可供出售金融资产	交易性金融资产	倍数	可供出售金融资产	交易性金融资产	倍数
工商银行	1 000 800	372 556	3	920 933	221 671	4	840 150	152 208	6
建设银行	760 292	36 4050	2	701 401	27 527	25	675 058	23 096	29
中国银行	701 196	75 200	9	686 400	71 590	10	553 318	73 807	8

从表 5-1 可以看出,雅戈尔将多数金融资产在初始确认时划分为可供出售金融资产(相当于目前的其他债权投资和其他权益工具投资,下同),其可供出售金融资产与交易性金融资产持有量对比远超其他上市企业的同类指标。由于交易性金融资产公允价值变动所产生的未实现损益直接计入当期损益,而可供出售金融资产由于公允价值变动所产生的未实现损益计入其他综合收益,在出售时才予以转出确认为投资收益,这一特点无疑为雅戈尔后期平滑利润起到一定作用。

需要说明的是,按照 2017 年修订后的金融工具确认与计量等相关会计准则,其他权益工具投资在出售转让时,由于公允价值变动累计形成的其他综合收益,不再结转到投资收益,而是调整留存收益。

案例来源:陈小林.雅戈尔利用金融资产进行盈余管理的案例研究[D].广州:华南理工大学,2015.

(四)留存收益

留存收益是指企业从历年实现的利润中提取或形成的留存于企业的内部积累。它包括盈余公积和未分配利润两类。

1. 盈余公积

盈余公积是指企业按照有关规定从净利润中提取的积累资金。企业的盈余公积通常包括法定盈余公积和任意盈余公积。

法定盈余公积是指企业按照规定的比例从净利润中提取的盈余公积。按照我国《公司法》有关规定,公司制企业应当按照净利润的10%提取法定盈余公积,非公司制企业法定盈余公积的提取比例可超过净利润的10%,法定盈余公积累计额已达注册资本的50%时可以不再提取。值得注意的是,如果以前年度未分配利润有盈余(即年初未分配利润余额为正数),在计算提取法定盈余公积的基数时,不应包括企业年初未分配利润;如果以前年度有亏损(即年初未分配利润余额为负数),应先弥补以前年度亏损再提取盈余公积。

任意盈余公积是指企业按照股东大会决议提取的盈余公积。公司从税后利润中提取法定盈余公积后,经股东会或股东大会决议,可从税后利润中提取任意盈余公积;非公司制企业经类似权力机构批准,也可提取任意盈余公积。法定盈余公积和任意盈余公积的区别在于其各自计提的依据不同,前者以国家的法律、法规为依据;后者由企业的权力机构自行决定。

企业提取的盈余公积经批准可用于弥补亏损、转增资本、发放现金股利或利润等。若股东会、股东大会或董事会违反前款规定,在公司弥补亏损和提取法定盈余公积之前向股东分配利润的,股东必须将违反规定分配的利润退还公司。

2. 未分配利润

未分配利润是经过弥补亏损、提取法定盈余公积、提取任意盈余公积和向投资者分配利润等利润分配之后剩余的利润,它是企业留待以后年度进行分配的历年结存的利润。相对于所有者权益的其他部分来说,企业对于未分配利润的使用有较大的自主权。

根据我国《公司法》规定,公司当年实现的税后利润,应该按照下列顺序进行分配:首先,弥补以前年度亏损;其次,提取公司法定盈余公积;再次,提取任意盈余公积;接着,向投资者分配股利或利润;最后,上述分配程序结余的净利润,计入当年未分配利润。当年未分配利润与期初未分配利润的合计数,形成企业期末未分配利润。

案例 5-3

浪莎股份:10年赚4亿多元却从未分红

浪莎控股集团有限公司(以下简称"浪莎股份",股票代码600137)前身为长江控股,在浪莎股份注入长江控股前夕,由于长期亏损,长江控股已是"资不抵债"。虽然浪莎股份在入主当年,凭借资产处置收益、债务重组收益等,实现净利润2.99亿元。但

(续上)

> 是到2007年年末,浪莎股份"未分配利润"仍为—1.44亿元,母公司"未分配利润"为—1.61亿元,由此,给浪莎股份的未来背上了沉重的债务负担。
>
> 根据《公司法》和浪莎股份公司章程,公司净利润分配顺序,首先是弥补公司上年亏损,其次是提取法定盈余公积,再次是提取任意盈余公积,最后才是支付普通股利。由于公司未分配利润为负,因此,从2007年开始,公司每一年的未分配利润使用计划均是:弥补以前年度亏损。借壳后的10年里,浪莎股份9年盈利,只在2015年亏损,合计实现净利润总额约为4.46亿元。即使如此,浪莎股份仍然未分红,截至2016年年底还有1 417.74万元的亏损需要弥补。加上长江控股的9年未分红,代码为"600137"的这只股票因为19年未能分红,而被称为证券市场的"铁公鸡"。
>
> 案例来源:党鹏.浪莎受困资本局:19年未分红 被指成为大股东提款机[EB/OL].(2017-12-16)[2018-10-02].https://www.sohu.com/a/210815655_120702.

第二节 所有者权益的核算

企业应当设置"实收资本""资本公积""盈余公积"等账户,核算企业所有者权益的增减变动。所有者权益是剩余权益,代表企业所有者享有的企业净权益,其金额无法单独计量,需要依赖于资产和负债的计量。

一、实收资本的核算

(一)初始设立企业时的实收资本核算

投资者设立企业必须先投入资本。为了反映和监督投资者投入资本的增减变动情况,企业必须按照国家统一的会计制度的规定进行核算,真实地反映所有者投入企业资本的状况。其中,股份有限公司应通过"股本"账户核算;除股份有限公司以外,其他企业应通过"实收资本"账户核算。

1. 接受现金资产投资

1)股份有限公司以外的企业接受现金资产投资

企业接受现金资产投资时,应以实际收到的金额,借记"银行存款"账户,按投资合同或协议约定的投资者在企业注册资本所占份额的部分,贷记"实收资本"账户。

2)股份有限公司接受现金资产投资

股份有限公司发行股票时,既可以按面值发行股票,也可以溢价发行。股份有限公司在核定的股本总额及核定的股份总额的范围内发行股票时,应在实际收到现金资产时进行会计处理。发行股票发生的手续费、佣金等交易费用,应从溢价中抵扣,冲减资本公积

(股本溢价)。

【例5-2】 甲、乙、丙三人共同投资设立 A 公司,注册资本为 1 000 000 元,甲、乙、丙持股比例分别为 70%、15%、15%。按照章程规定,甲、乙、丙投入资本分别为 700 000 元、150 000 元、150 000 元。A 公司已收到投资者一次缴足的款项。假定不考虑其他因素,A 公司的账务处理如下:

借:银行存款	1 000 000
贷:实收资本——甲	700 000
——乙	150 000
——丙	150 000

【例5-3】 甲股份有限公司发行普通股 50 000 000 股,每股面值为 1 元,每股发行价格为 3 元,假定股票发行成功,股款 150 000 000 元已全部收到。不考虑发行过程中的税费等因素,根据上述资料,甲公司的账务处理如下:

借:银行存款	150 000 000
贷:股本	50 000 000
资本公积——股本溢价	100 000 000

2. 接受非现金资产投资

企业接受非现金资产投资通常表现为接受存货投资、接受固定资产投资、接受无形资产投资等。

企业接受非现金资产投资时,应按投资合同或协议约定价值确定非现金资产价值(投资合同或协议约定价值不公允的除外)作为资产的入账价值,按照合同或投资协议约定的投资者在企业注册资本或股本中所占份额的部分作为实收资本入账,投资合同或协议约定的价值(不公允的除外)超过投资者在企业注册资本或股本中所占份额的部分,计入资本公积(资本溢价或股本溢价)。

【例5-4】 甲有限责任公司设立时收到乙公司作为资本投入的不需要安装的机器设备一台,合同约定该机器设备的价值为 1 000 000 元,增值税进项税额为 160 000 元(由投资方支付税款,并提供或开具增值税专用发票)。经约定,甲有限责任公司接受乙公司的投入资本为 1 160 000 元,全部作为实收资本。假设合同约定的固定资产价值与公允价值相符,不考虑其他因素。甲公司的账务处理如下:

借:固定资产	1 000 000
应交税费——应交增值税(进项税额)	160 000
贷:实收资本——乙公司	1 160 000

【例5-5】 甲企业收到乙企业作为资本投入的专利权一项,该专利权按照投资合同或协议约定的价值为 100 000 元。假设合同约定的价值与公允价值相符,不考虑其他因素。甲企业的账务处理如下:

借:无形资产	100 000
贷:实收资本——乙企业	100 000

（二）实收资本后续变动的核算

在一般情况下，企业的实收资本应相对固定不变，但在某些特定情况下，实收资本也可能发生增减变化。《中华人民共和国企业法人登记管理条例实施细则》规定，除国家另有规定外，企业的注册资金应当与实收资本相一致，当实收资本比原注册资金数额增加或减少超过20%时，应持资金信用证明或验资证明，向原登记主管机关申请变更登记。

1. 实收资本(或股本)的增加

企业增加资本主要有三个途径：接受投资者追加投资、资本公积转增资本和盈余公积转增资本。

1) 接受投资者追加投资

企业接受投资者追加投资时，应按投资合同或协议约定价值确定非现金资产价值（投资合同或协议约定价值不公允的除外）作为资产的入账价值，按照合同或投资协议约定的投资者在企业注册资本或股本中所享有份额的部分作为实收资本入账，投资合同或协议约定的价值（不公允的除外）超过投资者在企业注册资本或股本中所占份额的部分，计入资本公积（资本溢价或股本溢价）。

在资本市场，上市公司接受投资者追加投资通常体现为公司配股或股票增发。配股是指上市公司按照相关法律、法规和相应程序，向原股东进一步发行新股、筹集资金的行为。按照惯例，公司配股时新股的认购权按照原有股权比例在原股东之间分配，即原股东拥有优先认购权。股票增发包括公开增发和定向增发。公开增发是指面向市场的所有投资人发行新股票的行为，但现有股东通常具有优先购买权，剩余部分再向其他投资人发行；定向增发是指上市公司向符合条件的少数特定投资者非公开发行股份的行为。在我国，定向增发通常面向机构投资者，原股东和普通投资者未必能够参加。

2) 资本公积、盈余公积转增资本

企业资本公积、盈余公积转增资本时，应借记"资本公积""盈余公积"账户，贷记"实收资本"或"股本"账户。我国《公司法》规定，法定盈余公积转为资本时，所留存的该项公积不得少于转增前公司注册资本的25%。

同时，由于资本公积和盈余公积均属于所有者权益，用其转增资本时，如果是独资企业比较简单，直接结转即可；如果是股份公司或有限责任公司，应该按照原投资者各出资比例相应增加各投资者的出资额。

在资本市场，上市公司用资本公积、盈余公积转增资本，通常采取转股与送股的方式。转股是将资本公积转增为股份派送给股东，送股则是将盈余公积或未分配利润转化为股份派送给股东。转股和送股不改变所有者权益总额，但会改变所有者权益的构成。

【例5-6】 甲、乙、丙三人共同投资设立A有限责任公司，原注册资本为4 000 000元，甲、乙、丙分别出资500 000元、2 000 000元和1 500 000元。

（1）因扩大经营规模需要，经批准，A有限责任公司注册资本扩大为5 000 000元，甲、乙、丙按照原出资比例分别追加投资125 000元、500 000元和375 000元。A有限责任公司如期收到甲、乙、丙追加的现金投资。

（2）因扩大经营规模需要，经批准，A有限责任公司按原出资比例将资本公积1 000 000

元转增资本。

(3) 因扩大经营规模需要,经批准,A有限责任公司按原出资比例将盈余公积 1 000 000 元转增资本。

不考虑其他因素,针对以上三种实收资本增加方式,A有限责任公司的账务处理分别如下:

  a. 借:银行存款   1 000 000
    贷:实收资本——甲   125 000
        ——乙   500 000
        ——丙   375 000

  b. 借:资本公积   1 000 000
    贷:实收资本——甲   125 000
        ——乙   500 000
        ——丙   375 000

  c. 借:盈余公积   1 000 000
    贷:实收资本——甲   125 000
        ——乙   500 000
        ——丙   375 000

2. 实收资本(或股本)的减少

企业实收资本减少的原因大体上有两种:一是资本过剩,企业因资本过剩而减资,通常要发还股款;二是企业发生重大亏损而需要减少实收资本。《中华人民共和国公司登记管理条例》规定,公司减少注册资本的,自公告之日起45日后申请变更登记,应当提交公司在报纸上登载公司减少注册资本公告的有关证明和公司债务清偿或债务担保情况的说明。公司减资后的注册资本不得低于法定的最低限额。

案例 5-4

西班牙电信折价转联通红筹股 联通集团斥百亿元接盘

2012年10月,联通集团通过协议转让的方式,从西班牙电信购买约10.7亿股联通红筹公司股份,购买价格为每股10.21港元,交易总对价约为109.6亿港元(约合14.1亿美元)。

受资本市场低迷的影响,2012年联通红筹公司股价随大势持续走低。联通集团及时抓住市场窗口,回购股票的时间点精准,在股价低位时成功实现规模增持。交易完成后,联通集团对联通红筹公司的持股比例上升近5个百分点,达62.6%,西班牙电信对联通红筹的持股比例下降至5.01%。此次联通集团购买的价格较联通红筹公司近30日交易均价折扣达14%,较20日交易均价也有近9%的折扣。

（续上）

> 该次增持的大背景与鼓励央企回购上市公司的大环境有关。2012年,国内相关监管机构积极鼓励大股东增持上市公司股份,包括中石化、广汽集团、中国西电等大股东纷纷增持上市公司。在当前低迷的市场环境下,联通集团在境内外规模增持,既向投资者传递了其对上市公司未来发展的有力信心,也正好响应了国内相关监管机构鼓励大股东增持上市公司股份的要求,可谓一举两得。
>
> 案例来源:薛松.西班牙电信折价转联通红筹股　联通斥百亿接盘[EB/OL].(2012-06-12)[2018-08-16]. http://finance.sina.com.cn/chanjing/gsnews/20120612/080)712287354.shtml.

二、资本公积的核算

资本公积的核算包括资本溢价(或股本溢价)的核算和其他资本公积的核算,具体分为增加和减少两个方面。

(一)资本公积增加

1. 资本溢价

非股份公司接受投资收到资产时,应按公司实际收到的款项等借记"银行存款"等账户,按属于投资者在注册资本中所享有的份额,贷记"实收资本"账户,其差额贷记"资本公积——资本溢价"账户。

【例5-7】 甲有限责任公司由两位投资者投资设立,每人各出资1 000 000元。为扩大经营规模,经批准,甲有限责任公司注册资本增加到3 000 000元,并引入第三位投资者加入。按照投资协议,新投资者需缴入现金1 100 000元,同时享有该公司1/3的股份。甲有限责任公司已收到该现金投资。假定不考虑其他因素,甲有限责任公司的账务处理如下:

借:银行存款　　　　　　　　　　　　　　　　　　　1 100 000
　　贷:实收资本　　　　　　　　　　　　　　　　　　1 000 000
　　　　资本公积——资本溢价　　　　　　　　　　　　　100 000

2. 股本溢价

股份公司在按面值发行股票的情况下,企业发行股票取得的收入,应全部作为股本处理;在溢价发行股票的情况下,企业发行股票取得的收入,等于股票面值的部分作为股本处理,超出股票面值的溢价收入应作为"资本公积——股本溢价"处理。

同时,发行股票相关的手续费、佣金等交易费用,如果是溢价发行股票的,应从溢价中抵扣,冲减资本公积(股本溢价);无溢价发行股票或溢价金额不足以抵扣的,应将不足抵扣的部分冲减盈余公积和未分配利润。

【例 5-8】 甲股份有限公司首次公开发行了普通股 50 000 000 股,每股面值为 1 元,每股发行价格为 4 元。甲股份有限公司与证券公司约定,按发行收入的 3‰ 收取佣金,从发行收入中扣除。假定收到的股款已存入银行。甲股份有限公司的账务处理如下:

公司收到证券公司转来的发行收入 = 50 000 000 × 4 × (1 − 3‰) = 194 000 000(元)

应记入"资本公积"账户的金额 = 溢价收入 − 发行佣金
$$= 50\,000\,000 \times (4-1) - 50\,000\,000 \times 4 \times 3‰$$
$$= 144\,000\,000(元)$$

借:银行存款	194 000 000
贷:股本	50 000 000
资本公积——股本溢价	144 000 000

3. 其他资本公积

其他资本公积是指与股本投入相关的,除资本溢价(或股本溢价)项目以外所形成的资本公积。

其他资本公积的来源主要包括:①以权益结算的股份支付。②采用权益法核算的长期股权投资。长期股权投资采用权益法核算的,被投资单位除净损益、其他综合收益和利润分配以外的所有者权益的其他变动,投资企业按持股比例计算应享有的份额,应当增加或减少长期股权投资的账面价值,同时增加或减少其他资本公积。

【例 5-9】 甲有限责任公司于 2×17 年 1 月 1 日向乙公司投资 8 000 000 元,拥有该公司 20% 的股份,对该公司有重大影响,因而对乙公司长期股权投资采用权益法核算。2×17 年 12 月 31 日,乙公司净损益之外的所有者权益增加了 1 000 000 元。假定除此以外,乙公司的所有者权益没有变化,甲有限责任公司的持股比例没有变化,乙公司资产的账面价值与公允价值一致,不考虑其他因素。甲有限责任公司的相关账务处理如下:

借:长期股权投资——乙公司	200 000
贷:资本公积——其他资本公积	200 000

甲有限责任公司增加的资本公积 = 1 000 000 × 20% = 200 000(元)

本例中,甲有限责任公司对乙公司的长期股权投资采用权益法核算,持股比例未发生变化,乙公司发生了除净损益之外的所有者权益的其他变动,甲有限责任公司应按其持股比例计算应享有的乙公司权益的数额 200 000 元,作为增加其他资本公积处理。

(二)资本公积减少

资本公积的主要用途是转增资本(或股本),该项业务不会影响所有者权益总额变动。我国《公司法》规定,资本公积不得用于弥补公司的亏损。

经股东大会或类似机构决议,用资本公积转增资本时,应冲减资本公积,同时按照转增前的实收资本(或股本)的结构或比例,将转增的金额记入"实收资本"(或"股本")账户下各所有者的明细分类账。

三、其他综合收益的核算

其他综合收益主要以后会计期间不能重分类进损益的其他综合收益和以后会计期间满足规定条件时将重分类进损益的其他综合收益两类。

以后期间能重分类进损益的项目主要包括：①分类为以公允价值计量且其变动计入其他综合收益的金融资产（其他债权投资）终止确认时，之前计入其他综合收益的累计利得或累计损失；②按照金融工具准则规定，对金融资产重分类按规定可以将原计入其他综合收益的利得或损失转入当期损益的部分；③现金流量套期工具产生的利得或损失中属于有效套期的部分；④存货或自用房地产转换为采用公允价值模式计量的投资性房地产形成的利得；⑤权益法核算的长期股权投资，投资方应享有被投资单位实现的其他综合收益的份额；⑥外币报表折算差额。此外，与上述事项相关的所得税影响也计入其他综合收益。

以后期间不能重分类进损益的项目，主要包括重新计量设定受益计划净资产或净负债产生的变动、按照权益法核算因被投资单位重新设定受益计划净负债或净资产变动导致的权益变动，投资企业按持股比例计算确认的该部分其他综合收益项目，以及在初始确认时，企业将非交易性权益工具指定为以公允价值计量且其变动计入其他综合收益的金融资产，该类非交易性权益工具终止确认时原计入其他综合收益的公允价值变动损益不得重分类进损益。

【例 5-10】 甲公司在 2×18 年 1 月 1 日取得乙公司 10% 的股份，对乙公司不能施加重大影响，甲公司将其作为其他权益工具投资进行核算，购买日的公允价值和相关费用为 1 000 万元。2×18 年 12 月 31 日，该 10% 股份的公允价值为 1 200 万元。假定不考虑其他因素，甲公司的账务处理如下：

借：其他权益工具投资——公允价值变动（1 200－1 000）　　2 000 000
　　贷：其他综合收益　　　　　　　　　　　　　　　　　　　　2 000 000

【例 5-11】 甲公司将一栋自用办公楼对外出租。办公楼原价为 1 000 万元，累计折旧为 300 万元。出租日，办公楼公允价值为 900 万元。甲公司对投资性房地产采用公允价值进行后续计量。假定不考虑其他因素，甲公司相关账务处理如下：

借：投资性房地产　　　　　　　　　　9 000 000
　　累计折旧　　　　　　　　　　　　3 000 000
　　贷：固定资产　　　　　　　　　　　　10 000 000
　　　　其他综合收益　　　　　　　　　2 000 000

四、留存收益的核算

留存收益的核算通常包括盈余公积的核算和未分配利润的核算。

（一）盈余公积的核算

1. 提取盈余公积

企业按规定提取盈余公积时，应借记"利润分配"账户，贷记"盈余公积"账户。

【例5-12】 甲股份有限公司本年实现净利润5 000 000元，年初未分配利润为100 000元。经股东大会批准，甲股份有限公司按当年净利润的10%提取法定盈余公积。假定不考虑其他因素，甲股份有限公司的账务处理如下：

借：利润分配——提取法定盈余公积　　　　　　　　　　　　　　　500 000
　　贷：盈余公积——法定盈余公积　　　　　　　　　　　　　　　　　　500 000

2. 使用盈余公积

企业提取的盈余公积通常可用于弥补亏损、转增资本、发放现金股利或利润等。

【例5-13】 甲、乙、丙三家股份有限公司有关资料如下：

（1）经股东大会批准，甲股份有限公司用以前年度提取的盈余公积弥补当年亏损，当年弥补亏损的金额为600 000元。

（2）因扩大经营规模需要，经股东大会批准，乙股份有限公司将盈余公积400 000元转增股本。

（3）丙股份有限公司2×17年12月31日股本为50 000 000元（每股面值为1元），可供投资者分配的利润为6 000 000元，盈余公积为20 000 000元。2×18年3月20日，股东大会批准了2×17年度利润分配方案，按每10股发放现金股利2元。丙股份有限公司共需要分派10 000 000元现金股利，其中，可供投资者分配的利润为6 000 000元，盈余公积为4 000 000元。

假定不考虑其他因素，甲、乙、丙股份有限公司的账务处理如下。

a. 盈余公积补亏：

借：盈余公积　　　　　　　　　　　　　　　　　　　　　　　　　　600 000
　　贷：利润分配——盈余公积补亏　　　　　　　　　　　　　　　　　　600 000

b. 盈余公积转增资本：

借：盈余公积　　　　　　　　　　　　　　　　　　　　　　　　　　400 000
　　贷：股本　　　　　　　　　　　　　　　　　　　　　　　　　　　　400 000

c. 发放现金股利并支付股利：

借：利润分配——应付现金股利或利润　　　　　　　　　　　　　　6 000 000
　　　盈余公积　　　　　　　　　　　　　　　　　　　　　　　　　4 000 000
　　贷：应付股利　　　　　　　　　　　　　　　　　　　　　　　　10 000 000

借：应付股利　　　　　　　　　　　　　　　　　　　　　　　　　10 000 000
　　贷：银行存款　　　　　　　　　　　　　　　　　　　　　　　　10 000 000

(二) 未分配利润的核算

企业应通过"利润分配——未分配利润"核算利润的分配(或亏损的弥补)和历年分配(或弥补)后的未分配利润(或未弥补亏损)。有关企业利润分配的更多介绍详见第六章。

【例 5-14】 甲股份有限公司年初未分配利润为 1 000 000 元,本年实现净利润 2 000 000 元,本年提取法定盈余公积 200 000 元,宣告发放现金股利 800 000 元。假定不考虑其他因素。甲股份有限公司的账务处理如下。

a. 结转实现净利润:

借: 本年利润　　　　　　　　　　　　　　　　　　　　　　2 000 000
　　贷: 利润分配——未分配利润　　　　　　　　　　　　　　　　2 000 000

b. 提取法定盈余公积、宣告发放现金股利:

借: 利润分配——提取法定盈余公积　　　　　　　　　　　　　200 000
　　　　　　——应付现金股利　　　　　　　　　　　　　　　　800 000
　　贷: 盈余公积　　　　　　　　　　　　　　　　　　　　　　200 000
　　　　应付股利　　　　　　　　　　　　　　　　　　　　　　800 000

b. 将"利润分配"账户所述其他明细账户的余额结转至"利润分配——未分配利润"明细账户:

借: 利润分配——未分配利润　　　　　　　　　　　　　　　　1 000 000
　　贷: 利润分配——提取法定盈余公积　　　　　　　　　　　　200 000
　　　　　　　　——应付现金股利　　　　　　　　　　　　　　800 000

年末未分配利润 = 1 000 000 + 2 000 000 - 200 000 - 800 000 = 2 000 000(元)

复习思考题

1. 什么是所有者权益? 所有者权益具有哪些特征?
2. 所有者权益包含哪些内容?
3. 企业增加资本主要有哪几个途径?
4. 留存收益是怎样形成的? 它包括哪些内容?

案例分析题

1. 丹阳公司属于制造业企业,为增值税一般纳税人,由 A、B、C 三位股东于 2×16 年 12 月 31 日共同出资设立,注册资本为 1 000 万元。出资协议规定,A、B、C 三位股东

出资比例分别为50%、20%和30%。有关资料如下:

(1) 2×16年12月31日三位股东的出资方式及出资额如表5-2所示(各位股东的出资已全部到位,并经中国注册会计师验证,有关法律手续已经办妥)。

表5-2　股东出资情况表　　　　　　　　　　　　　　　单位:万元

出资人	货币资金	有形资产	无形资产	合计
A	300		200	500
B	200			200
C	100	200		300
合计	600	200	200	1 000

(2) 2×17年,丹阳公司实现净利润150万元,决定分配现金股利50万元,计划在2×18年3月16日支付。

(3) 2×18年12月31日,丹阳公司吸收D股东加入本公司,将公司注册资本由原800万元增加到1 000万元。D股东以银行存款100万元、原材料23.2万元(增值税专用发票中注明的材料计税价格为20万元,增值税额为3.2万元)出资,占增资后注册资本10%的股份;其余的100万元增资由A、B、C三位股东按原持股比例以银行存款出资。2×18年12月31日,四位股东的出资已全部到位,并取得D股东开出的增值税专用发票,有关的法律手续已经办妥。

要求:

(1) 编制丹阳公司2×16年12月31日收到股东投入资本的会计分录。

(2) 编制丹阳公司2×17年决定分配现金股利的会计分录。

(3) 计算丹阳公司2×18年12月31日吸收D股东出资时产生的资本公积。

(4) 编制丹阳公司2×18年12月31日收到A、B、C股东追加投资和D股东出资的会计分录。

(5) 计算丹阳公司2×18年12月31日增资扩股后各股东的持股比例。

2. 2014年11月14日,《21世纪经济报道》发表记者徐亦姗的文章《*ST常铝二度高溢价收购"背水一战"的保壳游戏?》其内容如下:

"26日消息,*ST常铝连续2年亏损,其中2012年亏损约为6 900万元,2013年亏损约为5 920万元。为了保壳,*ST常铝在2014年3月份宣布,以发行股份购买资产的方式收购常熟市铝箔厂、朱明持有的山东新合源100%股权。据了解,山东新合源的主营业务是铝质高频焊管的研发、生产与销售,产品主要应用于发动机水箱、空气冷却器等汽车用散热器的生产。根据预估结果,山东新合源全部股权在评估基准日的预估值约为2.71亿元,较其账面归属于公司所有者权益增值477.02%。

2014年8月份,*ST常铝再次停牌筹划重大资产重组。2014年11月8日,*ST常铝公布重组方案。公司及全资子公司拟通过发行股份及现金方式收购上海朗脉洁净技术股份有限公司(以下简称"朗脉股份")100%股权。据了解,朗脉股份主营业务是为医药企业的"洁净区"工程提供定制化专业技术服务,服务内容涵盖洁净管道系统、自控系统、洁净工业设备、设计咨询和 GMP 验证、洁净区系统及整体解决方案等。据*ST 常铝介绍，朗脉股份全部股权在评估基准日的评估值为 10.12 亿元，较其账面归属于公司所有者权益增幅为 510%。

值得一提的是，两份重组方案均遭到投资者用脚投票。第一份交易方案公布后，*ST 常铝连续 2 个交易日跌停。第二份方案公布后，公司股价仅拉出 2 个涨停后又连跌 3 日，重新回到停牌前的收盘价。

在 2014 年三季报中，*ST 常铝预计 2014 年度净利润为 2 300 万元到 2 500 万元之间，与上年同期相比扭亏为盈。'公司自 9 月 1 日起与山东新合源实现并表，子公司业绩的稳定增长有助于夯实上市公司业绩，本年度公司持续性推进节支降本、增产增收和精细化管理措施，提升了公司的产销规模和盈利能力。包头公司铸轧工序开始量产，且已达到设计产能的 50% 以上，提升了上市公司的原材料自给能力和公司的盈利能力。'*ST 常铝如是解释业绩变动原因。

大众证券报和财信网记者注意到，公司能够顺利实现保壳，会计手法变更也做出了不小的贡献。2014 年 3 月 8 日，公司发布会计估计变更的公告，对固定资产折旧年限和应收账款坏账准备计提比例进行变更，分别增加公司 2014 年利润 3 450 万元和 1 012 万元，合计 4 462 万元。

'虽然公司保住壳挺开心的，但感觉公司的收购不是很靠谱，希望公司高层认认真真地谋划发展。'有投资者在股吧留言表示担忧。"

要求：
(1) 分析高溢价收购对企业财务状况和经营成果的影响。
(2) 你是否认同*ST 常铝的高溢价收购行为？为什么？

第六章
CHAPTER 6

收入、费用和利润

收入、费用和利润是反映企业经营成果的会计要素,构成利润表的重要组成内容。收入和费用的发生,会直接导致企业经济利益的流入或流出,并最终导致企业所有者权益的增加或减少。

第一节 收 入

收入是企业基本的经济来源,是企业持续经营的基本保障。每个企业都应当有比较稳定的收入来源,以支撑其日常运行,促进其可持续发展。

一、收入概述

(一)收入的定义

收入是指企业在日常活动中形成的、会导致所有者权益增加的、与所有者投入资本无关的经济利益的总流入。其中,日常活动是指企业为完成其经营目标所从事的经常性活动以及与之相关的活动。例如,工业企业制造并销售产品、商品流通企业销售商品、咨询公司提供咨询服务、软件公司为客户开发软件、安装公司提供安装服务、建筑企业提供建造服务等,均属于企业的日常活动。经济利益是指直接或间接流入企业的现金或现金等价物。

(二)收入的分类

按在经营业务中所占的比重,收入应当分为主营业务收入和其他业务收入。

主营业务收入(或称基本业务收入)是指企业为完成其经营目标所从事的主要经营活

动所取得的收入。不同行业的企业具有不同的主营业务。

其他业务收入(或称附营业务收入)是指企业在主营业务收入以外的其他日常活动中所形成的经济利益的流入。

(三) 收入确认与计量的模型

根据《企业会计准则第 14 号——收入》,收入的确认与计量需要通过应用"五步法"模型来实现。收入的确认和计量大致分为五步:第一步,识别与客户订立的合同;第二步,识别合同中的单项履约义务;第三步,确定交易价格;第四步,将交易价格分摊至各单项履约义务;第五步,履行各单项履约义务时确认收入。

二、收入的确认

(一) 收入确认的核心原则

企业应当在履行了合同中的履约义务,即在客户取得相关商品控制权时确认收入。取得相关商品控制权是指能够主导该商品的使用并从中获得几乎全部的经济利益,也包括有能力阻止其他方主导该商品的使用并从中获得经济利益。

企业在判断商品的控制权是否发生转移时,应当从客户的角度进行分析,即客户是否取得了相关商品的控制权以及何时取得该控制权。取得商品控制权包括以下三个要素:

一是能力。客户必须拥有能够主导该商品的使用并从中获得几乎全部经济利益的现时权利。如果客户只能在未来的某一期间主导该商品的使用并从中获益,则表明该客户并未取得该商品的控制权。

二是主导该商品的使用。如果客户有权使用该商品,或者能够允许或阻止其他方使用该商品,即说明该客户有能力主导该商品的使用。

三是能够获得几乎全部的经济利益。商品的经济利益是指该商品的潜在现金流量,既包括现金流入的增加,也包括现金流出的减少。客户能够通过多种方式直接或间接地获得商品的经济利益,如使用、消耗、出售或持有该商品、使用该商品提升其他资产的价值,以及将该商品用于清偿债务、支付费用或抵押等。

【例 6-1】 航空公司将一定数量的折扣机票销售给旅行社,由旅行社销售给旅客。旅行社向旅客销售机票时,可自行决定机票的价格,未售出的机票不能退还给航空公司。

本例中,旅行社从航空公司购入机票后,可以自行决定机票的用途,如是否用于对外销售,以何等价格以及向哪些客户销售等,说明旅行社有能力主导该机票的使用并从中获取几乎全部经济利益。因此,在航空公司销售给旅行社机票时,航空公司应当确认收入。

【例 6-2】 甲公司向乙公司销售一台设备,同时,双方约定 2 年后甲公司将以某固定价格回购该设备。

本例中,尽管乙公司可能已经持有了该商品的实物,但根据合同约定,甲公司负有在 2 年后回购该商品的义务或有权回购该商品,导致乙公司主导该商品的使用并从中获取几乎全部经济利益的能力受到限制。因此,乙公司并未取得该设备的控制权。

（二）识别与客户订立的合同

1. 合同的识别

合同是指双方或多方之间订立有法律约束力的权利和义务的协议。合同可以采用书面形式、口头形式或依据主体商业惯例的其他形式等。

当企业与客户之间的合同同时满足下列条件时，企业应当在履行了合同中的履约业务，即在客户取得相关商品控制权时确认收入：

（1）合同各方已批准该合同并承诺将履行各自义务。

（2）合同明确了合同各方与所转让商品或提供劳务相关的权利和义务。

（3）合同有明确的与所转让商品相关的支付条款。

（4）合同具有商业实质，即履行该合同将改变企业未来现金流量的风险、时间分布或金额。

（5）企业因向客户转让商品而有权取得的对价很可能收回。

在进行上述判断时，需要特别注意以下三点：

第一，合同约定的权利和义务是否具有法律约束力。这需要根据企业所处的法律环境和实务操作进行判断。合同各方均有权单方面终止完全未执行的合同，且无需对合同其他方做出补偿的，该合同应当被视为不存在。其中，完全未执行的合同是指企业尚未向客户转让任何合同中承诺的商品，也尚未收取且尚未有权收取已承诺商品的任何对价的合同。

第二，合同是否具有商业实质。商业实质是指履行合同将对企业未来现金流量的风险、时间分布或金额产生显著影响。如果企业履行合同会导致未来现金流量的改变（如风险、时间分布、金额等），则企业与客户之间的合同具有商业实质；如果企业与客户之间的合同是不具有商业实质的非货币性资产交换（例如，两家石油公司之间相互交换石油，以便及时满足各自不同地点客户的需求），无论何时，均不确认收入。

【例6-3】 石狮零件出售公司有部分客户在光波零件出售公司的所在地，光波零件出售公司也有部分客户在石狮零件出售公司所在地。为了满足两地客户的即时需求，石狮零件出售公司将其相同型号、数量和价值的零件供应给光波零件出售公司在石狮零件出售公司所在地的客户；同样，光波零件出售公司也将相同型号、数量和价值的零件供应给石狮零件出售公司在光波零件出售公司所在地的客户。

本例中，石狮零件出售公司、光波零件出售公司为了满足特定地区对零件的即时需要，在不同的地区交换各自的商品，该非货币性资产交换不会改变两者未来现金流量的风险、时间分布或金额，不具有商业实质，不满足合同判断条件的要求，因此不能确认收入。

第三，企业因向客户转让商品而有权取得的对价是否很可能收回。在评估对价是否为"很可能"收回对价时，企业仅应考虑客户的能力和意图（即客户的信用风险）。只有当客户既有能力又有意愿还款时，企业才能将这笔对价估计为"很可能"的收回对价。如果对价不是很可能收回，则不属于合格合同，不能确认收入。

【例6-4】 世茂房地产开发公司以200万元出售给天河公司一个商铺，两者之间签订了合同。天河公司计划利用该商铺开设一家珠宝店,但该商铺所在地区珠宝店众多,竞争尤为激烈,且天河公司缺乏珠宝店的经营经验。天河公司在合同开始时支付了不可返还的保证金20万元,并就剩余90%的已承诺对价与世茂房地产开发公司签订了一项长期融资协议,且该融资安排没有追索权。天河公司计划主要以其珠宝店业务产生的收益来偿还贷款,缺乏可用于偿还贷款的其他收益或资产。如果天河公司违约,则世茂房地产开发公司可重新拥有该商铺,但不能向天河公司索取进一步赔偿,即使收回商铺的价值低于天河公司所欠款项的总值。该商铺的成本为80万元。

本例中,天河公司经验有限而面临重大风险且贷款余额重大,世茂房地产开发公司对天河公司的支付能力和意图存有怀疑。因此,即使天河公司在合同开始时获得了对该商铺的控制权,但因向客户转让商品而有权取得的对价很可能不能收回,世茂房地产开发公司应将收到的20万元保证金确认为一项负债。

对于不符合上述五项条件的合同,企业只有在不再负有向客户转让商品的剩余义务(如合同已完成或取消),且已向客户收取的对价(包括全部或部分对价)无须退回时,才能将已收取的对价确认为收入;否则,应当将已收取的对价作为负债进行会计处理,该负债代表了企业在未来向客户转让商品或支付退款的义务。

【例6-5】 X供电公司自2×18年1月1日起每月向客户Y供电,并在月末收取电费。在合同签订时,X供电公司向客户Y收取了一次入网费1 000元,并预期能够取得2年的全部电费收入,合同期限为2年。客户Y从2×18年7月起未支付电费。根据当地相关法律规定,X供电公司不能立即停止供电,需要先履行催交程序。客户Y经催告后,仍不缴费,则X供电公司可自首次欠费后的第5个月(即2×18年12月)起停止供电。

本例中,对于电费收入,2×18年7月,客户Y停止缴费,但是X供电公司经过评估认为仍很有可能取得对价,所以此时仍满足合同成立的条件,仍应继续确认供电收入,但同时需要考虑计提应收账款的坏账;9月,客户Y已持续2个月未缴费,X供电公司经评估认为不是很可能收回对价,此时已不再满足合同成立的条件,不再继续确认供电收入。

对于一次入网费,2×18年9月,合同已经不再满足成立的条件,X供电公司收取的一次入网费(在24个月内摊销)无须退还,但是X供电公司仍负有向客户Y转让商品(或提供服务)的剩余履约义务(需要持续供电到12月),所以此时不应将入网费确认为收入,而应作为负债;12月,此时X供电公司收取的一次入网费无须退还,并且X供电公司不再负有向客户Y转让商品(或提供服务)的剩余履约义务(已经持续供电到12月份),所以此时可将尚未摊销的入网费确认为收入。

企业与客户之间的合同在合同开始日(通常是指合同生效日)即满足上述五个条件的,企业在后续期间无须对其进行重新评估,除非有迹象表明相关事实和情况发生重大变化;否则,企业应当对其进行持续评估,并在满足上述五个条件时,才成为符合收入确定标准的合同。

2. 合同的合并

合同的合并是指将多份合同进行合并,并且将其视为一份合同进行会计处理。

企业与客户之间的每一项合同通常应当单独核算,但在现实中,企业与同一客户(或该客户的关联方)同时订立或在相近时间内先后订立的两份或多份合同,主体可能会因为法律或商业理由等原因,就其与客户的协议在形式上签订多份而实质上只是一份的合同。如果符合以下条件,则与同一客户(或客户的关联方)在同一时间或相近时间订立的一组合同应予以合并:

(1) 该两份或多份合同基于同一商业目的而订立并构成"一揽子交易",如一份合同在不考虑另一份合同的对价情况下将会发生亏损。

(2) 该两份或多份合同中的一份合同的对价金额取决于其他合同的定价或履行情况,如一份合同如果发生违约,将会影响另一份合同的对价金额。

(3) 该两份或多份合同中所承诺的商品或服务(或每份合同中所承诺的部分商品)被视为单项履约义务。

【例 6-6】 欧拓电子集团有限公司与客户签订授权许可协议,允许客户使用其开发的客户关系管理软件。3 天后,欧拓电子集团有限公司与客户签订了另一份咨询服务协议,欧拓电子集团有限公司根据客户的 IT 运行环境,对其客户关系管理软件进行重大的修改或定制。客户在定制服务完成之前不能使用该软件。对于欧拓电子集团有限公司来说,这两个合同几乎是在同一时间与同一客户签订的,合同中的商品或服务从整体上看是一个定制软件,即仅有一项履约义务,因此,两个合同应合并。

【例 6-7】 南玻集团与科博公司于 2×18 年 6 月 5 日签订了一份设备销售合同;同时,双方签订一项租赁合同,约定南玻集团以融资租赁形式租回该设备。从形式上看,销售与租赁属于两份合同,但两份合同密切相关,属于同一商业目的下的"一揽子交易",应对合同进行合并。

3. 合同的变更

合同的变更是指经合同各方批准对原合同范围或价格(或两者)做出的变更。它主要包括以下三种情况:

(1) 合同变更部分作为单独合同。若合同变更增加的商品和销售价款可以明确区分,而且新增的合同价款反映了新增商品的单独售价,则合同的变更部分应该作为一份单独的合同来进行会计处理。例如,在合同变更时,企业由于无须发生为发展新客户等所须发生的相关销售费用,可能会向客户提供一定的折扣,从而对新增商品(或服务)的单独售价进行调整,此时因销售所形成的合同代表一份单独的合同。

【例 6-8】 甲公司与客户签订销售合同。合同规定甲公司销售 300 件产品给客户,单价为 120 元,货款共计 36 000 元。该批产品彼此之间可明确区分,且将于未来 6 个月内陆续转让给客户。10 天之后,甲公司交付了 200 件产品,并确认了收入 24 000 元。同时,双方签订变更合同,除原合同规定的权利和义务之外,甲公司再销售 100 件相同的产品给客户,单价为 110 元(假定该价格反映了新增产品的单独售价)。上述价格均不含增值税。

本例中,由于新增的 100 件产品是可明确区分的,且新增的合同价款反映了新增产品的单独售价,因此,该合同应该按一项新合同来进行会计处理。甲公司应当对原合同中的 300 件产品按每件 120 元来确认收入,对新合同中的 100 件产品按每件 110 元来确认收入。

(2) 合同变更部分作为原合同终止及新合同订立。合同变更不属于上述第(1)种情况,且在合同变更日已转让的商品或已提供的服务与未转让的商品或未提供的服务之间可明确区分的,应当视为原合同终止;同时,将原合同未履约部分与合同变更部分合并为新合同进行会计处理。

【例6-9】 沿用[例6-8],甲公司新增销售的100件产品的单价为100元/件(假定该价格不能反映合同变更时该产品的单独售价)。同时,由于客户发现甲公司已转让的200件产品存在瑕疵,要求甲公司对已转让的产品提供每件20元的销售折让以弥补损失。经协商,双方同意将价格折让在销售新增的100件产品的合同价款中进行抵减,金额为4 000元。上述价格均不含增值税。

本例中,由于4 000元的折让金额与已经转让的200件产品有关,因此应当将其作为已销售的200件产品的销售价格的抵减,在该折让发生时冲减当期销售收入。对于合同变更新增的100件产品,由于其售价不能反映该产品在合同变更时的单独售价,因此,该合同变更不能作为单独合同进行会计处理。由于尚未转让给客户的产品(包括原合同中尚未交付的100件产品以及新增的100件产品)与已转让的产品是可明确区分的,因此,甲公司应当将该合同变更作为原合同终止,同时,将原合同的未履约部分与合同变更合并为新合同进行会计处理。在新合同中,剩余产品为200件,其对价为22 000元(包括原合同下尚未确认收入的客户已承诺对价12 000元和合同变更新增对价10 000元),新合同中的200件产品每件产品应确认的收入为110元(22 000÷200)。

(3) 合同变更部分作为原合同的组成部分。合同变更不属于上述第(1)种情况,且在合同变更日已转让的商品(或已提供的服务)与未转让的商品(或未提供的服务)之间不可明确区分的,应当将该合同变更部分作为原合同的组成部分进行会计处理,在合同变更日重新计算履约进度,并调整当期收入和相应成本。

【例6-10】 2×18年1月15日,乙建筑公司和客户签订了一项总金额为1 000万元的固定造价合同,在客户自有土地上建造一幢办公楼,预计合同总成本为700万元。假定该建造服务属于在某一时段内履行的履约义务,并根据累计发生的合同成本占合同预计总成本的比例确认履约进度。截至2×18年年末,乙建筑公司累计已发生成本420万元,履约进度为60%(420÷700)。因此,乙建筑公司在2×18年确认收入600万元(1 000×60%)。2×19年年初,合同双方同意更改该办公楼屋顶的设计,合同价格和预计总成本因此而分别增加200万元和120万元。

本例中,由于合同变更后拟提供的剩余服务与在合同变更日或之前已提供的服务不可明确区分(即该合同仍为单项履约义务),因此,乙建筑公司应当将合同变更作为原合同的组成部分进行会计处理。合同变更后的交易价格为1 200万元(1 000+200),乙公司重新估计的履约进度为51.22%[420÷(700+120)],乙公司在合同变更日应额外确认收入14.64万元(51.22%×1 200−600)。

(三) 识别合同中的单项履约义务

合同开始日,企业需要对合同进行评估,从而识别合同所承诺的商品或服务是否应该作为单项履约义务进行处理。其中,履约义务是指合同中企业向客户转让可明确区分的商品(或服务)的承诺。

识别一项单项履约义务的关键决定性因素在于该商品或服务,或是一系列实质相同且转让模式相同的商品或服务,是否能够明确区分。

1. 企业向客户转让可明确区分商品(或者商品或服务的组合)的承诺

可明确区分的商品或服务应满足以下两项标准:

(1) 商品或服务本身是可区分的。客户能够从这项商品或服务本身或从该商品或服务与其他易于获得的资源一起使用中受益。

(2) 转让商品或服务的承诺在合同中是可明确区分的。企业向客户转让该商品或服务的承诺与合同中其他承诺可以单独区分。

【例6-11】 甲公司与乙公司签订合同,向乙公司销售其生产的A产品和B产品两种产品。A产品和B产品是独立的两种产品,甲公司应将销售A产品和销售B产品作为两项单独的履约义务。

【例6-12】 甲公司与其经销商乙公司签订合同,将其生产的产品销售给乙公司,乙公司再将该产品销售给最终用户。合同约定,甲公司向通过经销商乙公司购买该产品的最终用户提供正常质量保证范围之外的免费维修服务。免费维修服务并未在与经销商的合同中明确说明,而一般在甲公司的产品广告中说明。甲公司向通过经销商购买该产品的最终用户提供免费维修服务虽并未在合同中列示,但导致客户形成了企业将向其转让商品或服务的有效预期,因此该维修服务应当作为一项单独的履约义务。

假定合同开始日,双方并未约定甲公司将提供任何该产品正常质量保证范围之外的维修服务,甲公司通常也不提供此类服务,则在甲公司向乙公司交付产品时,产品控制权转移给乙公司,该合同完成。若在乙公司将产品销售给最终用户之前,甲公司主动提出免费为向乙公司购买该产品的最终用户提供该产品正常质量保证范围之外的维修服务。在这种情形下,甲公司在该合同下的承诺只有销售产品一项履约义务。

 案例6-1

微软公司的收入确认

微软公司对于2016年及2017年的财务会计报告采用追溯调整法进行了调整,数据显示微软公司这两年的收入都增加了约7%。在Windows10的OEM销售(即微软公司把Windows10出售给每个PC制造商的收入)中,微软公司认为这笔交易中有两个分开单独的履约义务:一是Windows10软件的授权使用费用,约占总收入的97%,在授予OEM Windows10的时点控制权已经转移,因此可以确认为收入;二是Windows后续使用期间的更新费用,微软公司认为其值大概占总交易金额的3%,在机器使用期间平摊收入,也就是在一段时间内确认收入。

案例来源:徐旸.新收入准则如何影响上市公司业绩——IT篇[EB/OL].(2018-01-12)[2018-10-05]. https://zhuanlan.zhihu.com/p/32875084.

下列情形通常表明企业向客户转让商品或服务的承诺与合同中的其他承诺不可单独区分,应当合并作为单项履约义务:

一是企业需提供重大的服务以将该商品与合同中承诺的其他商品进行整合,形成合同约定的某个或某些组合产出转让给客户。换言之,企业以该商品作为投入,生产向客户交付其所要求的组合产出。

【例6-13】 龙信建设集团作为承包商,与客户订立了一项合同,承诺为其建造一栋办公楼。龙信建设集团负责项目的总体管理并识别各类提供的商品和服务,包括工程技术、场地清理、地基构建、采购、建筑架构、管道和管线的铺设、设备安装及装修等。虽然龙信建设集团及其竞争对手经常向其他客户单独出售许多此类商品和服务,但在该合同中,龙信建设集团向客户承诺的是为其建造一栋办公楼,龙信建设集团需提供重大的服务将上述商品和服务进行整合,以形成合同约定的一项组合产出(办公楼)转让给客户。因此,龙信建设集团应将合同中的所有商品和服务作为单一履约义务进行会计处理。

二是该商品或服务会对合同中承诺的其他商品或服务进行重大修改或定制。

【例6-14】 乙公司与客户签订合同,向客户出售一台其生产的设备并提供安装服务。该设备可以不经任何定制或改装而直接使用,不需要复杂安装。除乙公司外,市场上还有其他供应商也能提供此项安装服务。

本例中,设备和安装服务能够明确区分,两者在合同中彼此之间也可以明确区分。乙公司对客户的承诺是交付设备之后再提供安装服务,而非两者的组合产出,且该设备仅需简单安装即可使用,乙公司并未对设备做出重大修改或定制。因此,该项合同包含两项履约义务,即销售设备和提供安装服务。

如果乙公司提供的安装服务很复杂,该安装服务可能对其销售的设备进行定制化的重大修改,即使市场上有其他的供应商也可以提供此项安装服务,乙公司也不能将该安装服务作为单项履约义务,而是应当将设备和安装服务合并作为单项履约义务。

三是该商品或服务与合同中承诺的其他商品或服务具有高度关联性。也就是说,合同中承诺的每一单项商品均受到合同中其他商品的重大影响。合同中包含多项商品时,如果企业无法通过单独交付其中的某一商品而履行其合同承诺,可能表明合同中的这些商品会受到彼此的重大影响。

【例6-15】 丙公司与客户签订合同,承诺为客户设计一种实验性的新产品并负责生产10个样品。丙公司在生产和测试样品的过程中需要对产品的设计进行不断修正,导致已生产的样品均可能需要进行不同程度的返工。

本例中,丙公司预计由于设计的不断修正,大部分可全部拟生产的样品均可能需要进行一些返工,说明提供设计服务与提供样品生产服务产生的风险不可分割,客户没有办法选择仅购买设计服务或仅购买样品生产服务,因此,丙公司提供的设计服务和生产样品服务高度关联,在合同层面是不可明确区分的。

【例6-16】 大地影院以30元/张的价格向客户出售会员卡,持有该会员卡后,在该电影院消费时,某些影片将享受会员价格,比非会员价格优惠。大地影院收到30元的会员费,没有提供对应的商品和服务,会员费和未来提供优惠价格的商品和服务有关,因此,销售会员卡和未来提供商品和服务是不可明确区分的,应当合并作为单项履约义务。会员费应该计入未来商品和服务的对价,在为客户提供后续商品和服务的期间确认为收入。

【例6-17】 电信运营商与客户签订4年的电信服务合同,客户预付2 000元费用,以后享受的服务在不超过限定的流量和通话时间内,每月再支付168元的费用,如果超过则按使用量额外付费。电信运营商收取2 000元初始费用时,并没有向客户转让已承诺的商品,不构成单项履约义务。

【例6-18】 甲公司与客户签订合同,销售一部手机。该手机自售出1年内如果发生质量问题,甲公司负责提供质量保证服务。此外,在此期间,由于客户使用不当(如手机进水等)原因造成的产品故障,甲公司也免费提供维修服务。该维修服务不能单独购买。

本例中,甲公司的承诺包括:销售手机、提供质量保证服务和维修服务。提供保证服务是为了向客户保证所销售商品符合既定标准,因此不构成单项履约义务;甲公司对客户提供的免费维修服务尽管没有单独销售,但该服务与手机可明确区分,应当作为单项履约义务。

2. 企业向客户转让实质相同且转让模式相同的、可明确区分商品的承诺

当企业向客户连续转让某项承诺的商品时,如每天提供类似的长期劳务合同等,如果这些商品或劳务属于实质相同且转让模式相同的一系列商品,企业应当将这一系列商品作为单项履约义务。其中,转让模式相同是指每一项可明确区分的商品均满足在某一时段内履行履约义务的条件,且采用相同方法确定其履约进度。

【例6-19】 亚马逊公司旗下的Prime会员包含了众多不同的权益,包括亚马逊公司海外购商品免邮、国内订单零门槛免邮、精选产品秒杀会员优先、免费无限次阅读Kindle电子书等。但因为这些权益不能拆开单独销售,客户只能购买Prime会员这一整体权益,所以Prime会员只能算作单一的履约义务,各部分权益相应的收入确认也会保持一致。

【例6-20】 A企业与客户签订为期1年的保洁服务合同,承诺每天为客户提供保洁服务。每天所提供的保洁服务都是可明确区分且实质相同的,A企业应当将每天提供的保洁服务合并在一起作为单项履约义务进行处理。

(四)履行每一单项履约义务时确认收入

企业应当在履行了合同中的履约义务,即客户取得相关商品控制权时确认收入。企业应当根据实际情况,先判断履约义务是否满足在某一时段内履行的条件,如不满足,则该履约义务属于在某一时点履行的履约义务。对于在某一时段内履行的履约义务,企业应当选取恰当的方法来确定履约进度;对于在某一时点履行的履约义务,企业应当综合分析控制权转移的迹象,判断其转移时点。

1. 在某一时段内履行的履约义务

1)在某一时段内履行履约义务的确认条件

满足下列条件之一的,属于在一段时段内履行履约义务,相关收入应当在该履约义务履行的期间内确认:

(1)客户在企业履约的同时即取得并消耗企业履约所带来的经济利益。企业在履约过程中持续地向客户转移企业履约所带来的经济利益的,如提供保洁服务、物业服务等,属于在某一时段内履行的履约义务。如果另一个企业接手向客户提供剩余的履约义务，其无须在实质上重新执行已由最初的供应商完成的工作。

【例6-21】 甲公司承诺将客户的一批货物从 A 市运到 B 市，假定该批货物在途经 C 市时，由运输公司乙公司接替甲公司继续提供该运输服务。由于 A 市到 C 市之间的运输服务是无须重新执行的，表明客户在甲企业履约的同时即取得并消耗了甲企业履约所带来的经济利益。因此，甲企业提供的运输服务属于在某一时段内履行的履约义务。

(2) 客户能够控制企业履约过程中在建的商品。企业在履约过程中在建的商品包括在产品、在建工程、尚未完成的研发项目、正在进行的服务等。如果客户在企业创建该商品的过程中就能控制这些商品，应当认为企业提供该商品的履约义务属于在某一时段内履行的履约义务。

【例6-22】 甲企业与客户签订合同，在客户拥有的土地上按照客户的设计要求为其建造厂房。在建造过程中客户有权修改厂房设计，并与甲公司重新协商设计变更后的合同价款。客户每月末按当月工程进度向甲企业支付工程款。如果客户中止合同，已完成建造部分的厂房归客户所有。

本例中，甲企业为客户建造厂房，该厂房位于客户的土地上。客户终止合同时，已建造的厂房归客户所有。这些均表明客户在该厂房建造的过程中就能够控制该在建的厂房。因此，甲企业提供的该建造服务属于在某一时段内履行的履约义务，甲企业应当在提供该服务的期间内确认收入。

(3) 企业在履约过程中所产出的商品具有不可替代用途，且该企业在整个合同期间内有权就累计至今已完成的履约部分收取款项。其中，具有不可替代用途是指因合同限制或实际可行性限制，企业不能轻易地将商品用于其他用途，如建造只有客户能够使用的专项资产；有权就累计至今已完成的履约部分收取款项是指在客户或其他方原因终止合同的情况下，企业有权就累计至今已完成的履约部分收取能够补偿其已发生成本和合理利润的款项，并且该权利具有法律约束力。

【例6-23】 甲公司是一家造船企业，与乙公司签订了一份船舶建造合同，按照乙公司的具体要求设计和建造船舶。甲公司在自己的厂区内完成船舶的建造，乙公司无法控制在建过程中的船舶。甲公司如果想把该船舶出售给其他客户，需要发生巨大的改造成本。双方约定，如果乙公司单方面解约，乙公司需向甲公司支付相当于合同总价30%的违约金，建造中的船舶归甲公司所有。假定该合同仅包含一项履约义务，即设计和建造船舶。

本例中，船舶是按照乙公司的具体要求进行设计和建造的，甲公司需要发生重大的改造成本之后才能将其出售给其他客户，因此，该船舶具有不可替代用途。然而，如果乙公司单方面解约，仅需向甲公司支付相当于合同总价30%的违约金，表明甲公司无法在整个合同期间都有权就累计至今已完成的履约部分收取款项。因此，甲公司为乙公司设计和建造船舶不属于在某一时段内履行的履约义务。

2. 在某一时段内履行履约义务的收入确认

对于在某一时段内履行的履约义务，企业应当在该段时间内按照履约进度确认收入，履约进度不能合理确定的除外。同时，企业应当考虑商品的性质，采用产出法(如根据已生产的数量、合同的关键节点或对已执行工作的监理报告)或投入法(如根据已发生的成本或工时)来确定恰当的履约进度。

1) 产出法

产出法是指根据已转移给客户的商品对于客户的价值确定履约进度的方法。企业通常可采用实际测量的完工进度、评估已实现的结果、已达到的里程碑、时间进度、已完工或交付的产品等产出指标确定履约进度。

【例6-24】 2×19年3月1日,聚力健身俱乐部与居安国际公司订立一项合同,约定居安国际公司的员工可在1年内无限次使用聚力健身俱乐部提供的服务。居安国际公司承诺每月的月末支付2 000元。聚力健身俱乐部的增值税税率为6%,其履约义务是在一段时间内履行。居安国际公司员工可以从聚力健身俱乐部提供的服务中获得的利益在2×19年3月初至2×20年2月末平均分布,因此,聚力健身俱乐部计量该项履约义务进度的最佳方式是基于时间的计量,应在年内按直线法每月确认2 000元的收入。聚力健身俱乐部每月末账务处理如下:

借:银行存款 2 120
　　贷:主营业务收入 2 000
　　　　应交税费——应交增值税(销项税额) 120

2) 投入法

投入法是指根据企业为履行履约义务的投入确定履约进度的方法。企业通常可采用投入的材料数量、花费的人工工时或机器工时、发生的成本和时间进度等投入指标确定履约进度。当企业从事的工作或发生的投入是在整个履约期间内平均发生时,企业也可以采用直线法确认收入。在实务中,企业通常按照累计实际发生的成本占预计总成本的比例(即成本法)确定履约进度。

【例6-25】 2×19年11月,海格公司与万力公司订立了一份装修一栋商业大厦并安装新电梯的合同,合同的总对价为800万元。合同签订时万力公司预付了500万元,装修完工后再支付剩余款项。海格公司预计合同总成本为600万元,其中包括电梯的采购成本200万元。假定已承诺的装修服务(包括安装电梯)构成单项履约义务,并属于在一段时间内履行的履约义务。海格公司在电梯转移给万力公司之前获得对电梯的控制。

2×19年年底,电梯运抵该商业大厦,万力公司获得对电梯的控制,发生其他成本(不包括电梯)150万元。电梯的安装要在2×20年6月1日才开始进行,装修服务的增值税税率为10%。

本例中,已承诺的装修服务(包括安装电梯)是一项在一段时间内履行的履约义务,海格公司应当在该段时间内使用投入法基于已发生的成本来计量其履约义务的履约进度。但是,海格公司为购买电梯所发生的成本与其履约义务的履约进度不成比例,将购买电梯的成本纳入履约进度的计量将导致高估海格公司的履约程度。因此,海格公司应该对履约进度的计量做出调整,将购买电梯的成本排除在已发生成本的计量及交易价格之外。海格公司按电梯购买成本的金额确认转让电梯所产生的收入(即零毛利)。

截至2×19年12月31日,海格公司发生的成本包括两部分:一是电梯成本200万元;二是其他成本150万元。在计算履约进度时,海格公司应当不考虑采购的电梯成本。因此,海格公司的合同履约进度为37.5%(150÷400×100%)。

海格公司的账务处理如下。

a. 收到预付款:

借:银行存款	5 000 000
贷:合同负债	5 000 000

b. 发生相关履约成本:

借:合同履约成本	3 500 000
贷:原材料——电梯	2 000 000
原材料、应付职工薪酬等	1 500 000

c. 确认收入和费用:

应确认的营业收入 = $(800-200) \times 37.5\% + 200 = 425$(万元)

应交增值税销项税额 = $200 \times 16\% + 225 \times 10\% = 54.5$(万元)

借:合同负债	4 795 500
贷:主营业务收入	4 250 000
应交税费——应交增值税(销项税额)	545 000

结转的合同履约成本 = $(600-200) \times 37.5\% + 200 = 350$(万元)

借:主营业务成本	3 500 000
贷:合同履约成本	3 500 000

当合同履约进度不能合理确定时,企业已经发生的成本预计能够得到补偿的,应当按照已经发生的成本金额确认收入,直到履约进度能够合理确定为止。

【例6-26】 2×19年5月,恒定集团与客户签订了一项合同,合同规定恒定集团以800万元的总价款承揽一项建筑工程,若成本超过了规定的800万元,则客户仅支付成本价。7月28日,恒定集团已发生成本550万元,但由于天气原因,预计将要发生的成本无法合理估计。假定无法合理确定履约进度,但已经发生的成本预计能够得到补偿,恒定集团应当按照已经发生的成本金额确认收入,按实际发生的成本确认费用。

2. 在某一时点履行的履约义务

对于不属于在某一时段内履行的履约义务,而应当属于在某一时点履行的履约义务,企业应当在客户取得相关商品控制权时点确认收入,即只有当客户能够主导该商品的使用并从中获得几乎全部经济利益时,企业才能确认收入。

在判断客户是否已取得商品控制权时,企业应当考虑下列五个迹象:

(1) 企业就该商品享有现时收款权利,即客户就该商品负有现时付款义务。在通常情况下,企业就该商品享有现时收款权利时,可能表明客户已经有能力主导该商品的使用并从中获得几乎全部经济利益。

在某些销售方式下(如预收款销售),企业享有现时收款权利,但并不代表客户已经取得相关商品控制权;相反,企业尚未取得现时收款权利,也不代表客户没有取得相关商品的控制权。

【例6-27】 甲公司与乙公司签订销售合同,约定甲公司销售1 000件产品给乙公司,售价为100万元。按照合同规定,乙公司应在合同签订后5天内预付货款50万元,剩余款项在交货时支付。甲、乙公司适用增值税税率均为16%。假设不考虑其他因素,甲公司的账务处理如下:

a. 收到预付款:

借:银行存款　　　　　　　　　　　　　　　　　　　　　　　500 000
　　贷:合同负债　　　　　　　　　　　　　　　　　　　　　　500 000

b. 交货:

借:合同负债　　　　　　　　　　　　　　　　　　　　　　　500 000
　　银行存款　　　　　　　　　　　　　　　　　　　　　　　660 000
　　贷:主营业务收入　　　　　　　　　　　　　　　　　　　1 000 000
　　　　应交税费——应交增值税(销项税额)　　　　　　　　　160 000

【例6-28】 2×18年3月1日,甲公司与客户签订合同,向其销售A、B两种商品,合同价款为20万元。合同约定,A商品于合同开始日交付,B商品在1个月之后交付,只有当A、B两种商品全部交付之后,甲公司才有权收取20万元的合同对价。假定A商品和B商品构成两项履约义务,其控制权在交付时转移给客户,分摊至A商品和B商品的交易价格分别为4万元和16万元。双方增值税税率均为16%。假设不考虑其他因素,甲公司的账务处理如下。

a. 交付A商品:

借:合同资产　　　　　　　　　　　　　　　　　　　　　　　46 400
　　贷:主营业务收入　　　　　　　　　　　　　　　　　　　40 000
　　　　应交税费——应交增值税(销项税额)　　　　　　　　　6 400

b. 交付B商品:

借:应收账款　　　　　　　　　　　　　　　　　　　　　　　232 000
　　贷:合同资产　　　　　　　　　　　　　　　　　　　　　46 400
　　　　主营业务收入　　　　　　　　　　　　　　　　　　　160 000
　　　　应交税费——应交增值税(销项税额)　　　　　　　　　25 600

(2) 企业已将该商品的法定所有权转移给客户,即客户已拥有该商品的法定所有权。如果企业仅仅是为了确保到期收回货款而保留商品的法定所有权,那么该权利通常不会对客户取得对该商品的控制权构成障碍。商品法定所有权转移给客户,并不代表客户已经取得相关商品控制权,如售后回购安排。

售后回购是指企业销售商品的同时承诺或有权选择日后再将该商品(包括相同或几

乎相同的商品,或以该商品作为组成部分的商品)购回的销售方式。售后回购通常由双方约定回购,即企业有回购资产的义务(远期合同)、企业有权选择是否回购(企业看涨期权)客户有权选择是否回售(客户看跌期权)三种形式。

企业因存在与客户的远期安排而负有回购义务或企业享有回购权利的,表明客户在销售时点并未取得相关商品控制权,企业应当作为租赁交易或融资交易进行相应的会计处理。

企业负有应客户要求回购商品义务的,应当在合同开始日评估客户是否具有行使该要求权的重大经济动因。具有行使该要求权重大经济动因的,企业应当将售后回购作为租赁交易和融资交易或附有销售退回条款的销售交易,按照规定进行会计处理。

【例6-29】 2×18年3月3日,东洋公司向客户销售一批设备,销售价格为300万元。同时双方约定,东洋公司将在2×21年3月4日以180万元的价格回购。该交易实质上是客户支付了120万元的对价取得了汽车3年的使用权,东洋公司应作为租赁交易进行会计处理。

本例中,如果合同约定,东洋公司将在2×21年3月4日以360万元的价格回购。则该交易实质是东洋公司向客户借入资金300万元,回购价高出售价的60万元为借款利息,东洋公司应按融资交易进行会计处理。

【例6-30】 2×18年1月1日,普勒集团销售一批产品给客户,销售价格为1 000万元,并约定在2年后,客户有权要求普勒集团以800万元的价格回购这批产品。假定普勒集团预期这批产品的市场价值在回购日远低于800万元,且货币的时间价值不影响交易性质的判断。由于回购价格低于原售价,但明显高于市场回购日这些产品的市场价值,由此可以判断客户具有重大的经济动机去行使回购选择权,因此,该交易实质上是一项租赁交易。

(3)企业已将该商品实物转移给客户,即客户已实际占有该商品。客户占有某项商品实物并不意味其就一定取得了该商品的控制权;反之,亦然。

例如,在委托代销安排下,委托方和受托方签订代销合同或协议,委托受托方向终端客户销售商品。企业应当评估受托方在企业向其转让商品时是否已获得对该商品的控制权,如果没有,企业不应在此时确认收入,通常应当在受托方售出商品时确认销售商品收入。

【例6-31】 2×18年11月30日,甲公司委托丙公司销售商品100件,商品已经发出,单位成本为6万元。合同约定丙公司应按10万元的单价对外销售,甲公司按售价的10%向丙公司支付手续费。2×18年12月,丙公司对外实际销售80件。2×18年12月31日,甲公司收到丙公司开具的代销清单时,向丙公司开具一张增值税专用发票。2×19年1月5日,甲公司收到货款。商品销售增值税税率为16%,手续费增值税税率为6%,不考虑其他因素。

甲公司的账务处理如下:

a. 发出商品:

借:发出商品   6 000 000
  贷:库存商品   6 000 000

b. 收到代销清单：

借：应收账款 9 280 000
  贷：主营业务收入 8 000 000
    应交税费——应交增值税（销项税额） 1 280 000

借：主营业务成本 4 800 000
  贷：发出商品 4 800 000

借：销售费用 800 000
  应交税费——应交增值税（进项税额） 48 000
  贷：应收账款 848 000

c. 收到乙公司支付的货款：

借：银行存款 8 432 000
  贷：应收账款 8 432 000

丙公司的账务处理如下：

a. 收到代销商品：

借：受托代销商品 10 000 000
  贷：受托代销商品款 10 000 000

b. 对外销售代销商品：

借：银行存款 9 280 000
  贷：受托代销商品 8 000 000
    应交税费——应交增值税（销项税额） 1 280 000

c. 收到增值税专用发票：

借：受托代销商品款 8 000 000
  应交税费——应交增值税（进项税额） 1 280 000
  贷：应付账款 9 280 000

d. 支付货款并计算代销手续费：

借：应付账款 9 280 000
  贷：银行存款 8 432 000
    其他业务收入 800 000
    应交税费——应交增值税（销项税额） 48 000

又如，在售后代管商品安排下，企业已经就销售的商品向客户收款或取得了收款的权利，只是由于客户可能因缺乏足够的仓储空间而要求企业暂时代管。当客户已经取得了对该商品的控制时，即使客户决定暂时不行使实施占有的权利，其依然有能力主导该商品的使用并从中获得几乎全部的经济利益。如果售后代管安排不能同时满足下列四个条件，说明客户没有取得该商品的控制权:一是该安排必须具有商业实质,如该安排是应客户的要求而订立的;二是属于客户的商品必须能够单独识别,如将属于客户的商品单独存放在指定地点;三是该商品可以随时交付给客户;四是企业不能自行使用该商品或将该商品提供给其他客户。

(4) 企业已将该商品所有权上的主要风险和报酬转移给客户,即客户已取得该商品所有权上的主要风险和报酬。

【例6-32】 某企业为推销一项新产品,规定凡购买该产品者均有1个月的试用期,不满意的,可以无条件退货。由于该企业经营的是新产品,企业无法估计退货的可能性,在售出商品并收到货款时,商品所有权上的风险和报酬实质上并未转移给买方,因而此时不能确认收入。只有在买方正式接受商品或退货期满时方可确认收入。

(5) 客户已接受该商品。如果客户已经接受了企业提供的商品,如企业销售给客户的商品通过了客户的验收,可能表明客户已经取得了该商品的控制权。当企业能够客观地确定其已经按照合同约定的标准和条件将商品的控制权转移给客户时,客户验收只是一项例行程序,并不影响企业判断客户取得商品控制权的时点;否则,在客户验收之前,企业不能认为已经将该商品的控制权转移给了客户。如果企业将商品发送客户供其试用或者测试,且客户并未承诺在试用期结束前支付任何对价,则在客户接受该商品或者在试用期结束之前,该商品的控制权并未转移给客户。

【例6-33】 甲企业销售一批商品给乙公司,乙公司收到商品后,发现商品在质量、品种、规格等方面不符合合同或协议的要求,要求退货,甲公司尚未根据正常的保证条款予以弥补。在这种情况下,应该认为乙公司尚未接受该商品,甲公司此时不应确认销售收入。

案例6-2

皖江物流2年虚增收入近百亿元

2012年,淮矿现代物流有限责任公司(以下简称"淮矿物流")虚构其与湖北华中有色金属有限公司、上海福鹏投资控投有限公司和福鹏控股(北京)有限公司(以下简称"福鹏系公司")等多家公司之间的采购交易42.2亿元,虚构销售收入45.5亿元;2013年,虚构与福鹏系公司采购交易41.25亿元,虚构与福鹏系公司和其他公司销售收入44亿元。

其他虚增收入和利润的方式还包括:2013年,淮矿物流通过签订阴阳合同的方式处理高价库存螺纹钢,虚增安徽皖江物流(集团)股份有限公司(以下简称"皖江物流")销售收入2.04亿元,虚增利润2.04亿元;2012和2013年,淮矿物流通过买方付息方式进行银行承兑汇票贴现,其中2012年有321万元、2013年有304万元贴现费用未计入财务费用,导致皖江物流2012年虚增利润321万元,2013年虚增利润304万元;2012年至2013年,淮矿物流在对福鹏系公司债权计提坏账准备时,计提基数及账龄分析不当,未合理对福鹏系公司的债权计提坏账准备;并存在通过调增应收票据(商业承兑汇票)、调减应收账款的方式来减少坏账准备计提、增加利润的情况,由此导致

(续上)

> 皖江物流2012年年报多计利润2.53亿元、2013年年报少计利润98万元。
> 　　上述事项合计导致皖江物流2012年虚增收入45.51亿元,占年报收入的14.05%,虚增利润2.56亿元,占年报利润总额的51.36%;2013年虚增收入46.04亿元,占年报收入的13.48%,虚增利润2.34亿元,占年报利润总额的64.64%。上交所认定,皖江物流2012、2013年度收入及利润披露数据与实际情况存在重大差异,严重失实。
> 　　案例来源:赵一蕙.皖江物流过半利润靠虚构　两年虚增收入近百亿[N].上海证券报,2015-11-20.

三、收入的计量

企业应当首先确定合同的交易价格,其次再按照分摊至各单项履约义务的交易价格计量收入。

(一)确定交易价格

交易价格是指企业因向客户转让商品或提供服务而预期有权收取的对价金额。交易价格可以是固定的客户对价金额,但有时也可能包含可变对价或非现金对价。交易价格还应当就货币的时间价值影响(若合同中存在重大融资成分)及应付客户对价做出调整。因此,在确定交易价格时,企业还应当考虑相关因素的影响。

1. 可变对价

可变对价是指随着未来某事件的发生,客户承诺的对价随之发生改变。可变对价通常包括折扣、退款、返利、奖励积分、价格折让、退货、绩效奖金、索赔、特许权、使用费等。

1) 可变对价的最佳估计数

可变对价的最佳估计数有两种估计方法:一是期望值;二是最可能发生金额。

(1) 期望值是按照各种可能发生的对价金额及相关概率计算确定的金额。如果企业拥有大量具有类似特征的合同,并估计可能会产生多个结果时,可采用期望值法估计可变对价金额。

【例6-34】 甲公司生产和销售笔记本电脑。2×19年1月,甲公司向零售商乙公司销售100台电脑,单价为5 000元,合同价款合计50万元。甲公司向乙公司提供价格保护,同意在未来3个月内,如果同款笔记本电脑售价下降,则按照合同价格与最低售价之间的差额向乙公司支付差价。甲公司根据以往执行类似合同的经验,预计各种结果发生的概率如下:不会降价概率为70%,每台降价100元的概率为20%,每台降价200元的概率为10%。由甲公司估计交易价格为每台4 960元(5 000×70%+4 900×20%+4 800×10%)。

(2) 最可能发生金额是指一系列可能发生的对价金额中最可能发生的单一金额,即合同最可能产生的单一结果。在交易只有两种可能的结果时,通常采用最可能发生金额估计可变对价金额。

【例6-35】 保利企业签署了一项合同,按照合同规定,若保利企业完成了某项业绩目标即可获得500万元的奖金;未完成则没有奖金。保利企业通过预估测评,认为该项业绩目标完成的可能性为80%;完不成的可能性为20%。因为只存在两种可能性,所以保利企业决定采用"最可能发生金额"的方法来反映可能产生的结果。企业预期有权获得的300万元奖金应当包括在交易价格之中。

2) 可变对价的限制

企业计入交易价格的可变对价金额是指后续"极可能"不会发生重大转回(即对已确认的累计收入金额进行重大下调)的金额。"极可能"发生的概率性应远超于"很可能(可能性大于50%)",但没有要求达到"基本确定(可能性大于95%)"。每一资产负债表日,企业应当重新估计应计入交易价格的可变对价金额。

【例6-36】 2×19年5月5日,潜龙公司发出10件商品,单价为10 000元,单位成本为7 000元,符合收入确认的条件,款项暂未收到。6月23日,购货方发现商品有质量问题,要求给予10%的折让,潜龙公司同意并收到货款。假设不考虑其他因素,潜龙公司的账务处理如下。

a. 销售商品:

借:应收账款 116 000
  贷:主营业务收入 100 000
    应交税费——应交增值税(销项税额) 16 000

借:主营业务成本 70 000
  贷:库存商品 70 000

b. 发生折让:

借:主营业务收入 10 000
  应交税费——应交增值税(销项税额) 1 600
  贷:应收账款 11 600

借:银行存款 104 400
  贷:应收账款 104 400

【例6-37】 某企业自行研发了一种行业内的新产品并首次投入市场,销售价格为8 000元(假设不考虑增值税等因素),商品成本为5 000元。在与客户签订的合同中明确规定了客户享有1个月内无理由退货权利,该事项应分别以下两种情形考虑。

a. 企业没有该商品是否可能面临大量退回的估计经验,同行业也没有这方面的经验可供参考。此情形属于影响"极可能"和"重大转回"因素中的第三项因素,即无法可靠估计其可变对价。因此,该项新产品收入应该在7天无理由退货期之后,不确定性消除时确认。该企业的账务处理如下:

借:应收退货成本 5 000
  贷:库存商品 5 000

退货期满,如果实际退货20%:

  借:银行存款   6 400
    贷:主营业务收入   6 400

  借:主营业务成本   4 000
    库存商品   1 000
    贷:应收退货成本   5 000

b. 该产品虽属于新产品,但该企业能够合理预计至少有70%的产品不会退回。在该种情形下,企业如果100%确认产品收入,则有可能导致接近30%的产品收入转回。因此,该企业应当按照70%确认收入,剩余的30%部分作为退款负债处理。该企业的账务处理如下:

  借:应收账款   8 000
    贷:主营业务收入   5 600
      预计负债   2 400

  借:主营业务成本   3 500
    应收退货成本   1 500
    贷:库存商品   5 000

2. 重大融资成分

合同中存在重大融资成分的,企业应当按照假定客户在取得商品(或服务)控制权时应支付的现金金额(即现销价格)来确定交易价格。

交易价格是假定客户在取得商品或服务时应支付的现金,即商品的现金销售价格。在大多数情况下,交易价格和合同对价的金额是一致的,但有时候两者之间也存在差异。例如,如果公司交付商品或服务的时点和收款的时点有较大的间隔(如1年以上)时,该差异就会产生。交易价格与合同对价之间的差额如果有融资成分,需要在合同期间按实际利率法摊销。

为简化实务操作,在合同开始日,企业预计客户取得商品(或服务)的控制权与客户实际支付价款时点的间隔不超过1年的,可以不考虑合同中存在的重大融资成分。

【例6-38】 洋洋公司与客户签订了合同,将一批产品以180万元的对价转让给客户。根据合同规定,客户在产品交付之前3年即向洋洋公司支付对价。该产品现销价格为195万元。洋洋公司收到货款时的账务处理如下:

  借:银行存款   1 800 000
    未确认融资费用   150 000
    贷:合同负债   1 950 000

3. 非现金对价

非现金对价包括实物资产、无形资产、股权、客户提供的广告服务等。客户承诺的非现金对价,应按其在合同开始日的公允价值计量收入。无法合理估计公允价值时,企业应当参照其承诺向客户转让商品的单独售价间接确定交易价格。

合同开始日后,非现金对价的公允价值因对价形式以外的原因而发生变动的(如基于主体完成履约义务的结果获得不同的非现金对价),应当作为可变对价,按照与计入交易价格的可变对价金额的限制条件相关的规定进行处理;合同开始日后,非现金对价的公允价值因对价形式而发生变动的,该变动金额不应计入交易价格。

【例6-39】 甲企业为客户生产一台专用设备。合同约定,甲企业在1个月内交货,乙公司以其50 000股股票作为对价。合同开始日,股票的价格为每股10元。合同开始日后第20天,企业将该设备交付给客户,获得了乙公司50 000股股票,此时股票的价格为12元/股。假定甲企业将该股票作为以公允价值计量且其变动计入当期损益的金融资产。

本例中,合同开始日,该股票的价格为每股10元,甲企业应将交易价格确定为50万元(50 000×10)。交货时因对价形式而发生的公允价值变动金额10万元(50 000×12-500 000)计入公允价值变动损益。

4. 应付客户对价

企业在向客户转让商品的同时,需要向客户或第三方支付对价的,应当将应付对价冲减交易价格,但应付客户对价是为了向客户取得其他可明显区分的商品或服务的除外。应付客户对价包括向客户支付的现金或授予的奖励积分等,如礼品券、折扣券、批量回扣、货架展位付款等。

【例6-40】 科博公司是消费品制造商,与某经销商客户签订了一项期限为1年的合同。客户承诺,在合同期限内以约定价格购买价值为500万元的产品。合同同时约定,科博公司需在合同开始时向客户支付20万元的不可退回款项。该款项旨在就客户的商场内需更改货架以使其适合放置科博公司产品而作出补偿。

科博公司根据前述应付给客户对价的相关规定,分析应付客户款项的性质。科博公司认为,该款项并非为获取单独可区分的商品或服务,因为科博公司并不享有改造货架的任何控制权。因此,科博公司得出结论,应将向客户支付的20万元款项作为后续销售商品收入的抵减项。根据合同约定,客户承诺购货总价为500万元,因此,所支付的20万元相当给予了每项商品4%的折扣,科博公司在确认每项商品销售收入时,按4%的折扣确认收入金额。

(二)合同交易价格的分摊

单项合同中包含两项或多项履约义务的,企业应当在合同开始日,按照各单项履约义务单独售价的相对比例,将交易价格分摊至各单项履约义务。其中,单独售价是指企业向客户单独销售商品的价格。商品或服务单独售价的最佳证据是在类似环境下向类似客户单独销售该商品(或服务)时可观察到的价格。

如果单独售价无法直接观察获得,企业应采用市场调整法、成本加成法或余值法进行估计。其中,市场调整法是指企业根据某商品或类似商品的市场售价,考虑本企业的成本和毛利等进行适当调整后,确定其单独售价的方法;成本加成法是指考虑企业预计成本并加上其合理毛利后确定的价格,为该商品或服务增加适当的利润的方法;余值法是指在有限的情况下,从合同交易价格中减去合同中其他商品或服务可观察的单独售价的总和。使用余值法仅限于该商品或服务具有高度可变或尚不确定的情况。高度可变性是指公司以差异明显的价格在近期向不同客户销售同一商品或服务;不确定性是指公司尚未对该商品或服务定价,且该商品或服务从未出售过。

【例6-41】 甲公司与客户签订合同,销售A、B两种产品给客户。A、B两种产品单独售价分别为4 000元和6 000元。合同总价款为9 000元。假定A、B为可明确区分的两种商品。甲公司按照A、B两种商品单独售价的相对比例对交易价格进行分摊:

A产品分摊的交易价格 = [4 000÷(4 000+6 000)]×9 000 = 3 600(元)
B产品分摊的交易价格 = [6 000÷(4 000+6 000)]×9 000 = 5 400(元)

【例6-42】 新百连锁商场实施了一项客户奖励积分计划,客户在商场内每消费100元即可获得1积分。客户可累计足够的积分来免费换取商场内的产品。假设某客户以100 000元价格购买了一样商品,获得1 000个积分。根据兑换比例,每个积分的单独售价为1元,即客户获得的1 000个积分共计1 000元。假定不考虑增值税等相关税费和积分兑换率等因素。

本例中,新百连锁商场认为其授予客户的该积分提供了一项重大权利,应作为单项履约义务。客户购买商品的单独售价为100 000元,甲公司估计积分的单独售价为1 000元。新百连锁商场按照商品和积分单独售价的相对比例对交易价格进行分摊:

商品分摊的交易价格 = [100 000÷(100 000+1 000)]×100 000 = 99 010(元)
积分分摊的交易价格 = [1 000÷(100 000+1 000)]×100 000 = 990(元)

新百连锁商场的账务处理如下:

借:银行存款　　　　　　　　　　　　　　　　　　　　　100 000
　　贷:主营业务收入　　　　　　　　　　　　　　　　　　　99 010
　　　　合同负债　　　　　　　　　　　　　　　　　　　　　　990

案例6-3

*ST煤气利用关联方交易虚增收入

2017年,上市公司*ST煤气(现为蓝焰控股,股票代码000968)关联交易比例较高且频繁,期末应收账款增长较快。报告期内,*ST煤气排名前两位客户为控股股东山西晋城无烟煤矿业集团有限责任公司及其参股30%的子公司山西易高煤层气有限公司,公司向上述两公司合计销售金额达5.46亿元,占年度销售总额比例达53.05%。同时,*ST煤气排名前两位的供应商也正是这两家公司,*ST煤气向两家公司合计采购金额达7 125.71万元,占年度采购总额比例达44.86%。针对上述关联交易分析发现,公司报告期末的应收账款约10.08亿元,较期初的6.24亿元增长了61.53%,同时,应收账款按欠款方归集的期末余额前五名中四名为公司控股股东及关

(续上)

联方,合计金额 5.06 亿元,占比约 46.45%。值得注意的是,"ST 煤气在 2017 年 4 月下旬公布 2016 年年报的同时,向深交所提交了撤销退市风险警示申请。数据显示,公司 2016 年营业总收入为 12.51 亿元,营业总成本为 14.19 亿元,营业利润为-1.68 亿元;营业外收入为 6.11 亿元,营业外支出为 540.93 万元;净利润为 3.8 亿元。

案例来源:罗勇.上市公司盈余管理手段分析与识别研究[M].北京:经济科学出版社,2018.

四、合同成本

(一) 合同履约成本

企业为履行合同可能发生的成本,不属于其他企业会计准则规定的范围且同时满足下列条件的,应当作为合同履约成本确认为一项资产:

一是该成本与一份当前或预期取得的合同直接相关,包括直接人工、直接材料、制造费用(或类似费用)、明确由客户承担的成本以及仅因该合同而发生的其他成本。

二是该成本增加了企业未来用于履行(包括持续履行)履约义务的资源。

三是该成本预期能够收回。

企业应当在下列支出发生时,将其计入当期损益:一是管理费用,如果这些费用明确由客户承担,则不计入;二是非正常消耗的直接材料、直接人工和制造费用(或类似费用),这些支出为履行合同发生,但未反映在合同价格中;三是与履约义务中已履行(包括已全部履行或部分履行)部分相关的支出,即该支出与企业过去的履约活动相关;四是无法在尚未履行的与已履行(或已部分履行)的履约义务之间区分的相关支出。

【例 6-43】 甲公司与乙公司签订合同,为乙公司信息中心提供管理服务,合同期限为 5 年。在向乙公司提供服务之前,甲公司设计并搭建了一个信息技术平台供其内部使用,该信息技术平台由相关的硬件和软件组成。甲公司需要提供设计方案,将该信息技术平台与乙公司现有的信息系统对接,并进行相关测试。该平台并不会转让给乙公司,但是,将用于向乙公司提供服务。甲公司为该平台的设计、购买硬件和软件以及信息中心的测试发生了成本。除此之外,甲公司专门指派两名员工,负责向乙公司提供服务。

本例中,甲公司购买硬件和软件的成本应当分别按照固定资产和无形资产准则进行会计处理;设计服务成本和信息中心的测试成本不属于其他会计准则的规范范围,但是这些成本与履行该合同直接相关,并且增加了甲公司未来用于履行履约义务(即提供管理服务)的资源,如果甲公司预期该成本可通过未来提供服务收取的对价收回,则甲公司应当将这些成本确认为一项资产。甲公司向两名负责该项目的员工支付的工资费用,虽然与向乙公司提供服务有关,但是由于其并未增加企业未来用于履行履约义务的资源,因此,应当于发生时计入当期损益。

企业应当设置"合同履约成本"账户,核算企业为履行当前或预期取得的合同所发生的、不属于其他会计准则规范范围且按照《企业会计准则第 14 号——收入》应当确认为一项资产的成本。该账户可按合同分别设置"服务成本""工程施工"等明细账户核算。企业发生合同履约成本时,借记该账户,贷记"银行存款""应付职工薪酬""原材料"等账户;对合同履约成本进行摊销时,借记"主营业务成本""其他业务成本"等账户,贷记该账户。

(二)合同取得成本

企业为取得合同而发生且能从客户处得到补偿的增量成本,应该作为合同取得成本,将其确认为一项资产。其中,增量成本是指企业不取得合同就不会发生的成本(如销售佣金等)。在一般情况下,只要是因合同而发生的正常成本,且能从客户处得到补偿的,就应该确认为一项资产。为简化实务操作,该资产摊销期限不超过 1 年的,可以在发生时计入当期损益。企业在未取得合同的情况下原本将发生的成本,如设施成本和销售人员工资等,不予以资本化(无论是否签订合同)。

【例 6-44】 某电信公司推出了一项代售流量卡业务,通过业务员向客户销售流量卡。客户购买了流量卡,在 1 年内在线登录充值后即可使用卡内流量。电信公司按照流量卡的金额给业务员提成,每销售面值 100 元的流量卡,业务员可以获得 10 元的业务提成。10 元的业务提成属于取得合同发生的增量成本,应当确认为一项资产(合同取得成本)。

企业为取得合同发生的、除预期能够收回的增量成本之外的其他支出(如无论是否取得合同均会发生的差旅费、投标费、为准备投标资料发生的相关费用等),应当在发生时计入当期损益,但是明确由客户承担的除外。

企业应当设置"合同取得成本"账户,核算企业取得合同发生的、预计能够收回的增量成本。企业发生合同取得成本时,借记该账户,贷记"银行存款""其他应付款"等账户;对合同取得成本进行摊销时,借记"销售费用"等账户,贷记该账户。

(三)与合同履约成本和取得成本有关资产的摊销和减值

1. 摊销

对于确认为资产的合同履约成本和合同取得成本,企业应当采用与该资产相关的商品或服务收入确认相同的基础(即在履约义务履行的时点或按照履约义务的履约进度)进行摊销,计入当期损益。

企业取得合同发生的增量成本,摊销计入销售费用等;履行合同发生的成本,摊销计入主营业务成本或其他业务成本。摊销发生变更的(转让商品或服务的预计时间发生重大变动的),应作为会计估计变更处理。

2. 减值

合同履约成本和合同取得成本的账面价值高于下列两项差额的,超出部分应当计提减值准备,并确认为资产减值损失:①企业因转让与该资产相关的商品或服务预期能够取得的剩余对价。②为转让该相关商品或服务估计将要发生的成本。估计将要发生的成本主要包括直接人工、直接材料、制造费用(或类似费用)、明确由客户承担的成本以及仅因该合同而发生的其他成本(如支付给分包商的成本)等。以前期间减值的因素之后发生变化,可以转回原已计提的资产减值准备,并计入当期损益,但转回后的资产账面价值不应超过假定不计提减值准备情况下该资产在转回日的账面价值。

【例6-45】 2×20年12月1日,鼎域房地产开发公司与世方公司签订合同,委托世方公司代理销售其开发的商品房。该商品房的销售价格由鼎域房地产开发公司确定,鼎域房地产开发公司根据世方公司成功销售的商品房套数向其支付佣金,佣金比例为客户购买款项的3%(不含税)。截至2×20年12月31日,世方公司成功销售商品房30套,购房款总额为6 000万元,鼎域房地产开发公司应向世方公司支付佣金180万元,鼎域房地产开发公司收到世方公司开具的增值税专用发票注明的增值税额为10.8万元、税率为6%,并取得税务机关认证。假设此时尚未达到确认房屋销售收入的时点。2×21年1月10日,鼎域房地产开发公司向世方公司付款。

本例中,鼎域房地产开发公司应于2×20年12月31日将销售佣金180万元作为取得合同的增量成本确认为一项资产;取得合同的增量成本应当采用与相关房屋销售的收入确认相同的基础进行摊销,计入当期损益。鼎域房地产开发公司的账务处理如下。

a. 支付销售佣金:

借:合同取得成本　　　　　　　　　　　　　　　　　　1 800 000
　　贷:银行存款　　　　　　　　　　　　　　　　　　　　1 800 000

b. 摊销合同取得成本:

借:销售费用　　　　　　　　　　　　　　　　　　　　1 800 000
　　贷:合同取得成本　　　　　　　　　　　　　　　　　　1 800 000

案例6-4

唯品会遭遇做空危机

2015年5月12日,名不见经传的做空研究公司Mithra Forensic Research(以下简称"MFR")发布了一篇标题为《唯品会:你们发的财报我们不买账》的研究报告,从收入确认、存货会计、其他应收款、资本性支持、现金流、持有至到期的投资、收购乐峰交易、物流公司建设、公司治理这几个方面质疑唯品会信息科技有限公司(以下简称"唯品会");当天唯品会的股票价格从前一天的27.32美元下跌至25.78美元,而且交易量超过2 100万个ADS(每ADS=2股普通股),是平常交易量的大约3倍。

5月13日,唯品会公告2015年度第一季度的业绩,并逐一反驳做空报告的指控,公司股票收盘涨3.41%,至26.66美元,盘后涨6.83%,当天的交易量超过2 900万个ADS;5月14日,做空机构MFR继续发标,就唯品会在5月13日的回复再次发出电子信件给唯品会,继续质疑,并将该信件抄送唯品会的机构投资者代表、外部审计师德勤、SEC和纽约证券交易所;当天,唯品会的股票收盘价格下跌至25.21美元,当天跌幅为5.44%,交易量超过3 600万个ADS,是平均日交易量的6倍左右,而且盘后还

(续上)

> 继续下跌至 25 美元。如果从 5 月 11 日收盘价格的 27.32 美元计算,截至 5 月 14 日,短短几天之内唯品会的股价下跌接近 8.5%,市值缩水超过 10 亿美元。
>
> 做空机构认为唯品会的收入确认方法不正确,其商业模式属于寄售模式(consignment),按照这样的商业模式,在美国公认会计准则下,收入应该按照净额法(net method)确认,而唯品会目前则是按照全额法(gross method)确认,因此唯品会的收入被严重高估了。
>
> 在全额法下,唯品会可以将从客户收取的总价款作为自己的销售收入,而将需要付给供应商的金额作为成本;而在净额法下,唯品会只能将从客户收取的总价款扣减掉需要付给供应商的金额之后的差额作为收入,简单的理解就是只能将毛利作为收入。显然,如果按照净额法,那么有可能的一个最坏结果(仅仅是假设)是,唯品会 2014 年的总收入金额就不是接近 38 亿美元,而是仅仅不到 10 亿美元,这无疑对公司在投资者眼中的定位产生巨大影响,进而影响到公司的股票估值。
>
> 从做空报告披露的信息来看,做空机构显然是没有接触到公司的相关信息。做空机构仅仅是依据公司年度报告所披露的内容、法国巴黎银行的某次研究报告,以及唯品会高管在 2013 年第四季度业绩公告会议上回答分析师的信息,认为唯品会对主要库存商品不拥有所有权,也不承担主要的信用风险,因此唯品会的商业模式属于寄售行为;如果属于寄售行为,则唯品会不需要主要风险,因此需要采用净额法确认收入,所以做空机构认为唯品会目前的收入确认方法违背了美国公认会计准则,收入被严重高估了。
>
> 案例来源:卓继民. 唯品会被做空:收入确认方式真有猫腻[EB/OL].(2015-05-15)[2018-10-02]. http://tech.sina.com.cn/zl/post/detail/i/2015-05-15/pid_8478842.htm.

第二节 费 用

企业的生产经营活动必然导致各种费用的发生,费用是企业为了取得营业收入而发生的,应从营业收入中得到补偿。

一、费用的确认

费用是指企业在日常活动中发生的、会导致所有者权益减少的、与向所有者分配利润无关的经济利益的总流出。

费用具有以下特征:①费用是企业日常活动中所产生的,而不是在偶然的交易或事项中产生的。②费用的产生会导致所有者权益的减少。③费用会导致企业负债的增加,或资产的减少,或者两者兼有。

二、费用的核算

(一) 营业成本

营业成本是指企业所销售商品或提供劳务的成本。营业成本的发生与营业收入相关,能够确定其归属期和归属对象。企业的营业成本主要包括主营业务成本和其他业务成本。

1. 主营业务成本

主营业务成本是企业确认销售商品、提供劳务等主营业务收入时应结转的成本。企业一般在确认销售商品、提供劳务等主营业务收入时或期末,将已销售商品、已提供劳务的成本转入主营业务成本,借记"主营业务成本"账户,贷记"库存商品""合同履约成本"等账户。期末,将"主营业务成本"账户的余额转入"本年利润"账户,结转后"主营业务成本"账户无余额。

【例6-46】 2×18年5月1日,甲公司向乙公司销售A产品500件,单价为100元,单位成本为50元,开出的增值税专用发票上注明销售价格为50 000元,增值税为8 000元。商品已经发出,款项尚未收到。甲公司的账务处理如下。

a. 确认销售收入:

借:应收账款	58 000
贷:主营业务收入	50 000
应交税费——应交增值税(销项税额)	8 000

b. 结转产品成本:

借:主营业务成本	25 000
贷:库存商品	25 000

2. 其他业务成本

其他业务成本是企业确认的除主营业务活动以外的其他经营活动所发生的支出。其他业务成本包括销售材料的成本、转让投资性房地产的成本、出租固定资产的折旧额、出租无形资产的摊销额、出租包装物的成本或摊销额等。

企业应通过"其他业务成本"账户核算其他业务成本的确认和结转情况。企业发生的其他业务成本,借记该账户,贷记"原材料""周转材料""累计折旧""累计摊销""银行存款"等账户。期末,应将该账户余额转入"本年利润"账户,结转后该账户无余额。

(二) 税金及附加

税金及附加主要核算企业经营活动发生的消费税、城市维护建设税、教育费附加、房产税、资源税、车船税、印花税等相关税费。

1. 消费税

消费税是以消费品的流转额作为征税对象的各种税收的统称。消费税是在对货物普遍征收增值税的基础上,选择少数消费品再征收的一种税种。消费税主要是为了调节产品结构,引导消费方向,保证国家财政收入。现行消费税征收范围主要包括烟、酒、高档化妆品、贵重首饰及珠宝玉石、鞭炮、焰火、成品油、小汽车、摩托车、高尔夫球及球具、高档手表、游艇、木质一次性筷子、实木地板、铅蓄电池、涂料等。

【例6-47】 甲公司于2×18年2月1日取得应纳消费税的销售商品收入3 000 000元,该产品适用的消费税税率为25%。甲公司与消费税有关的账务处理如下。

a. 计算应交消费税:

$$应交消费税 = 3\,000\,000 \times 25\% = 750\,000(元)$$

借:税金及附加	750 000
贷:应交税费——应交消费税	750 000

b. 交纳消费税:

借:应交税费——应交消费税	750 000
贷:银行存款	750 000

2. 城市维护建设税和教育费附加

城市维护建设税是为了加强城市的维护建设,扩大和稳定城市维护建设资金的来源,对有经营收入的单位和个人征收的一种税。教育费附加是国家为扶持教育事业发展,计征用于教育的政府性基金。城市维护建设和教育费附加都是以纳税人实际交纳的增值税、消费税额为计税依据,分别与增值税、消费税同时交纳。

【例6-48】 2×18年4月,乙公司当月实际应交增值税为350 000元,应交消费税为150 000元,城市维护建设税税率为7%,教育费附加征收率为3%。乙公司与城市维护建设税、教育费附加有关的账务处理如下。

a. 计算应交城市维护建设税和教育费附加:

$$应交城市维护建设税 = (350\,000 + 150\,000) \times 7\% = 35\,000(元)$$
$$应交教育费附加 = (350\,000 + 150\,000) \times 3\% = 15\,000(元)$$

借:税金及附加	50 000
贷:应交税费——应交城市维护建设税	35 000
——应交教育费附加	15 000

b. 交纳城建税和教育费附加:

借:应交税费——应交城市维护建设税	35 000
——应交教育费附加	15 000
贷:银行存款	50 000

3. 房产税

房产税是国家以房产作为课税对象向产权所有人征收的一种财产税。对房产征税的目的是运用税收杠杆,加强对房产的管理,提高房产使用效率,控制固定资产投资规模和配合国家房产政策的调整,合理调节房产所有人和经营人的收入。

4. 资源税

资源税是以各种应税自然资源为课税对象、为了调节资源级差收入并体现国有资源有偿使用而征收的一种税。资源税在理论上可区分为对绝对矿租课征的一般资源税和对级差矿租课征的级差资源税。其中,一般资源税就是国家对国有资源,如我国宪法规定的城市土地、矿藏、水流、森林、山岭、草原、荒地、滩涂等,根据国家的需要,对使用某种自然资源的单位和个人,为取得应税资源的使用权而征收的一种税;级差资源税是国家对开发和利用自然资源的单位和个人,由于资源条件的差别所取得的级差收入课征的一种税。这体现在税收政策上就称为"普遍征收,级差调节",即对所有开采者开采的所有应税资源都应交纳资源税;同时,开采中、优等资源的纳税人还要相应多交纳一部分资源税。

5. 车船税

车船税是指对在我国境内应依法到公安、交通、农业、渔业、军事等管理部门办理登记的车辆、船舶,根据其种类,按照规定的计税依据和年税额标准计算征收的一种财产税。

6. 印花税

印花税是对经济活动和经济交往中书立、领受具有法律效力凭证的行为所征收的一种税。印花税因采用在应税凭证上粘贴印花税票作为完税的标志而得名。现行印花税只对《中华人民共和国印花税暂行条例》列举的凭证征税,主要包括:购销、加工承揽、建设工程承包、财产租赁、货物运输、仓储保管、借款、财产保险、技术合同或者具有合同性质的凭证;产权转移书据;营业账簿;权利、许可证照;经财政部确定征税的其他凭证。

(三) 期间费用

期间费用是企业当期发生费用中的重要组成部分,是指本期发生的、不能直接或间接归入某种产品成本的、直接计入当期损益的各项费用,包括管理费用、销售费用、财务费用。

1. 管理费用

管理费用是指企业行政管理部门为组织和管理经营活动而发生的各项费用。它包括企业在筹建期间内发生的开办费、董事会和行政管理部门职工工资及福利费、物料耗费、低值易耗品摊销、办公费和差旅费、工会经费、职工教育经费、劳动保护费、待业保险费、咨询费、审计费、诉讼费、排污费、绿化费、技术转让费、研究费、无形资产摊销、业务招待费、存货盘亏和损毁(减盘盈)、其他管理费用等。

【例6-49】 甲公司2×18年12月管理费用发生金额如下:用银行存款支付业务招待费5 000元和公司审计费50 000元,摊销无形资产成本30 000元,应付行政管理人员薪酬40 000元。甲公司的账务处理如下:

借:管理费用	125 000
贷:银行存款	55 000
累计摊销	30 000
应付职工薪酬	40 000

企业研发支出一般应于发生时计入当期损益（管理费用），但开发阶段的支出满足以下条件时，可以资本化计入无形资产成本：

(1) 完成该无形资产以使其能够使用或出售在技术上具有可行性。

(2) 具有完成该无形资产并使用或出售的意图。

(3) 无形资产产生经济利益的方式，包括能够证明运用该无形资产生产的产品存在市场或无形资产自身存在市场，无形资产将在内部使用的，应当证明其有用性。

(4) 有足够的技术、财务资源和其他资源支持，以完成该无形资产的开发，并有能力使用或出售该无形资产。

(5) 归属于该无形资产开发阶段的支出能够可靠地计量。

【例 6-50】 2×18 年 1 月 1 日，甲公司经公司董事会批准研发某项新专利技术，该公司董事会认为，研发该项目具有可靠的技术和财务等支持。该公司在研究开发过程中发生材料费 5 000 000 元，支付研发人员工资 6 000 000 元，其他费用 1 000 000 元，总计 12 000 000 元。其中，符合资本化条件的支出为 8 000 000 元。2×18 年 12 月 31 日，该专利技术已经达到预定用途。假定不考虑其他税费，甲公司的账务处理如下：

a. 发生研发支出：

借：研发支出——资本化支出	8 000 000
——费用化支出	4 000 000
贷：原材料	5 000 000
应付职工薪酬	6 000 000
银行存款	1 000 000

b. 无形资产达到预定可使用状态：

| 借：无形资产 | 8 000 000 |
| 贷：研发支出——资本化支出 | 8 000 000 |

c. 结转费用化研发支出：

| 借：管理费用 | 4 000 000 |
| 贷：研发支出——费用化支出 | 4 000 000 |

案例 6-5

资本化研发支出是净利润 3 倍　乐视网高业绩含金量打折

2016 年 3 月 17 日晚间，乐视网信息技术（北京）股份有限公司（以下简称"乐视网"，股票代码 300104）发布的 2015 年年报显示，公司当期实现营业收入为 130.16 亿元，同比增长 90.89%，实现归属于上市公司股东的净利润为 5.73 亿元，同比增长 57.41%。

《号外财经》发现，看似光鲜的业绩背后，是乐视网研发支出大量资本化。

(续上)

  乐视网 2015 年年报显示,公司当期的研发投入金额高达 12.24 亿元,而在 2014 年和 2013 年,公司的该项数据分别为 8.05 亿元和 3.73 亿元。
  研发支出资本化的金额在 2015 年高达 7.31 亿元,而这一数据在 2014 年也高达 4.82 亿元,2013 年为 2.03 亿元。
  2015 年至 2013 年,公司资本化研发支出占研发投入的比例分别为 59.79%、59.90%、54.17%。同期,资本化研发支出占当期净利润的比重分别为 337.09%、374.65%、87.17%。这一数据在上市公司中很是罕见。
  数据显示,2015 年乐视网合并利润表中,净利润为 2.17 亿元,2015 年为 1.28 亿元。
  所谓研发支出资本化,简单一点来说,就是指企业将投入研发的费用用作资本,不计入费用一栏,从而减少研发费用,相应的净利润也会增加。
  企业会计准则规定,企业内部研究开发项目开发阶段的支出,同时满足下列条件的,才能确认为无形资产:完成该无形资产以使其能够使用或出售在技术上具有可行性;具有完成该无形资产并使用或出售的意图;无形资产产生经济利益的方式,包括能够证明运用该无形资产生产的产品存在市场或无形资产自身存在市场,无形资产将在内部使用的,应当证明其有用性;有足够技术、财务资源和其他资源支持,以完成该无形资产的开发,并有能力使用或出售该无形资产;归属于该无形资产开发阶段的支出能够可靠地计量。
  对于乐视网如此高的研发费用资本化是否合理,《号外财经》无从判断,但公司 2015 年的研发费用资本化的数据是当期净利润的 3 倍,也远高于同期实现归属于上市公司股东的净利润,这无疑让乐视网 2015 年的净利润含金量大大缩减。
  案例来源:张飞.资本化研发支出是净利润 3 倍　乐视网高业绩含金量打折[EB/OL].(2016-03-18)[2018-10-10]. http://mini.eastday.com/a/160318072311083.html.

2. 销售费用

  销售费用是指企业在销售过程中发生的各项费用和专设销售机构的各项经费,包括企业在销售商品过程中发生的保险费、包装费、展览费和广告费、商品维护费、预计产品质量保证损失、运输费、装卸费、专设销售机构(含销售网点、售后服务网点等)的职工薪酬、业务费、折旧费、固定资产维修费用等费用。企业发生销售费用时,借记"销售费用"账户,贷记有关账户。

  【例 6-51】　丁公司销售部 2×18 年 9 月发生费用 200 000 元,其中,销售人员薪酬 100 000 元,销售部专用办公设备折旧费 30 000 元,业务费 70 000 元,均用银行存款支付。

  借:销售费用　　　　　　　　　　　　　　　　　　　200 000
   贷:应付职工薪酬　　　　　　　　　　　　　　　　　　100 000
    累计折旧　　　　　　　　　　　　　　　　　　　　　30 000
    银行存款　　　　　　　　　　　　　　　　　　　　　70 000

3. 财务费用

财务费用是指企业为筹集生产经营所需资金等而发生的筹资费用,包括利息支出(减利息收入)、汇兑损益、相关手续费、企业发生的现金折扣或收到的现金折扣等。企业发生财务费用时,借记"财务费用"账户,贷记有关账户。企业取得利息收入,其数额与利息支出相比一般较小,应抵减利息支出,借记"银行存款"等账户,贷记"财务费用"账户。

【例6-52】 甲企业于2×18年1月1日向银行借入生产经营用短期借款300 000元,期限为6个月,年利息率为5%,该借款本金到期后一次归还,利息分月预提,按季支付。假定所有利息均不符合资本化条件。甲公司每月末预提当月应计利息的账务处理如下:

借:财务费用(300 000×5%÷12)　　　　　　　　　　　　　　1 250
　　贷:应付利息　　　　　　　　　　　　　　　　　　　　　　1 250

第三节 利　润

利润代表企业一定期间的经营成果,利润的高低反映了企业的获利能力。它是评价企业管理层业绩的重要指标之一,也是投资者、债权人等财务会计报告使用者进行决策的重要参考依据。

一、利润的定义及计算

利润是指企业在一定会计期间的经营成果。利润包括收入减去费用后的净额、直接计入当期利润的利得和损失等。其中,直接计入当期利润的利得和损失是指应当计入当期损益、会导致所有者权益发生增减变动的、与所有者投入资本或向所有者分配利润无关的利得或损失。

利润按其形成过程,分为税前利润和税后利润。税前利润也称利润总额;税后利润减去所得税费用,即为税后利润,也就是净利润。

(一) 营业利润

营业利润是企业通过一定期间的日常活动取得的利润。其计算公式如下:

营业利润 = 营业收入 − 营业成本 − 税金及附加 − 销售费用 − 管理费用 − 研发费用
　　　　　− 财务费用 − 资产减值损失 − 信用减值损失 + 其他收益 + 投资收益
　　　　　+ 净敞口套期收益 + 公允价值变动收益 + 资产处置收益

其中,营业收入是指企业经营业务所实现的收入总额,包括主营业务收入和其他业务收入;营业成本是指企业经营业务所发生的实际成本总额,包括主营业务成本和其他业务成本;税金及附加是企业经营活动发生的消费税、城市维护建设税等相关税费;管理费用、销售费用和财务费用属于期间费用,即直接计入当期损益的各项费用;研发费用是指企业进行研究与开发过程中发生的费用化支出;资产减值损失是指企业计提各项资产减值准备所形成的损失;信用减值损失是指反映企业按照《企业会计准则第 22 号——金融工具确认和计量》(2017 年修订)的要求计提的各项金融工具减值准备所形成的预期信用损失;其他收益是指与企业日常活动相关、但不宜确认收入或冲减成本费用的政府补助;投资收益(或损失)是指企业以各种方式对外投资所取得的收益(或损失);净敞口套期收益是指反映净敞口套期下被套期项目累计公允价值变动转入当期损益的金额或现金流量套期储备转入当期损益的金额;公允价值变动收益(或损失)是指企业交易性金融资产等公允价值变动形成的应计入当期损益的利得(或损失);资产处置收益(或损失)是指出售、转让固定资产、无形资产等产生的处置利得或损失。

(二) 利润总额

利润总额是指企业或组织在生产经营过程中各种收入扣除各种耗费后的盈余数额,反映企业在报告期内实现的盈亏总额。其计算公式如下:

$$利润总额 = 营业利润 + 营业外收入 - 营业外支出$$

1. 营业外收入

营业外收入是指企业发生的与其生产经营无直接关系的各项收入,主要包括非流动资产毁损报废利得、债务重组利得、盘盈利得、捐赠利得、企业合并损益、因债权人原因确实无法支付的应付款项、罚没收入等。其中,非流动资产毁损报废利得是指因自然灾害等发生毁损、已丧失使用功能而报废非流动资产所产生的清理收益;债务重组利得是指债务重组的账面价值超过清偿债务的现金、非现金资产的公允价值、转让股份的公允价值或债务重组后账面价值之间的差额;盘盈利得是指企业对现金等资产进行清查盘点中盘盈的资产,报经批准后计入营业外收入的金额;捐赠利得是指企业接受捐赠产生的利得,企业接受代为偿债、债务豁免或捐赠的,按照会计准则规定符合条件的,通常确认为当期收益,但是接受控股股东或非控股股东(或非控股股东的子公司)直接或间接代为偿债、债务豁免或捐赠,经济实质表明属于控股股东或非控股股东对企业的资本性投入时,应当计入所有者权益(资本公积);企业合并损益是指合并对价小于取得可辨认净资产公允价值的差额;因债权人原因确实无法支付的应付款项是指因债权人单位变更登记或者撤销等而无法支付的应付款项等;罚没收入是指对方违反国家相关行政管理法规,按照规定支付给本企业的罚款,不包括银行罚息。

2. 营业外支出

营业外支出是指企业发生的与日常经营活动无直接关系的各项损失。它包括非流动资产毁损报废损失、债务重组损失、捐赠支出、盘亏损失、罚没支出、非常损失等。其中,非流动资产毁损报废损失是指因自然灾害等发生毁损、已丧失使用功能而报废非流动资产所产生的清理损失;债务重组损失是指重组债权的账面余额超过受让资产的公允价值、所转让股份的公允价值或重组后债券的账面价值之间的差额;捐赠支出是指企业对外进行捐赠发生的支出;盘亏损失是指企业对现金、固定资产等资产进行清查盘点中盘亏的资产,报经批准后计入营业外支出的金额;罚没支出是指企业因违反法律或未履行经济合同、协议而支付的赔偿金、违约金、罚息、罚款支出、滞纳金等和因违法经营而发生的被没收财物损失;非常损失是指企业对于客观因素造成(如自然灾害等)的损失,在扣除保险公司赔偿后计入营业外支出的净损失。

(三) 净利润

净利润是指企业利润总额扣除所得税费用后的余额。其计算公式如下:

$$净利润 = 利润总额 - 所得税费用$$

在按资产负债表债务法核算所得税的情况下,所得税费用包括当期所得税费用和递延所得税费用。

1) 当期所得税费用

当期所得税费用是指企业按照税法规定计算确定的针对当期发生的交易或事项,应交纳给税务部门的所得税金额。由于按照会计准则计算的税前会计利润(利润总额)与按税法计算的应纳税所得额存在一定差异,企业应在利润总额的基础上,按照税法的规定进行纳税调整,计算出应纳税所得额,再按照应纳税所得额与适用的所得税税率计算当期应交所得税。相关计算公式如下:

$$应纳税所得额 = 利润总额 + 按照会计准则规定计入利润表但计税时不允许税前扣除的费用 + 计入利润表的费用与按照税法规定可予税前扣除的金额之间的差额$$

$$\pm 计入利润表的收入与按照税法规定应计入应纳税所得额的收入之间的差额 - 税法规定不征税收入 \pm 其他需要调整的因素$$

$$当期应交所得税 = 当期应纳税所得额 \times 适用所得税税率$$

以下是一些常见的可能需要调整的项目:①固定资产折旧、无形资产摊销,税法规定了方法和年限要求。②计提的资产减值准备,税法一般不允许税前扣除。③国债利息收入、税收优惠等税法准予免税或减税的项目。④职工福利费、职工教育经费、职工工会经费,税法规定在工资总额 14%、8%、2% 的限额内,可税前扣除。⑤与生产经营活动有关的业务招待费支出,税法规定按照发生额的 60% 扣除,但不得超过当年营业收入的 5‰。⑥企业发生的公益性捐赠支出,税法规定在年度利润总额 12% 以内的部分准予在计算应纳税所得额时扣除;超过年度利润总额 12% 的部分,准予结转以后 3 年内在计算应纳税所得额时扣除。⑦税前未弥补的亏损等。

【例 6-53】 甲公司 2×18 年 12 月利润总额(税前会计利润)为 20 000 元,其中,国债利息收入 1 000 元,非公益性捐赠支出 2 000 元,资产减值损失 500 元,公允价值变动收益 2 500 元。企业所得税税率为 25%。甲公司 2×18 年 12 月应交所得税的计算和账务处理如下:

$$应纳税所得额 = 20\,000 - 1\,000 + 2\,000 + 500 - 2\,500 = 19\,000(元)$$
$$应交所得税 = 19\,000 \times 25\% = 4\,750(元)$$

借:所得税费用　　　　　　　　　　　　　　　　　　　　　　4 750
　　贷:应交税费——应交所得税　　　　　　　　　　　　　　　　4 750

2) 递延所得税费用

递延所得税费用是指由于某一会计期间确认的递延所得税资产及递延所得税负债当期发生额的结果。其中,递延所得税资产是指对于可抵扣暂时性差异,以未来期间很可能取得用来抵扣可抵扣暂时性差异的应纳税所得额为限确认的一项资产;递延所得税负债是指根据应纳税暂时性差异计算的未来期间应付所得税的金额。

【例6-54】 甲公司于2×17年12月31日购入一台固定资产,原值为60 000元,假定无预计净残值,税法规定采用直线法计提折旧,折旧年限为5年;该公司采用直线法计提折旧,折旧年限为3年,适用的企业所得税税率为25%。

2×17年12月31日,该固定资产的账面价值为60 000元,计税基础也为60 000元,无差异。

2×18年,按照税法规定应计提折旧12 000元,年末计税基础为48 000元;该公司实际计提折旧20 000元,年末账面价值为40 000元。两者之间的差额为8 000元。由于该固定资产在未来期间可以按照48 000元在所得税前扣除,比该固定资产的账面价值多8 000元,因此这8 000元差异属于可抵扣暂时性差异,应确认递延所得税资产2 000元。甲公司的账务处理如下:

借:递延所得税资产　　　　　　　　　　　　　　　　　　　　2 000
　　贷:所得税费用　　　　　　　　　　　　　　　　　　　　　　2 000

(四)综合收益总额

综合收益总额是企业净利润与其他综合收益的合计金额。其计算公式如下:

$$综合收益总额 = 净利润 + 其他综合收益$$

其他综合收益是指企业根据企业会计准则规定未在损益中确认的各项利得和损失扣除所得税影响后的净额。属于其他综合收益的情况包括:

(1)以公允价值计量且其变动计入其他综合收益的金融资产的公允价值变动。

(2)确认按照权益法核算的长期股权投资持有期间被投资单位其他综合收益变动。

(3)套期工具产生的利得或损失中属于有效的部分,作为现金流量套期储备,应计入其他综合收益。

(4)境外经营外币报表折算差额的增加或减少。

(5)非投资性房地产转换为以公允价值进行后续计量的投资性房地产,转换日公允价值大于账面价值的。

(6)与计入其他综合收益项目相关的所得税影响。

【例6-55】 20×8年9月30日,甲公司与乙公司签订一份租赁协议,将其一栋写字楼出租给乙公司,租赁开始日为20×8年10月1日。当日该固定资产的账面价值为5 000万元,已计提折旧1 000万元,公允价值为5 500万元。

借：投资性房地产		55 000 000
累计折旧		10 000 000
贷：固定资产		50 000 000
其他综合收益		15 000 000

二、利润形成的核算

企业产生的净利润一般通过"本年利润"账户核算，分为账结法和表结法两种核算方法。

（一）账结法

采用账结法，企业于每月末将所有损益类账户的余额转入"本年利润"账户：借记所有收入类账户，贷记"本年利润"账户；借记"本年利润"账户，贷记所有费用类账户。经过上述结转后，损益类账户月末没有余额，"本年利润"账户的贷方余额便是年度内累计实现的净利润，借方余额表示年度内累计发生的净亏损。采用账结法，账面上能够直接反映各月末累计实现的净利润和累计发生的净亏损，但每月结转工作量较大。

（二）表结法

采用表结法，企业在各月末不结转本年利润，只有在年末才将所有损益类账户的余额转入"本年利润"账户，各损益类账户的月末余额表示累积的收入或费用，"本年利润"账户在平时不做任何记录，只有在12月末结转本年利润时，借记所有收入类账户，贷记"本年利润"账户；借记"本年利润"账户，贷记所有费用类账户。年末，损益类账户没有余额，"本年利润"账户的贷方余额表示全年累计实现的净利润，借方余额表示全年累计实现的净亏损。采用表结法，各月末的累积净利润或净亏损在账面上直接得到反映，需要在利润表中进行结算，但由于平时不用结转本年利润，能够简化核算工作。表结法不产生凭证，只需把损益类账户结转到下一个年度。

【例6-56】宏达公司2×18年的相关损益账户发生额如下：

主营业务收入1 200万元，其他业务收入100万元，投资收益60万元，营业外收入10万元；主营业务成本500万元，其他业务成本50万元，税金及附加10万元，销售费用30万元，管理费用40万元，财务费用20万元，营业外支出5万元，所得税费用125万元。

宏达公司的账务处理如下（表结法）。

a. 结转本年收入：

借：主营业务收入		12 000 000
其他业务收入		1 000 000
投资收益		600 000
营业外收入		100 000
贷：本年利润		13 700 000

b. 结转本年费用：

借：本年利润	7 800 000
贷：主营业务成本	5 000 000
其他业务成本	500 000
税金及附加	100 000
销售费用	300 000
管理费用	400 000
财务费用	200 000
营业外支出	50 000
所得税费用	1 250 000

三、利润分配的核算

利润分配是指企业按照国家规定的政策和比例，对已实现的净利润在企业和投资者之间进行分配。

（一）弥补以前年度亏损

按照《企业财务通则》规定，企业发生年度亏损，可以用下一年度的利润弥补；下一年度不足弥补的，可以在5年内用所得税前利润延续弥补；延续5年未弥补完的亏损，用交纳所得税后的利润弥补。对于高新技术企业和科技型中小企业亏损结转年限由5年延长至10年；亏损延续未超过5年的，用税前利润弥补；弥补亏损后有剩余的，才交纳所得税；延续期限超过5年的，只能用税后利润弥补。

企业利用盈余公积补亏时，借记"盈余公积"账户，贷记"利润分配——盈余公积补亏"账户。

【例6-57】甲公司2×18年年末"利润分配——未分配利润"账户的借方余额为500万元，公司董事会提议，并经股东大会批准用盈余公积弥补亏损。甲公司的账务处理如下：

借：盈余公积	5 000 000
贷：利润分配——盈余公积补亏	5 000 000

（二）提取盈余公积

根据我国《公司法》规定，盈余公积分为法定盈余公积和任意盈余公积。法定盈余公积是国家统一规定必须提取的盈余公积，它的提取顺序是在弥补亏损之后，按当年税后利润的10%提取。盈余公积已达到注册资本50%时不再提取。任意盈余公积由企业自行决定是否提取和提取比例。任意盈余公积的提取顺序是在支付优先股股利之后。

法定盈余公积和任意盈余公积可以统筹使用，其主要用途有两个方面：弥补亏损和按国家规定转增资本。转增资本就是将盈余公积转为实收资本，它实际上是向股东发放股票股利的过程。

企业提取盈余公积时,借记"利润分配——提取盈余公积"账户,贷记"盈余公积"账户。

【例6-58】 乙企业当年净利润为100万元,以前年度未发生亏损,按当年净利润的10%提取法定盈余公积10万元,提取任意盈余公积5万元。乙企业的账务处理如下:

```
借:利润分配——提取法定盈余公积              100 000
         ——提取任意盈余公积                 50 000
  贷:盈余公积——法定盈余公积                100 000
         ——任意盈余公积                    50 000
```

(三)向投资者分配利润

企业以前年度未分配的利润,可以并入本年度向投资者分配,本年度的利润也可以留一部分用于次年分配。股份制企业提取法定盈余公积后,按照下列顺序分配利润:

(1) 支付优先股股利。

(2) 提取任意盈余公积,任意盈余公积按公司章程或股东大会决议提取和使用。

(3) 支付普通股股利。根据我国《公司法》规定,企业当年无利润时,不得分配股利,但企业为维护股票信誉,在用盈余公积弥补亏损后,经股东会特别决议,可以按照股票面值6%的比率用盈余公积分配股利。在分配股利后,企业法定盈余公积占比不得低于注册资本的25%。

股利的主要发放形式有现金股利和股票股利。上市公司是否分配现金股利受到诸多因素的影响:如公司的投资机会,一般来说,若投资机会多,对资金的需求量大,往往会采取低股利、高留存收益的政策;反之,若投资机会少,资金需求量小,就可能采取高股利政策。另外,有的企业有意多派发股利来影响股价的上涨,使已经发行的可转换债券尽早实现转换,达到调整资本结构的目的。此外,投资者对股利分配的不同态度也会影响股利的分配,有的投资者是公司的永久性股东,他们关注公司长期稳定发展,不太注重现期收益,希望公司暂时少分股利以进一步增强公司长期发展能力;有的投资者的投资目的在于获取高额股利,十分偏爱定期支付高股息的政策;而有的投资者则偏爱投机,其投资目的在于短期持股期间股价大幅度波动,通过炒股获取价差。股利政策必须兼顾这三类投资者对股利的不同态度,以平衡公司和各类股东的关系。

1. 现金股利

现金股利是上市公司以货币形式支付给股东的股息红利,也是最普通最常见的股利形式。上市公司分配现金股利时,先由股东大会做出决定,后由董事会正式宣告。上市公司自宣告发放现金股利之日起,应借记"利润分配——应付股利"账户,贷记"应付股利"账户。上市公司实际发放现金股利时,应借记"应付股利"账户,贷记"银行存款"等账户。

【例6-59】 甲股份公司于2×19年3月10日宣告发放现金股利100万元,3月20日实际分派。

a. 宣告分派股利:

借：利润分配——应付股利　　　　　　　　　　　　　　　1 000 000
　　贷：应付股利　　　　　　　　　　　　　　　　　　　　　1 000 000
b. 实际分派股利：
借：应付股利　　　　　　　　　　　　　　　　　　　　　　1 000 000
　　贷：银行存款　　　　　　　　　　　　　　　　　　　　　1 000 000

2. 股票股利

股票股利是上市公司用股票的形式向股东分派的股利，也就是通常所说的送红股。上市公司分派股票股利，不影响其资产和负债，也不影响其所有者权益总额，只是所有者权益的结构发生变化。上市公司分派股票股利，应在办理增资手续后进行账务处理，借记"利润分配""盈余公积"等账户，贷记"股本"账户。

案例 6-6

上市公司"高送转"的秘密

　　FG 为沪市上市公司，其控股股东持有公司 45%的股份。在 2015 年 3 月，控股股东在公司的股东大会上提出"高转送"的分红方案，即公司以资本公积向全体股东每 10 股送 4 股，以未分配利润向全体股东每 10 股送 4 股，并每 10 股派发现金股利 0.5 元（含税）。方案通过后控股股东取得 1 163 万元，获得送股 9 305.92 万股，转增股本 25 591.28 万股。在"高送转"分红方案披露之后，公司股价出现上涨，即不到 1 个月的时间内公司股价由 31.87 元/股上涨至 35.14 元/股。其间，控股股东在不到 1 个月的时间内，多次减持上市公司股票合计 3 186.32 万股，占上市公司总股本的 6.13%，减持均价为 30.45 元/股，套取近 10 亿元现金。减持期间及后期，公司股价大幅下跌，由 35.14 元/股下跌到 25.54 元/股，给广大中小投资者造成巨大损失。
　　FG 控股股东在减持公司股票时并未履行相应的披露业务，上海证券交易所对该公司控股股东采取了通报批评的纪律处分措施。作为 FG 控股股东，通过精心策划的"高送转"方案，利用市场中小投资者对"高送转"的偏好从而抬高股价来达到高位减持套现的目的。
　　案例来源：孙宏英. 操纵上市公司利润分配的"罪"与"罚"[J]. 财会通讯，2017(2).

四、利润结算的核算

　　企业应通过在"利润分配"账户下设置"未分配利润"二级账户进行利润结算的核算，反映本年利润的形成和分配情况。年末，企业应将"本年利润"账户的余额转入"利润分配——未分配利润"账户，并将"利润分配"账户所属的其他二级账户的余额转入"未分配利润"二级账户。

企业结算本年利润时,应借记"本年利润"账户,贷记"利润分配——未分配利润"账户;如为亏损,则编制相反的会计分录。企业结转"利润分配"账户时,应借记"利润分配——未分配利润"账户,贷记"利润分配——提取盈余公积""利润分配——应付利润"账户。

经过上述结转以后,"本年利润"账户应无余额。"利润分配"账户所属的二级账户,除"未分配利润"二级账户以外,其他二级账户应无余额。"未分配利润"二级账户的贷方余额表示年末未分配利润,借方余额表示年末未弥补亏损。

【例6-60】甲股份有限公司2×19年实现净利润100万元,本年提取法定盈余公积10万元,宣告发放股利40万元。假定不考虑其他因素,甲股份有限公司的账务处理如下。

a. 结转本年利润:

借:本年利润　　　　　　　　　　　　　　　　　　　　　1 000 000
　　贷:利润分配——未分配利润　　　　　　　　　　　　　　　　　1 000 000

b. 提取法定盈余公积、宣告发放现金股利:

借:利润分配——提取法定盈余公积　　　　　　　　　　　100 000
　　　　　——应付现金股利　　　　　　　　　　　　　　400 000
　　贷:盈余公积　　　　　　　　　　　　　　　　　　　　　　100 000
　　　　应付股利　　　　　　　　　　　　　　　　　　　　　400 000

同时:

借:利润分配——未分配利润　　　　　　　　　　　　　　500 000
　　贷:利润分配——提取法定盈余公积　　　　　　　　　　　100 000
　　　　　　　　——应付现金股利　　　　　　　　　　　400 000

案例 6-7

尔康制药:会计差错还是财务舞弊

湖南尔康制药股份有限公司(以下简称"尔康制药",股票代码300267)2011年9月在深交所成功挂牌上市,首发4 600万股,募集资金7.8亿元,主要投入药用辅料及抗生素原料药扩产项目、年产18万吨药用木薯淀粉生产项目和5 000万支/年注射用磺苄西林钠扩产项目。2013年,尔康制药宣布进入药用淀粉领域,拟使用超募资金1.8亿元、总投资2亿元建设年产18万吨药用木薯淀粉生产项目。

该项目的建设单位为湖南尔康(柬埔寨)有限公司,于2014年3月31日投产,当年实现净利润1 614.86万元;2015年实现2.76亿元利润,2016年实现净利润6.156

（续上）

亿元，较2014年增长3 712.1%，占尔康制药当年净利润的60.79%，其盈利全部来自年产18万吨药用木薯淀粉生产项目。但尔康制药当年利润受到普遍质疑，质疑其在海外设立的公司涉嫌虚构利润，与此同时还涉嫌虚构公司资产。其主要原因有以下几点：

一是尔康制药提供的数据与海关的数据严重不符。湖南尔康（柬埔寨）有限公司是湖南尔康（香港）有限公司于2013年在柬埔寨设立的企业，其经营范围包括酒精、木薯淀粉等药用辅料的生产、销售，药品、医药设备进出口及代理。2016年，湖南尔康（柬埔寨）有限公司实现净利润6.156亿元，是项目可研报告预计利润的9.76倍，主要是销售普通木薯淀粉和改性淀粉。但根据2016年海关数据，中国向柬埔寨进口木薯淀粉共计3.09万吨，金额为1 042.83万美元，折合人民币0.72亿元，远远低于湖南尔康（柬埔寨）有限公司的利润。即尔康制药存在大量海外销售，假设销往中国的0.72亿元均为湖南尔康（香港）有限公司实现的净利润，公司柬埔寨项目的海外销售净利也高达5.43亿元，高于尔康制药2016年年报披露的公司海外销售毛利润4.34亿元。上述数据与湖南尔康（柬埔寨）有限公司实现的盈利不符。

二是超高毛利，不合理。尔康制药的主要产品是胶囊，原材料是改性淀粉，通过普通木薯淀粉可为改性淀粉提供原料。据尔康制药数据披露，公司"改性淀粉"毛利率高达89.9%。作为一家生物制药企业，产品毛利率远超同行业不说，比软件公司等多数不需要原材料生产或靠专利授权的企业高。

三是虚增资产。2014—2017年，尔康制药的固定资产分别是7.19亿元、12.77亿元、17.69亿元、17.60亿元，大部分都是从在建工程转入的。2017年，公司房屋建筑物占固定资产比例超72.32%。公司固定资产占总资产比例远高于同行业公司。公司房产税发生额与实际房产金额难以匹配。据此，公司的解释是公司在柬埔寨所在地有47 886平方米的房屋不在房产税征收范围。投资者质疑尔康制药利用过桥资金使现金增加，然后迅速变成在建工程和固定资产，通过虚构海外固定资产的方式虚增资产。

四是实际控制人套现12.43亿元。2016年12月7日，尔康制药在中国证监会指定信息披露网站发布《关于控股股东、实际控制人及其一致行动人股份减持计划的提示性公告》，控股股东、实际控制人计划以大宗交易的方式，自公告之日起2个交易日后6个月内，拟减持不超过1.99亿股公司股份，即不超过公司总股本的9.66%。2017年5月9日，尔康制药被曝财务造假。但次日，公司公告称"公司接到控股股东、实际控制人帅放文及其一致行动人减持计划实施完毕的通知"。实控人共计减持公司4.999 9%股本，套现12.43亿元。

在面对媒体及投资者质疑其虚构交易、虚构合同等，2016年度境外销售收入占20.08%的尔康制药，一开始采取不认同的态度、反对的说法，进行一一击破。但随着证监会立案调查进程的推动，公司在口风上、行动上发生了一百八十度的大转弯，变相承认了虚增利润的行为。

(续上)

> 公司于2017年11月22日发布《湖南尔康制药股份有限公司关于媒体报道自查报告的公告》。在自查报告中,尔康制药将质疑因素归纳为会计差错造成的。公司声称是由于公司内部控制执行有效性存在缺陷,致使母公司与境外子公司之间,以及公司业务、财务等各部门间的内部信息存在未能及时、准确传递的情形。因而导致湖南尔康(柬埔寨)有限公司采购备货为实现销售导致净利润虚增近2.09亿元、导致未对北美地区的代理商SYN公司产生的销售退回进行会计处理,致使公司虚增0.22亿元净利润。
>
> 案例来源:博实资本.尔康制药:虚增利润2.48亿[EB/OL].(2018-05-15)[2018-10-12]. http://www.sohu.com/a/231855014481772.

复习思考题

1. 收入确认的核心原则是什么?
2. 收入的确认和计量包括哪几步?
3. 如何识别合同?哪些合同应当合并处理?合同变更如何进行会计处理?
4. 如何识别合同中的单项履约义务?哪些情况通常表明企业向客户转让商品的承诺与合同中的其他承诺不可单独区分?
5. 满足什么条件时,履约义务属于在某一时段内履行?其收入如何确认?
6. 在某一时点履约的履约义务,如何判断客户是否取得商品控制权?
7. 如何确定交易价格?如何将交易价格分摊至各单项履约义务?
8. 什么是期间费用?它包括哪些内容?
9. 如何计算企业的利润?利润分配包括哪些内容?

案例分析题

1. A、B、C、D、E公司2×18年度发生的部分经济业务如下(均未考虑增值税等相关税费):

(1) A公司以1 000元的价格向客户销售A商品,购买该商品的客户可得到一张20%的折扣券(无折扣券概不折扣),客户可以在未来30天内使用该折扣券购买A公司原价不超过1 000元的任意商品。根据历史经验,A公司预计有80%的客户会使用该折扣券。

(2) A公司向某客户销售一批产品,售价为100万元,成本为60万元。根据合同,客户在30天内可以退货。A公司根据过去的经验,估计这批商品的退货率约为20%。退货期满时,实际退货率为10%。

(3) B公司与某位客户签订一项协议,客户于当日交纳会费9 000元(不含税价,下同),用于购买会员卡。持有该会员卡后3年内,客户在B公司各门店消费时,某些商品根据消费当日的价格享受一定的折扣(即会员价格比非会员价格优惠)。该会员资格并不限于客户本人使用,但会员费不可退还。2×18年,该客户(或持有该卡的第三方)在B公司门店消费25次共计20 000元(折前价),B公司根据上述协议收取会员价(折后价)19 000元。

(4) C咨询公司签署一项合同,以50万元价格对乙公司一项并购业务提供咨询服务,需要2名咨询师耗费100小时以完成该项目,每小时费率为5 000元。在发生了30工作小时后,C公司与乙公司同意再增加50小时,每小时费率为4 000元。

(5) D公司与客户签订合同,向客户出售一台电梯并免费提供安装服务,安装服务不会对电梯进行定制化的重大修改。电梯售价为100万元,成本为70万元,实际发生的安装成本为5万元。同类电梯安装费的市场价约为8万元。

(6) E公司生产的产品基本上都是根据客户的需求定制的,极少有通用型号的产品,成本核算也采用订单法。E公司与某客户签订合同,合同总价款为500万元。合同约定:在接受订单后,客户应付15%的备料款;在出厂验收前,客户累计付款应达到70%;产品运抵客户现场,客户累计付款应达到90%,剩余10%作为质保金。

要求:根据上述经济业务,逐笔分析其收入如何确认和计量(假定不考虑相关税费)?

2. 甲股份有限公司(以下简称"甲公司")为境内外同时上市的公司,该公司2×18年度发生的有关事项及其会计处理如下:

(1) 1月1日,甲公司与B公司签订销售合同,采用分期收款方式向B公司销售一批产品,合同约定销售价格为5 000万元,款项从12月31日起分5年于每年的12月31日等额收取。该批产品成本为4 000万元。如果采用现销方式,该批产品销售价格为4 500万元。销售当日收到增值税税额720万元存入银行。甲公司1月1日的会计处理为:确认主营业务收入5 000万元;同时结转主营业务成本4 000万元。

(2) 3月1日,甲公司一老客户提出赊购一批产品,价格为100万元。由于该客户目前处于破产边缘,公司估计收款可能性较少。但考虑到客户关系,甲公司还是将货物赊销给了该客户。当日,甲公司确认了100万元的主营业务收入,结转了80万元的主营业务成本。

(3) 11月1日,甲公司接受了一项设备安装任务,安装期为3个月,合同总收入为60万元,至年底已经预收款项50万元,实际发生成本30万元,估计还会发生成本10万元。甲公司2×18年度在会计报表中将50万元的预收款项全部确认为劳务收入,并结转30万元的成本。

(4) 11月1日,甲公司销售给C企业一台通用设备,销售价格为100万元(不含增值税),甲公司已开出增值税专用发票,并将提货单交与C企业,C企业于当日支付货款。由于C企业目前没有放置该项设备的场地,经甲公司同意,待2×19年2月1日再予提货(甲公司没有单独存放这些设备)。该设备的实际成本为80万元。甲公司尚未确认该项业务的收入,也未结转相关的成本。

(5) 12月1日,甲公司销售其生产的一台设备给某客户,售价为100万元,成本为80万元。合同约定,1年后,甲公司需以110万元的价格回购。甲公司确认了100万元主营业务收入,结转了80万元主营业务成本。

要求:分析判断甲公司上述相关业务的收入确认与计量是否正确,并说明理由;如不正确,请指出正确的会计处理方法。

3. 碧桂园公司为香港上市房地产公司。该公司从2017年1月1日开始,提前采纳了《香港财务报告准则第15号》(《香港财务报告准则第15号》实际上也是《国际财务报告准则第15号——与客户之间的合同产生的收入》的翻版,生效时间与我国财政部发布的新收入准则同样为2018年1月1日,准则内容是一致的)。2017年8月22日,碧桂园公司按新准则报告中期业绩,按投入法计量的履约进度在一段时间内确认了147.50亿元的收入,报告总收入为777.75亿元,较旧准则下的629.88亿元,增幅为23%;报告利润为83.73亿元,较旧准则下的50.39亿元,增幅达到66%。碧桂园公司提早采纳新准则的影响,可谓立竿见影。

碧桂园公司对房地产开发活动的会计处理做了如下说明:

"在以往年度的报告期间,当销售合同的重要风险和报酬在交付物业所有权的特定时点全部转移给客户时,本集团确认房地产开发活动产生的收入,而非按照建造进度陆续转移进行确认。根据《香港财务报告准则第15号》,本集团在履约过程中所产出的商品具有不可替代用途,且本集团在整个合约期间内有权就累计至今已完成的履约部分收取款项,本集团根据满足在一段时间内履行义务的条件,按投入法计量的履约进度确认收入。"

要求:查找碧桂园公司2017年中期报告,回答碧桂园公司的分部收入在某一时点确认及在一段时间内确认,分别需要满足什么条件?判断碧桂园公司的房地产开发按履约进度在一段时间内确认收入的做法是否合理?

4. YG公司为一家在上海证券交易所上市的上市公司,该公司于2012年完成发行股份购买资产事项,其控股股东在此次非公开发行股票购买资产后,持有上市公司股份比例由60%增至80%,持股数量由6.5亿股上升至17亿股。随后,在当年净利润与往年基本持平的情况下,公司蹊跷地推出"高送转"利润分配方案:即每10股转增20股,每10股派发现金红利5.29元,利润分配力度畸高于往年,在整个资本市场也实属罕见。通过实施此利润分配方案,控股股东获得高达2亿多元的现金和21亿股公司股票;同时,在利润分配方案披露后,控股股东还通过大宗交易系统减持公司股票2 000万股(公司股价从方案披露后已上涨100%多),再一次获得了巨额收益。从利润分配决策过程来看,控股股东作为上市公司绝对控股股东,必然能够控制公司董事会和经营管理层,从提议利润分配方案到董事会、监事会等通过方案基本不存在障碍,且股东大会审议利润分配方案并不要求控股股东回避,因此,该利润分配方案在股东大会审议中也顺利通过。

要求:

(1) 分析YG公司在2012年净利润与往年基本持平的情况下为什么会进行"高送转"利润分配?

(2) 你如何认识上市公司的"高送转"行为?

第七章
CHAPTER 7

财务会计报告

财务会计报告是指企业对外提供的反映企业某一特定日期的财务状况和某一会计期间的经营成果、现金流量等会计信息的文件。财务会计报告包括会计报表及其附注和其他应当在财务会计报告中披露的相关信息和资料。会计报表至少应当包括资产负债表、利润表、现金流量表等报表。

会计报表是会计核算工作的最终产品,是依据企业日常核算资料编制的报告文件,可以有效地揭示企业期初、期末经济资源的数量及其分布,可以评价企业的资产结构,从而调整企业资源配置,提高企业的经营效益与效率。

第一节 会计报表概述

会计报表是指企业对外提供的、以日常会计核算资料为主要依据,反映企业某一特定日期财务状况和某一会计期间经营成果、现金流量的文件。

一、会计报表的意义

虽然日常的会计核算已经反映了企业某一特定日期财务状况和某一会计期间经营成果,但是会计凭证和会计账簿这些会计资料反映的经济活动是具体、分散的,并不能总括地反映企业的财务状况和经营结果,且会计部门的账簿资料也不便于企业的投资者、债权人、税务机关等部门及其他有关个人和部门使用。为了概括地反映企业的经济活动,企业就有必要根据会计资料定期编制会计报表。

会计报表所提供的会计信息,是国家管理部门(财政、税务、审计等)进行宏观调控和管理税务的信息来源,是企业加强经营管理的重要依据,是与企业有经济利害关系的单位和个人了解企业财务状况和经营结果,并据以做出决策的重要依据。

二、会计报表的分类

会计报表可以按以下不同的标准进行分类：

按反映财务活动方式的不同，会计报表可以分为静态会计报表（如资产负债表等）和动态会计报表（如利润表、现金流量表、所有者权益变动表等）。其中，静态会计报表反映某一时点的财务状况；而动态会计报表反映一定期间内经营成果、现金流量、成本费用的增减变动情况。

按照编报期间的不同，会计报表可以分为中期会计报表和年度会计报表。其中，中期会计报表是指以短于一个完整会计年度的报告期间为基础编制的会计报表，包括月报、季报和半年报等；年度会计报表是指以一个完整的会计年度（自公历1月1日起至12月31日止）为基础编制的会计报表。

按照会计报表编报主体的不同，可以分为个别会计报表和合并会计报表。其中，个别会计报表是指由企业在自身会计核算基础上对账簿记录进行加工而编制的会计报表，它主要用来反映企业自身的财务状况、经营成果和现金流量情况；合并会计报表是指以母公司和子公司组成的企业集团为会计主体，根据母公司和所属子公司的个别会计报表，由母公司编制的综合反映企业集团财务状况、经营成果及现金流量的会计报表。

三、会计报表的编制要求

会计报表是会计部门提供会计信息的重要手段。为了充分发挥会计报表的作用，编制会计报表必须满足如下编制要求：

（1）数据真实。会计报表应当遵循国家统一的会计准则的规定，如实地反映企业的财务状况、经营成果和现金流量。

（2）内容完整。会计报表应当反映企业生产经营活动的全貌，全面反映企业的财务状况、经营成果和现金流量。

（3）前后一致。编制会计报表所依据的会计方法前后期应当遵循可比性的会计信息质量要求，不能随意变更。如果确需改变某些会计方法，应在报表附注中说明改变的原因及改变后对报表指标的影响。

（4）编报及时。会计报表应当在会计期间结束后及时编制，并按规定的日期内及时报送有关部门。

（5）指标可比。企业在不同时期的会计报表指标和同类型企业之间的会计报表指标，应当尽可能口径一致。

第二节 资产负债表

资产负债表亦称财务状况表，是反映企业在某一特定日期（如月末、季末或年末）的财务状况(即资产、负债和所有者权益的状况)的主要会计报表。根据资产负债表,信息使用者可以了解企业在某一特定日期所拥有或控制的资产总额及其构成情况、企业负债和所有者权益总额及分布状况,从而评估企业的偿债能力,评价企业的财务状况。

一、资产负债表的内容及结构

(一)资产负债表的内容

资产负债表反映企业在某一特定日期所拥有或控制的经济资源、所承担的现有义务和所有者对净资产的要求权。它是企业经营活动的静态体现,根据"资产＝负债＋所有者权益"这一平衡公式,依照一定的分类标准和一定的次序,将某一特定日期的资产、负债、所有者权益的具体项目予以适当地排列编制而成。

(二)资产负债表的结构

资产负债表有两种基本格式,即账户式和报告式。

1. 账户式

账户式资产负债表又称水平式资产负债表,它为左右结构,是指将企业的资产类项目按一定顺序排列在表左边,即丁字形账户左方;负债类和所有者权益类项目排列在表右边,即丁字形账户右方;根据"资产＝负债＋所有者权益"这一平衡公式,左边的资产总计金额应与右边的负债和所有者权益总计金额相等。其优点是资产、负债和所有者权益的恒等关系一目了然。

2. 报告式

报告式资产负债表又称垂直式资产负债表,它为上下结构,是指将企业资产类、负债类、所有者权益类项目在表中自上而下垂直排列;报表上部先将资产类项目按一定顺序排列,然后再排列负债类项目,最后排列所有者权益类项目。其优点是便于编制比较式资产负债表。

《企业会计准则第30号——财务报表列报》规定,我国的资产负债表采用账户式(见表7-1)。

表7-1 资 产 负 债 表

会企01表

编制单位:　　　　　　　　　　　　　年　　月　　日　　　　　　　　　　　　单位:元

资　产	期末余额	年初余额	负债和所有者权益 (或股东权益)	期末余额	年初余额
流动资产:			流动负债:		
货币资金			短期借款		
交易性金融资产			交易性金融负债		
衍生金融资产			衍生金融负债		
应收票据及应收账款			应付票据及应付账款		

(续表)

资　产	期末余额	年初余额	负债和所有者权益（或股东权益）	期末余额	年初余额
预付款项			预收款项		
其他应收款			合同负债		
存货			应付职工薪酬		
合同资产			应交税费		
持有待售资产			其他应付款		
一年内到期的非流动资产			持有待售负债		
其他流动资产			一年内到期的非流动负债		
流动资产合计			其他流动负债		
非流动资产：			流动负债合计		
债权投资			非流动负债：		
其他债权投资			长期借款		
长期应收款			应付债券		
长期股权投资			其中：优先股		
其他权益工具投资			永续债		
投资性房地产			长期应付款		
固定资产			预计负债		
在建工程			递延收益		
生产性生物资产			递延所得税负债		
油气资产			其他非流动负债		
无形资产			非流动负债合计		
开发支出			负债合计		
商誉			所有者权益（或股东权益）：		
长期待摊费用			实收资本（或股本）		
递延所得税资产			其他权益工具		
其他非流动资产			其中：优先股		
非流动资产合计			永续债		
			资本公积		
			减：库存股		
			其他综合收益		

(续表)

资 产	期末余额	年初余额	负债和所有者权益（或股东权益）	期末余额	年初余额
			盈余公积		
			未分配利润		
			所有者权益（或股东权益）合计		
资产总计			负债和所有者权益（或股东权益）总计		

二、资产负债表的填列方法

（一）根据总账科目余额填列

(1) 根据相关总账科目余额直接填列：如"交易性金融资产""其他权益工具投资""递延所得税资产""短期借款""应付职工薪酬""应交税费""应付债券""预计负债""递延所得税负债""实收资本（或股本）""资本公积""库存股""盈余公积"等项目。

(2) 根据相关总账科目余额计算填列：如"货币资金"项目，应根据"库存现金""银行存款""其他货币资金"三个总账科目余额的合计数填列；"其他应收款"项目，应根据"应收股利""应收利息""其他应收款"等总账科目余额的合计数填列；"其他应付款"项目，应根据"应付利息""应付股利""其他应付款"等总账科目的期末余额合计数填列。

【例7-1】 某企业2×18年11月30日科目余额表中"交易性金融资产"科目借方为0。2×18年12月2日，该企业从二级市场购入10万股股票，购入时股价为3元/股（不考虑相关费用）；2×18年12月31日，股票市价为4元/股。

由于12月初账上没有交易性金融资产，当月所购入交易性金融资产的成本为30万元，所以2018年12月31日科目余额表中"交易性金融资产——成本"科目借方余额为30万元；采用公允价值计量，则"交易性金融资产——公允价值变动"科目借方余额为10万元，因此2×18年12月31日资产负债表中"交易性金融资产"项目填列金额为40万元。

（二）根据明细账科目余额计算填列

(1) "开发支出"项目，应根据"研发支出"总账科目中所属的"资本化支出"明细科目期末余额填列。

(2) "应付票据及应付账款"项目，应根据"应付票据""应付账款""预付账款"等总账科目所属的相关明细科目的期末贷方余额合计数填列。

(3) "预收款项"项目，应根据"预收账款""应收账款"总账科目所属各明细科目的期末贷方余额合计数填列。

(4)"一年内到期的非流动资产""一年内到期的非流动负债"项目,应根据有关非流动资产或负债总账科目的明细科目余额分析填列。

(5)"未分配利润"项目,应根据"利润分配"总账科目中所属的"未分配利润"明细科目期末余额填列。

(三)根据总账科目和明细账科目余额分析计算填列

(1)"长期借款"项目,应根据"长期借款"总账科目余额扣除"长期借款"总账科目所属的明细科目中将在资产负债表日起 1 年内到期且企业不能自主地将清偿义务展期的长期借款后的金额计算填列。

(2)"长期待摊费用"项目,应根据"长期待摊费用"科目的期末余额减去将于 1 年内(含 1 年)摊销的数额后的金额填列。

(3)"其他非流动资产"项目,应根据有关科目的期末余额减去将于 1 年内(含 1 年)到期偿还数后的金额填列。

【例7-2】 某企业于 2×17 年 2 月 11 日购买一项债券,合同到期日为 2×19 年 11 月 3 日,以其他债权投资核算,在此之前不能变现。在该企业 2×18 年 12 月 31 日的资产负债表中,因其自资产负债表日起 1 年内到期,应在"其他流动资产"项目反映。

(四)根据有关科目余额减去其备抵科目余额后的净额填列

(1)"债权投资""长期股权投资""在建工程""商誉"等项目,应根据相关科目的期末余额填列,已计提减值准备的,还应扣减相应的减值准备。

(2)"固定资产""无形资产""投资性房地产""生产性生物资产""油气资产"等项目,应根据相关科目的期末余额扣减相应的累计折旧(摊销、折耗)填列,已计提减值准备的,还应扣减相应的减值准备,采用公允价值计量的上述资产,应根据相关科目的期末余额填列。

(3)"长期应收款"项目,应根据"长期应收款"科目的期末余额,减去相应的"未实现融资收益""坏账准备"总账科目所属相关明细科目期末余额后的金额填列。

(4)"长期应付款"项目,应根据"长期应付款"科目的期末余额,减去相应的"未确认融资费用"科目期末余额后的金额填列。

(五)综合运用上述填列方法分析填列

(1)"应收票据及应收账款"项目,应根据相关科目的期末余额,减去"坏账准备"科目中有关坏账准备期末余额后的金额填列。

(2)"预付款项"项目,应根据"预付账款""应付账款"总账科目所属各明细科目的期末借方余额合计数,减去"坏账准备"科目中有关预付款项计提的坏账准备期末余额后的金额填列。

(3)"存货"项目,应根据"材料采购""原材料""发出商品""库存商品""周转材料""委托加工物资""生产成本""受托代销商品""合同履约成本"等科目期末余额合计,减去"受托代销商品款""存货跌价准备"科目期末余额后的金额填列,材料采用计划成本核算,以及库存商品采用计划成本核算或售价核算的企业，还应按加或减材料成本差异、商品进销差价后的金额填列。

【例7-3】 某公司2×18年12月31日科目余额表中"库存现金"科目为借方余额1 000元，"银行存款"科目为借方余额120 350元，"其他货币资金"科目为借方余额80 000元，则该公司2×18年12月31日资产负债表中"货币资金"项目的填列金额应为201 350元（1 000＋120 350＋80 000）。

【例7-4】 某企业2×18年12月31日结账后有关总账科目所属明细科目借方、贷方余额如表7-2所示（假定无应收票据和应付票据），假设该公司应收账款计提的坏账准备为20 000元。

表7-2　应收、应付款项期末余额　　　　　单位：元

科目名称	明细科目借方余额合计	明细科目贷方余额合计
应收账款	2 400 000	160 000
预付账款	120 000	90 000
应付账款	600 000	2 700 000
预收账款	900 000	2 100 000

该企业2×18年12月31日资产负债表中相关项目的金额填列如下。

a. 资产负债表中"应收票据及应收账款"项目的填列：

$$\text{应收票据及应收账款} = \text{"应收账款"科目借方余额} - \text{"坏账准备"科目贷方余额} + \text{"预收账款"科目借方余额}$$
$$= 2\,400\,000 - 20\,000 + 900\,000 = 3\,280\,000(\text{元})$$

b. 资产负债表中"预付款项"项目的填列：

$$\text{预付款项} = \text{"预付账款"科目借方余额} + \text{"应付账款"科目借方余额}$$
$$= 120\,000 + 600\,000 = 720\,000(\text{元})$$

c. 资产负债表中"应付票据及应付账款"项目的填列：

$$\text{应付票据及应付账款} = \text{"应付账款"科目贷方余额} + \text{"预付账款"科目贷方余额}$$
$$= 2\,700\,000 + 90\,000 = 2\,790\,000(\text{元})$$

d. 资产负债表中"预收账款"项目的填列：

$$\text{预收款项} = \text{"预收账款"科目贷方余额} + \text{"应收账款"科目贷方余额}$$
$$= 2\,100\,000 + 160\,000 = 2\,260\,000(\text{元})$$

【例7-5】 某企业2×18年12月31日结账后，"固定资产"科目及其相关科目余额如表7-3所示。

表 7-3 "固定资产"科目及其相关科目余额　　　　　　　　单位：元

科目	借或贷	余额
固定资产	借	1 200 000
累计折旧	贷	80 000
固定资产减值准备	贷	300 000

该企业 2×18 年 12 月 31 日资产负债表中"固定资产"项目的金额填列如下：

固定资产 = "固定资产"科目借方余额 − "累计折旧"科目贷方余额 − "固定资产减值准备"科目贷方余额
　　　　 = 1 200 000 − 80 000 − 300 000 = 820 000(元)

第三节　利　润　表

利润表是用来总括地反映企业在一个会计期间的经营结果的一种会计报表。它反映了企业一定会计期间实现的收入情况或费用耗费情况，从而有助于信息使用者评价企业经营业绩的好坏和获利能力的强弱。

一、利润表的内容

利润表不同于资产负债表，它是一种动态的时期报表，根据"利润＝收入－费用"的基本关系而编制的。

常见的利润表格式有单步式和多步式两种。单步式利润表用当期收入总额减去当期成本费用总额来一次性计算出当期收益的利润表格式，其优点是所提供的信息都是原始数据，便于理解；多步式利润表分为营业利润、利润总额、净利润和综合收益总额四个步骤，分步反映净利润和综合收益形成过程的利润表格式，其优点是便于信息使用者对企业经营情况和盈利能力进行比较和分析。我国当前采用多步式的利润表格式。

多步式利润表的计算过程如下：

第一步，计算营业利润。

营业利润 = 营业收入 − 营业成本 − 税金及附加 − 销售费用 − 管理费用 − 研发费用 − 财务费用 − 资产减值损失 − 信用减值损失 ＋ 其他收益 ＋ 投资收益 ＋ 净敞口套期收益 ＋ 公允价值变动收益 ＋ 资产处置收益

第二步，计算利润总额。

利润总额 ＝ 营业利润 ＋ 营业外收入 － 营业外支出

第三步，计算净利润。

$$净利润 = 利润总额 - 所得税费用$$

第四步,计算综合收益总额。

$$综合收益总额 = 净利润 + 其他综合收益的税后净额$$

此外,为了信息使用者通过比较不同期间的利润情况,判断企业经营成果的未来发展趋势,企业需要提供比较利润表,既要反映"本期金额",还要反映"上期金额",如表7-4所示。

表7-4 利 润 表　　　　　　　　　　　　　　　会企02表

编制单位:　　　　　　　　　　　　　　年　　月　　　　　　　　　　　　单位:元

项　　　　目	本期金额	上期金额
一、营业收入		
减:营业成本		
税金及附加		
销售费用		
管理费用		
研发费用		
财务费用		
其中:利息费用		
利息收入		
资产减值损失		
信用减值损失		
加:其他收益		
投资收益		
其中:对联营企业和合营企业的投资收益		
净敞口套期收益(损失以"一"号填列)		
公允价值变动收益(损失以"一"号填列)		
资产处置收益(损失以"一"号填列)		
二、营业利润(亏损以"一"号填列)		
加:营业外收入		
减:营业外支出		
三、利润总额(亏损以"一"号填列)		
减:所得税费用		
四、净利润(亏损以"一"号填列)		
(一)持续经营净利润(净亏损以"一"号填列)		

（续表）

项　　目	本期金额	上期金额
（二）终止经营净利润（净亏损以"－"号填列）		
五、其他综合收益的税后净额		
（一）不能重分类进损益的其他综合收益		
1．重新计量设定受益计划变动额		
2．权益法下不能转损益的其他综合收益		
3．其他权益工具投资公允价值变动		
4．企业自身信用风险公允价值变动		
……		
（二）将重分类进损益的其他综合收益		
1．权益法下可转损益的其他综合收益		
2．其他债权投资公允价值变动		
3．金融资产重分类计入其他综合收益的金额		
4．其他债权投资信用减值准备		
5．现金流量套期储备		
6．外币财务报表折算差额		
……		
六、综合收益总额		
七、每股收益：		
（一）基本每股收益		
（二）稀释每股收益		

二、利润表的填列方法

（一）"本期金额"栏的填列方法

利润表"本期金额"栏一般应根据损益类科目和所有者权益有关科目的发生额填列。

(1)"营业收入""营业成本""税金及附加""销售费用""管理费用""财务费用""资产减值损失""其他收益""投资收益""公允价值变动收益""资产处置收益""营业外收入""营业外支出""所得税费用"等项目，应根据有关损益类科目的发生额分析填列。

(2)"其中：利息费用""利息收入""其中：对联营企业和合营企业的投资收益"项目，应根据"财务费用""投资收益"科目所属的相关明细科目的发生额分析填列。

(3)"其他综合收益的税后净额"项目及其各组成部分，应根据"其他综合收益"科目及所属明细科目的本期发生额分析填列。

(二)"上期金额"栏的填列的结构

利润表"上期金额"栏内各项数字,应根据上年该期利润表"本期金额"栏内所列数字填列。如果上年该期利润表规定的各个项目的名称和内容同本期不相一致,应对上年该期利润表各项目的名称和数字按本期的规定进行调整,填入利润表"上期金额"栏内。

案例 7-1

利润翻倍扣非后利润反下滑,利润质量受质疑

在财务核算中,净利润虽然是衡量企业经营成果的重要指标,却也是盈利能力的一种不精确评估,容易受到各种短期因素影响而波动,甚至存在被故意扭曲的可能,以至于在不同角度进行评价时,同一个企业可以是盈利、可以是亏损、可以是增长、也可以是下滑。因此,关注企业成长性,不应过度关注短期的净利润数字变动。

最为明显的是,对于非经常性损益的核算,一些个股在包含非经常性损益时可以巨幅增长,但一旦剔除非经常性损益,业绩却出现较大下滑,马上从业绩增长变成业绩下滑,甚至是业绩亏损。

例如,宜宾纸业公司年报显示,2017 年实现股东净利润 0.92 亿元,同比增长 2 809.3%,但在扣除非经常性损益后,股东净利润变成亏损 1.12 亿元,扣非净利润同比下滑 6.62%,年度亏损加剧。参照年报信息,宜宾纸业公司的非经常性损益主要有两部分:一部分是非流动资产处置损益带来 1.99 亿元;另一部分是政府补助带来563.31 万元,这些是宜宾纸业公司的股东净利润得以在 2017 年增长 28 倍的重要原因,但其持续性也很值得投资者再思考。

又如,年报显示,中联重科公司的股东净利润达到 13.32 亿元、同比增长 242.65%,但扣除非经常性损益后,中联重科的股东净利润其实亏损 79.5 亿元,业绩同比下滑373.88%。事实上,中联重科从 2015 年以来,扣除非经常性损益,净利润已经连续 3年为负值,分别为 -4.49 亿元、-16.78 亿元和 -79.5 亿元,但包含非经常性损益后,2015 年和 2017 年却实现盈利,2016 年的亏损也降低至 9.34 亿元。

中联重科超 90 亿元的非经常性损益包括什么?参照财报附注,最重要的项目是非流动性资产处置损益,该项目带来收益 107.57 亿元,此外规模较大还有营改增所得税影响额 16.43 亿元和政府补贴 8 086.6 万元。据了解,2017 年,中联重科与 4 家专业投资机构合作,出售其全资子公司——长沙中联重科环境产业有限公司 80% 的股权,交易对价为 116 亿元,是 2017 年内的一次重要资产交易。

此外,非经常性损益规模较大的个股还包括中国交建、中兴通讯、华泰证券和人福医药,其公司非经常性损益分别达到 55.55 亿元、36.65 亿元、32.4 亿元和 15.1 亿元。就增长幅度来看,丰华股份、国投中鲁、界龙实业和 ST 沪科等公司的 2017 年净利润增

(续上)

> 幅均超300%,分别达到1 045.32%、824.01%、393.92%和361.89%,但在扣除非经常性损益后,均出现亏损。
>
> 案例来源:曾炎鑫.雅戈尔多买1 000股多赚93亿 利润下滑49%变暴增6倍[EB/OL].(2018-04-16)[2018-10-02]. http://finance.eastmoney.com/news/1344, 20180415857451224.html.

第四节 现金流量表

现金是企业的血液。企业拥有一定数量的现金,是维持正常偿债能力、避免财务风险、保证生产经营顺利进行的必要条件。利润表是以权责发生制为基础编制的,其经营成果不一定有现金支撑。现金流量表按照收付实现制的原则编制,将权责发生制下的盈利信息调整为收付实现制下的现金流量信息,可以概括地反映经营活动、投资活动和筹资活动对企业现金流入、流出的影响,对于评价企业当前及未来的偿债能力和支付能力,可以发挥重要作用。

一、现金流量的编制基础

现金流量表是反映企业在一定期间现金和现金等价物流入、流出的会计报表。它详细描述了由企业的经营活动、投资活动与筹资活动所产生的现金流量。

(一)现金

现金是指企业的库存现金、可以随时用于支付的银行存款和现金等价物。现金流量表中的现金不仅包括会计上所说的库存现金,还包括企业在银行或其他金融机构随时可以用于支付的存款。存在银行或其他金融机构的款项中不能随时用于支付的存款,不应作为现金流量表中的现金,如不能随时支取的定期存款,应作为投资。但提前通知银行或其他金融机构便可支取的定期存款,则包含在现金流量表中的现金范畴内。现金还包括其他货币资金,即企业存在银行的有特定用途的资金或在途中尚未收到的资金,如外埠存款、银行汇票存款、银行本票存款、信用证保证资金、信用卡存款、在途货币资金等。

(二)现金等价物

现金等价物是指企业持有的期限短、流动性强、易于转换为已知金额现金、价值变动风险很小的投资。其中,期限短通常是指从购买日起3个月内到期或即可转换为现金的投资。权益性投资变现的金额通常不确定,因而不属于现金等价物。企业购买的还有1个月到期的国债则属于现金等价物。

二、现金流量表的填列方法

根据企业业务的性质和现金流量的来源,现金流量表在结构上将企业一定期间产生的现金流量分为三类:经营活动产生的现金流量、投资活动产生的现金流量和筹资活动产生的现金流量。每类活动又分为各具体项目,这些项目从不同角度来反映企业业务活动的现金流入与流出。

(一) 经营活动产生的现金流量

经营活动是指企业投资活动和筹资活动以外的所有交易或事项。就工商企业来说,经营活动主要包括:销售商品或提供劳务、购买商品或接受劳务、广告宣传、交纳税款等。《企业会计准则第13号——现金流量表》规定,企业应当采用直接法列示经营活动产生的现金流量。其中,直接法是指通过现金收入和现金支出的主要类别列示经营活动现金流量的方法。

1. 经营活动现金流入

(1) "销售商品、提供劳务收到的现金"项目,反映企业本期销售商品、提供劳务实际收到的现金,以及前期销售商品、提供劳务本期收到的现金和本期预收的款项,其中扣除本期销售本期退回商品和前期销售本期退回商品支付的现金。应向购买者收取的增值税销项税额、企业销售材料和代购代销的现金也应在该项目中进行反映。该项目的计算可以参考如下计算公式:

销售商品、提供劳务收到的现金 ＝ 本期营业收入 ＋ 与本期营业收入业务有关的增值税销项税额 ＋ 应收票据及应收账款(期初数 － 期末数) ＋ 预收账款(期末数 － 期初数) ＋ 本期收回前期核销坏账 － 本期计提的坏账准备 － 本期核销坏账 － 实际发生的现金折扣、不附追索权的应收票据贴现利息支出 ± 债务重组、非货币性资产交换等特殊事项调整数

(2) "收到的税费返还"项目,反映企业收到返还的各种税费,如收到的增值税、所得税、消费税、关税和教育费附加等。

(3) "收到其他与经营活动有关的现金"项目,反映企业除上述各项目外,与经营活动有关的其他现金流入,如接受捐赠收到的现金、经营租赁固定资产收到的现金、罚款、流动资产损失中由个人赔偿的现金收入等。

2. 经营活动现金流出

(1) "购买商品、接受劳务支付的现金"项目,反映企业本期购买商品和材料、接受劳务实际支付的现金,包括支付的货款和与货款一并支付的增值税进项税额。企业代购代销业务支付的现金也在该项目中进行反映。该项目具体包括:本期购买商品和材料、接受劳务实际支付的现金,以及本期支付前期购买商品、接受劳务的未付款项和本期预付的款项,其中扣除本期发生购货退回收到的现金。该项目的计算可以参考如下计算公式:

购买商品、接受劳务支付的现金 = 本期营业成本 + 与本期购买商品、接受劳务有关的增值税进项税额 + 存货(期末数 - 期初数) + 应付票据及应付账款(期初数 - 期末数) + 预付账款(期末数 - 期初数) - 当期列入营业成本、存货项目中非物料消耗(人工、水电、折旧等) + 非购买业务的存货增加数等特殊调整数(工程领用、投资、赞助的存货等) ± 债务重组、非货币性资产交换等特殊事项调整数

(2)"支付给职工以及为职工支付的现金"项目,反映企业实际支付给职工,以及为职工支付的现金。该项目具体包括：本期实际支付给职工的工资、奖金、各种津贴和补贴等职工薪酬(包括代扣代缴的职工个人所得税)。该项目不包括支付给离退休人员的各项费用和支付给在建工程人员的工资等。企业支付给离退休人员的各项费用,包括支付的统筹退休金和未参加统筹的退休人员的费用,在"支付其他与经营活动有关的现金"项目中反映；企业支付给在建工程人员的工资及其他费用,在"购建固定资产、无形资产和其他长期资产支付的现金"项目中反映。该项目的计算可以参考如下计算公式：

$$\begin{aligned}\text{支付给职工以及为职工支付的现金} =\ & \text{计入生产成本、制造费用、管理费用和销售费用的应付职工薪酬} \\ & + \text{应付工资减少(期初数 - 期末数)} \\ & - \text{应付福利减少(期初数 - 期末数)} \\ & - \text{在建工程等明细科目(期初数 - 期末数)}\end{aligned}$$

(3)"支付的各项税费"项目,反映企业按规定交纳的各种税费,包括本期发生并支付的税费,以及本期支付以前各期发生的税费和预付的税金,如支付的增值税、所得税、消费税、教育费附加、房产税等。该项目不包括计入固定资产价值的实际支付的耕地占用税和本期退回的增值税、所得税等。本期退回的增值税、所得税在"收到的税费返还"项目中反映。该项目的计算可以参考如下计算公式：

$$\begin{aligned}\text{支付的各项税费} =\ & \text{当期所得税费用} + \text{税金及附加} + \text{计入管理费用等税费} + \text{交纳的增值税} \\ & + \text{除增值税以外的与经营活动有关的应交税费(期初数 - 期末数)}\end{aligned}$$

(4)"支付其他与经营活动有关的现金"项目,反映企业除上述项目外,支付的其他与经营活动有关的现金流出,如罚款支出、捐赠支出、差旅费、业务招待费、经营租赁支付的现金、保险费等。

(二) 投资活动产生的现金流量

投资活动是指企业长期资产的购建和处置,以及不包括在现金等价物范围内的投资资产的取得和处置活动。其中,长期资产是指固定资产、无形资产、在建工程、其他资产等持有期限在1年或超过1年的一个营业周期以上的资产。

1. 投资活动现金流入

(1)"收回投资收到的现金"项目,反映企业出售、转让或到期收回除现金等价物以外

的长期股权投资和金融资产而收到的现金，而债权性投资收回的利息、收回的非现金资产，以及处置子公司及其他营业单位收到的现金净额则不包括在内。对于债权性投资，其收回的本金在该项目中反映，而收回的利息则应在"取得投资收益收到的现金"项目中反映。

（2）"取得投资收益收到的现金"项目，反映企业因股权性投资而分得的现金股利，因债权性投资而取得的利息收入，不包括股票股利。

（3）"处置固定资产、无形资产和其他长期资产收回的现金净额"项目，反映企业处置固定资产、无形资产和其他长期资产所取得的现金，减去为处置这些资产而支付的有关费用后的净额。由于自然灾害等原因所造成的固定资产等长期资产报废、损毁而收到的保险赔偿收入，也在该项目中反映。

（4）"处置子公司及其他营业单位收到的现金净额"项目，反映企业处置子公司及其他营业单位所取得的现金，减去子公司及其他营业单位持有的现金和现金等价物以及相关处置费用后的净额。

（5）"收到其他与投资活动有关的现金"项目，反映除上述项目外的其他与投资活动有关的现金流入。

2. 投资活动现金流出

（1）"购建固定资产、无形资产和其他长期资产支付的现金"项目，反映企业购买、建造固定资产，取得无形资产和其他长期资产（如投资性房地产）所支付的现金（含增值税额），包括用现金支付的在建工程、无形资产的职工薪酬、购买机器设备的现金支出等。该项目不包括为购建固定资产、无形资产和其他长期资产而发生的借款利息资本化部分，以及融资租入固定资产所支付的租赁费。

（2）"投资支付的现金"项目，反映企业进行权益性投资和债权性投资所支付的现金，包括企业取得的除现金等价物以外的交易性金融资产、债权投资、其他债权投资、其他权益工具投资而支付的现金，以及佣金、手续费等交易费用。

（3）"取得子公司及其他营业单位支付的现金净额"项目，反映企业取得子公司及其他营业单位购买出价中以现金支付的部分，减去子公司及其他营业单位持有的现金和现金等价物后的净额。

（4）"支付其他与投资活动有关的现金"项目，反映除上述项目外的其他与投资活动有关的现金流出。

（三）筹资活动产生的现金流量

筹资活动是指导致企业资本及债务规模和构成发生变化的活动。

1. 筹资活动现金流入

（1）"吸收投资收到的现金"项目，反映企业以发行股票、债券等方式筹集资金实际收到的款项，减去直接支付给金融机构的佣金、手续费、宣传费、印刷费等费用后的净额。

（2）"取得借款收到的现金"项目，反映企业举借各种短期、长期借款实际收到的现金以及发行债券实际收到的款项净额。

（3）"收到其他与筹资活动有关的现金"项目，反映除上述项目外的其他与筹资活动有关的现金流入。

2. 筹资活动现金流出

(1)"偿还债务支付的现金"项目,反映企业以现金偿还债务的本金,包括归还金融企业的借款本金、偿付企业到期的债权本金等。企业偿还的借款利息、债券利息,在"分配股利、利润或偿付利息支付的现金"项目中反映。

(2)"分配股利、利润或偿付利息支付的现金"项目,反映企业实际支付的现金股利、支付给其他投资单位的利润或用现金支付的借款利息、债券利息。

(3)"支付其他与筹资活动有关的现金"项目,反映除上述项目外的其他与筹资活动有关的现金流出。

现金流量表的格式如表7-5所示。

表7-5 现金流量表　　　　　　　　　会企03表

编制单位：　　　　　　　　　____年____月　　　　　　　　　单位：元

项　目	本期金额	上期金额
一、经营活动产生的现金流量：		
销售商品、提供劳务收到的现金		
收到的税费返还		
收到的其他与经营活动有关的现金		
经营活动现金流入小计		
购买商品、接受劳务支付的现金		
支付给职工以及为职工支付的现金		
支付的各项税费		
支付其他与经营活动有关的现金		
经营活动现金流出小计		
经营活动产生的现金流量净额		
二、投资活动产生的现金流量：		
收回投资收到的现金		
取得投资收益收到的现金		
处置固定资产、无形资产和其他长期资产收回的现金净额		
处置子公司及其他营业单位收到的现金净额		
收到其他与投资活动有关的现金		
投资活动现金流入小计		
购建固定资产、无形资产和其他长期资产支付的现金		
投资支付的现金		
取得子公司及其他营业单位支付的现金净额		

(续表)

项 目	本期金额	上期金额
支付其他与投资活动有关的现金		
投资活动现金流出小计		
投资活动产生的现金流量净额		
三、筹资活动产生的现金流量：		
吸收投资收到的现金		
取得借款收到的现金		
收到其他与筹资活动有关的现金		
筹资活动现金流入小计		
偿还债务支付的现金		
分配股利、利润或偿付利息支付的现金		
支付其他与筹资活动有关的现金		
筹资活动现金流出小计		
筹资活动产生的现金流量净额		
四、汇率变动对现金及现金等价物的影响		
五、现金及现金等价物净增加额		
加：期初现金及现金等价物余额		
六、期末现金及现金等价物余额		

【例7-6】 某企业2×18年发生以下与现金流量相关的交易或事项：

(1) 出售债权投资,收到现金20万元。
(2) 用厂房换取股权交易中,以现金支付补价120万元。
(3) 出售固定资产,收到现金80万元。
(4) 销售甲产品,收到现金2 000万元。
(5) 因投资性房地产的租金而收到现金20万元。
(6) 支付管理人员工资及报销差旅费4万元。
(7) 因购买设备而支付现金140万元。
(8) 从银行借入长期借款100万元。
(9) 偿还到期借款30万元。

则该企业2×18年现金流量表项目的填列如下：

交易(1)：出售债权投资所收到的现金20万元在"收回投资收到的现金"项目反映。

交易(2)：用厂房换取股权交易中,以现金支付补价120万元在"投资支付的现金"项目反映。

交易(3)：出售固定资产所收到的现金80万元在"处置固定资产、无形资产和其他长期资产收回的现金净额"项目反映。

交易(4)：销售甲产品所收到的现金 2 000 万元在"销售商品、提供劳务收到的现金"项目反映。

交易(5)：因投资性房地产的租金所收到的现金 20 万元在"收到其他与经营活动有关的现金"项目反映。

交易(6)：支付管理人员工资及报销的差旅费 4 万元在"支付给职工以及为职工支付的现金"项目反映。

交易(7)：因购入设备而支付的现金 140 万元在"购建固定资产、无形资产和其他长期资产支付的现金"项目反映。

交易(8)：从银行借入长期借款 100 万元在"取得借款收到的现金"项目反映。

交易(9)：偿还到期借款 30 万元在"偿还债务支付的现金"项目反映。

经营活动产生的现金流量净额 = 2 000 + 20 − 4 = 2 016(万元)
投资活动产生的现金流量净额 = 20 − 120 + 80 − 140 = −160(万元)
筹资活动产生的现金流量净额 = 100 − 30 = 70(万元)

案例 7-2

蓝田事件：现金流量表数据矛盾引发质疑

湖北蓝田股份有限公司(以下简称"蓝田股份")曾经创造了中国股市长盛不衰的绩优神话。这家以养殖、旅游和饮料为主的上市公司，一亮相就颠覆了行业规律和市场法则，自 1996 年发行上市后，在财务数字上一直保持着神奇的增长速度：总资产规模从上市前的 2.66 亿元发展到 2000 年年末的 28.38 亿元，增长了 9 倍，历年年报的业绩都在每股 0.60 元以上，最高达到 1.15 元。即使遭遇了 1998 年特大洪灾以后，每股收益也达到了不可思议的 0.81 元，5 年间股本扩张了 360%，创造了中国农业企业罕见的"蓝田神话"。

2000 年，蓝田股份的"销售商品、提供劳务收到的现金"超过了"主营业务收入"，但是其短期偿债能力却位于同业最低水平。这种矛盾来源于"购建固定资产、无形资产和其他长期资产支付的现金"是"经营活动产生的现金流量净额"的 92%。2000 年，蓝田股份的在建工程增加投资 7.1 亿元，其中"生态基地""鱼塘升级改造"和"大湖开发项目"三个项目占 75%，在建工程增加投资的资金来源是自有资金。这意味着 2000 年蓝田股份经营活动产生的净现金流量大部分转化成在建工程本期增加投资。根据 2001 年 8 月 29 日蓝田股份发布的公告，2000 年蓝田股份的农副水产品收入 12.7 亿元应该是现金收入。

刘姝威谈到她从事商业银行研究，了解我国的商业银行。如果蓝田股份水产品基地瞿家湾每年有 12.7 亿元销售水产品收到的现金，各家银行会争先恐后地在瞿家湾设立分支机构，会为争取这"12.7 亿元销售水产品收到的现金"业务而展开激烈的竞争。银行会专门为方便个体户到瞿家湾购买水产品而设计银行业务和工具，促进个体

(续上)

户与蓝田股份的水产品交易。银行会采取各种措施,绝不会让"12.7亿元销售水产品收到的现金"游离于银行系统之外。与发达国家的银行相比,我国商业银行确实存在差距,但是,我国的商业银行还没有迟钝到对"瞿家湾每年有12.7亿元销售水产品收到的现金"而无动于衷。根据以上分析,她研究推理:2000年蓝田股份的农副水产品收入12.7亿元的数据是虚假的。

案例来源:刘姝威.应立即停止对蓝田股份发放贷款[EB/OL].(2017-02-26)[2018-10-05].http://www.sohu.com/a/127298800_499067.

第五节 所有者权益变动表

所有者权益变动表是用于反映所有者权益各组成部分当期增减变动情况构成的会计报表。通过所有者权益变动表,报表使用者不仅可以了解所有者权益总量增减变动的信息,还可以了解所有者权益增减变动的结构性信息,从而分析所有者权益增减变动的原因。

一、所有者权益变动表的内容及结构

所有者权益变动表反映了企业本期(年度或中期)内至截至期末所有者权益变动情况。在所有者权益变动表中,综合收益和与所有者(或股东)的资本交易导致的所有者权益的变动,应当分别列示。企业至少应当单独列示反映下列信息的项目:①综合收益总额。②会计政策变更和前期差错更正的累积影响金额。③所有者投入资本和向所有者分配利润等。④提取的盈余公积。⑤所有者权益各组成部分的期初余额、期末余额及其调节情况。

二、所有者权益变动表的填列方法

所有者权益变动表各项目均需填列"本年金额"和"上年金额"两栏。其中,"上年金额"栏内各项数字,应根据上年度所有者权益变动表"本年金额"内所列数字填列。上年度所有者权益变动表规定的各个项目的名称和内容同本年度不一致的,应对上年度所有者权益变动表各项目的名称和数字按照本年度的规定进行调整,填入所有者权益变动表的"上年金额"栏内。而"本年金额"栏内各项数字一般应根据"实收资本(或股本)""其他权益工具""资本公积""盈余公积""其他综合收益""利润分配""库存股""以前年度损益调整"等科目及其明细科目的发生额分析填列。

所有者权益变动表的格式如表7-6所示。

表 7-6　所有者权益变动表　　　　　　　　　　　　　会企 04 表

编制单位：　　　　　　　　　　　　　　____年度　　　　　　　　　　　　　单位：元

项　目	本 年 金 额									上 年 金 额								
	实收资本（或股本）	其他权益工具			资本公积	减：库存股	其他综合收益	盈余公积	未分配利润	所有者权益合计	实收资本（或股本）	其他权益工具			资本公积	减：库存股	其他综合收益	盈余公积	未分配利润	所有者权益合计
		优先股	永续债	其他								优先股	永续债	其他						
一、上年年末余额																				
加：会计政策变更																				
前期差错更正																				
其他																				
二、本年年初余额																				
三、本年增减变动金额（减少以"－"号填列）																				
（一）综合收益总额																				
（二）所有者投入和减少资本																				
1. 所有者投入的普通股																				
2. 其他权益工具持有者投入资本																				
3. 股份支付计入所有者权益的金额																				
4. 其他																				
（三）利润分配																				
1. 提取盈余公积																				
2. 对所有者(或股东)的分配																				
3. 其他																				
（四）所有者权益内部结转																				
1. 资本公积转增资本(或股本)																				
2. 盈余公积转增资本(或股本)																				
3. 盈余公积弥补亏损																				
4. 设定受益计划变动额结转留存收益																				
5. 其他综合收益结转留存收益																				
6. 其他																				
四、本年年末余额																				

复习思考题

1. 会计报表的编制要求有哪些?
2. 资产负债表有哪些内容?
3. 利润表有哪些内容?
4. 现金流量表有哪些内容?
5. 资产负债表、利润表、现金流量表存在哪些关联或钩稽关系?

案例分析题

1. 某上市公司 2×18 年 12 月 31 日有关资产情况如下：

(1) A 存货成本为 1 000 万元，年末市价为 900 万元。B 存货成本为 500 万元，年末市价为 560 万元。假设存货市价与可变现净值相等。

(2) 应收甲公司购货款 500 万元，计提坏账准备 100 万元。

(3) 持有某上市公司 5% 的股份，成本为 100 万元，年末公允价值为 150 万元，公司将其划分为交易性金融资产。

(4) 12 月，采用分期付款方式购入一台设备，分 5 年付款，每年支付 25 万元，设备公允价值为 100 万元。

(5) 7 月，研发成功一项专利技术，研发成本为 400 万元，无净残值，预计使用年限为 5 年，采用直线法摊销。专利权年末公允价值为 380 万元。

(6) 2×16 年 1 月，购入的一项企业债券，面值为 100 万元，5 年期，年利率为 5%，到期一次性还本付息。公司将其划分为债权投资。

要求：逐项分析各笔经济业务涉及的相关资产在 2×18 年资产负债表上列示的金额，并说明理由。

2. 某企业 2×18 年度发生的交易或事项如下：

(1) 销售产品一批，产品售价为 2 000 万元，产品成本为 1 400 万元（未计提存货跌价准备）。

(2) 出售无形资产产生的净收益为 120 万元。

(3) 用存款向灾区人民捐赠 5 万元。

(4) 用存款支付行政性罚款支出 15 万元。

(5) 支付银行利息费用 20 万元。

(6) 持有的存货期末成本为 100 万元，可变现净值为 90 万元，计提 10 万元资产减值准备。

(7) 取得一项股票投资，并将其划分为其他权益工具投资，当年公允价值上升 200 万元。该企业适用的所得税税率为 25%，且预计未来期间不会发生变化。

要求:假定不考虑其他因素,请计算该企业2×18年12月31日利润表中"营业利润""利润总额""净利润""综合收益总额"项目的本期金额。

3. 某上市公司2015—2018年部分财务数据如表7-7所示。

表7-7　2015—2018年部分财务数据　　　　　　　　　　单位:元

项目	2015-12-31	2016-12-31	2017-12-31	2018-12-31
营业收入	609 747 116.06	641 212 553.38	976 676 882.20	805 447 183.29
净利润	3 160 573.69	-6 178 555.91	-10 952 473.61	-673 534 834.01
货币资金	420 081 940.55	478 532 374.49	216 088 591.31	83 589 695.43
短期借款	176 845 000.00	236 000 000.00	149 000 000.00	265 600 000.00
资产负债率	28.43%	27.35%	23.30%	35.17%

要求:从表7-7中你能发现哪些异常?该上市公司可能存在什么情况?

第八章
CHAPTER 8

会计报表分析

会计报表仅是按规定项目顺序列示企业的历史数据信息,而要想充分利用会计报表所揭示的信息,以便进行正确的判断并使之成为未来经济决策的重要依据,就需要对会计报表所提供的历史数据信息进行进一步加工,得到新的数据。通过分析这些数据并结合其他相关资料,企业可以深入了解自身的财务状况、经营成果和资产的保值增值能力,预测企业的未来发展趋势,有助于决策者做出正确的决策,促进企业可持续发展。

第一节 会计报表分析的方法

就会计报表本身而言,绝对数字难以具有比较明确的意义。但是,这些数据反映的与其他数据之间的关系以及数据变动趋势和金额却有更重要的意义。会计报表分析其实就是利用会计报表分析方法建立数据间的联系并分析数据变化及趋势的活动。

一、会计报表分析的意义

会计报表分析是指以企业的会计报表等会计资料为主要依据,对企业的财务状况、经营成果和现金流量情况进行综合比较、评价和预测其发展趋势,为会计报表使用者提供管理决策和控制依据的一项管理工作。会计报表信息使用者包括投资者、债权人、管理人员和员工、政府和监管部门以及专业机构人员(如会计师、审计师、证券分析师)等,他们对会计报表信息往往不能一眼看透,且单纯从会计报表上的数据还不能直接或全面说明企业的财务状况,特别是不能说明企业经营状况的好坏和经营成果的高低,只有将企业的财务指标与有关的数据进行比较才能说明企业财务状况所处的地位,因此要进行会计报表分析。

第一,会计报表分析可以为企业投资者、债权人和其他部门以及人员提供更加系统、完善的财务信息,让他们对企业财务状况、经营成果和现金流量方面有更深入的了解,为其投资、信贷和其他决策提供有用的信息。企业目前和潜在的投资者、债权人是企业外部重要的会计报表使用者,他们为了选择投资和信贷对象,衡量投资和信贷风险,做出投资和信贷决策,不仅需要了解毛利率、核心利润率、扣除非经常性损益净利润率、净资产收益率等指标包含的有关企业盈利能力和发展趋势方面的信息;还要了解流动比率、速动比率、资产负债率等指标包含的有关企业偿债能力方面的信息;更要了解企业所处行业、竞争地位和经营战略等方面的非财务信息;在此基础上,再通过进一步分析投资后的收益水平和风险程度,预测企业价值或评价企业信用等级,从而做出更为科学的投资、信贷及其他决策。

第二,会计报表分析可以考查企业内部各职能部门和单位经营计划的完成情况,考核各部门和单位的经营业绩,有利于企业建立和完善业绩评价体系,协调各种财务关系,保证财务目标的有效实现。会计报表分析可以了解企业的资产结构、营运能力、偿债能力、盈利能力和发展能力,这样可以大体判断企业的财务健康状况、业绩改善程度、未来发展趋势,能够及时发现企业经营管理中存在的问题与不足,并采取相应的解决措施,使企业持续健康地发展。

第三,会计报表分析可以发现企业会计报表舞弊及其他风险,强化企业外部监督。会计报表舞弊是指公司或企业,不遵循会计报表标准,有意地利用各种手段,歪曲反映企业某一特定日期财务状况、某一特定时期经营成果和现金流量,对企业的经营活动情况做出虚假陈述的会计报表,从而误导信息使用者的决策。会计报表分析是发现企业舞弊及其他风险的重要手段,例如,利用会计报表相互之间数据的钩稽关系,根据经济业务的内在联系及会计要素的增减变动规律,从总体上看其是否合理,来鉴别会计报表的真实性;还可以通过对报表中相应的项目或比率的异常等进行分析,判断企业是否存在舞弊行为。

二、会计报表分析的主要方法

会计报表的主要分析方法有比较分析法、比率分析法、因素分析法和综合分析法。

(一)比较分析法

比较分析法是指将相关经济指标与选定的比较标准进行对比分析,以确定分析指标与标准指标之间的差异,明确差异方向、差异性质与差异大小,并进行差异分析与趋势分析的方法。比较分析法是会计报表分析中最基本、最主要的方法,可分为纵向比较分析法和横向比较分析法两种。

1. 纵向比较分析法

纵向比较分析法又称垂直分析法或趋势分析法,是指将同一企业两期或连续若干期的会计报表中相同指标进行对比,确定其增减变动的方向、数额和幅度,以此来揭示企业财务状况和经营成果以及现金流量的变动趋势的一种方法。

2. 横向比较分析法

横向比较分析法又称水平分析法,是指将不同企业同一时期的会计报表中相同指标进行对比,确定其存在的差异及程度,以此来揭示企业财务状况中存在的问题的一种方法。

案例 8-1

令人质疑的北信源财报

主营信息软件安全产品的北京北信源软件股份有限公司（以下简称"北信源"）于 2012 年 9 月 12 日在深交所创业板成功上市。据公司招股说明书显示，北信源此次 IPO 将发行不超过 1 670 万股，计划募集 1.73 亿元投资于终端安全管理整体解决方案升级等四大项目。虽然其凭借着良好的业绩顺利过会并得以上市，但从公布的财务数据来看，其拥有超出竞争对手的超高毛利率的同时，应收账款的增幅也高于主营收入的增幅，这引起了媒体、专业人士和市场投资人的普遍质疑。

北信源应收账款的增幅高于销售收入增幅，且毛利率高于同业水平。根据北信源的公开数据显示，公司一直保持着较好的经营业绩，其主营产品 2009 年至 2011 年合计毛利率分别为 97.35%、95.96% 和 90.39%，平均数为 94.57%，虽然 2012 年上半年有所下降，但仍保持在 85.89% 的高位水平。从产品来看，北信源软件产品中的核心产品终端安全管理产品，2009 年至 2011 年的毛利率分别为 98.32%、99.39% 和 99.08%，平均数为 98.37%。单就这些数据而言，北信源的毛利率甚至可与贵州茅台相媲美。

而从北信源的主要竞争对手来看（见表 8-1），中小公司板中的启明星辰和卫士通虽然上市比北信源早，资产、收入规模也高于北信源，但两家公司的毛利率均远低于北信源 30 个百分点左右，并且 2012 年上半年，在行情惨淡的背景下，这两家公司纷纷折戟，其中启明星辰亏损 2 792.2 万元，卫士通也亏损了 855.3 万元，而新出茅庐的北信源却一枝独秀，仍保持了 1 201 万元的盈利，其业绩的真实可信性难以不让人有所怀疑。

表 8-1 北信源及其竞争对手历年盈利情况一览　　　　单位：元

项目	公司	2009-12-31	2010-12-31	2011-12-31	2012-06-30
净利润（单位:元）	北信源	22 562 300.34	40 284 492.68	44 769 501.53	12 009 812.80
	启明星辰	52 914 877.49	61 777 643.92	60 297 487.80	−27 921 996.86
	卫士通	42 049 331.31	70 244 153.08	89 750 793.63	−8 553 252.87
毛利率	北信源	92.04%	95.42%	89.90%	85.89%
	启明星辰	63.73%	64.79%	66.06%	56.83%
	卫士通	62.46%	61.57%	58.55%	58.59%

从公司的应收账款中也可以看出一些异常（见表 8-2）。事实上，自北信源准备上市以来，其应收账款的不断高企就一直受到市场的质疑。数据显示，公司 2010 年至 2012 年上半年的营业收入增长率分别为 32.85%、38.46% 和 −45.06%，应收账款增长率则分别高达 109.88%、58.47% 和 45.71%，到 2012 年上半年，其应收账款已从 2009 年的 1 933.66 万元迅速增至 9 371.17 万元。对此，北信源在《招股说明书》中给

(续上)

出的解释是:"根据客户性质的不同,规定了不同的信用期限,一般为3~6个月,对于政府类等信用较好客户,信用期限较长,对经销商类客户,信用期限相对较短。""公司营业收入具有季节性特征,销售集中在下半年,尤其是第四季度,其中2009年至2011年12月份营业收入分别占全年营业收入的36.82%、46.32%和39.79%。由于第四季度销售的产品大部分尚在信用期,需要在次年进行收款,导致各年年末的应收账款余额较大且增幅也较高。"由此看,似乎随着营业收入的增长,应收账款的相应增长也有一定道理,但是北信源显然没有进一步对营业收入和应收账款的增长程度呈现出明显不匹配情况做进一步的解释。具体而言,仅从2012年上半年的财报来看,如果按销售大多集中在下半年,且信用期限一般为3~6个月来计算,北信源的应收账款应随着销售收入增速的减缓而减缓,并且最迟在2012年6月份,其2011年下半年的大部分应收账款理应顺利回收。而事实上,在2012年上半年营收增速大幅下滑至 −45.06%的情况下,应收账款还出现了45.7%的大幅增长,较2011年仅下降了12.76%,这显然和北信源的解释不相符合。因此,市场普遍怀疑北信源可能是为了达到顺利上市的目的,通过"应收账款"科目虚构收入,粉饰自身的经营业绩。

表8-2 北信源及其竞争对手历年总资产及应收账款情况一览

金额单位:元

项目	公司	2009-12-31	2010-12-31	2011-12-31	2012-06-30
应收账款	北信源	19 336 633.48	40 583 443.71	64 314 072.56	93 711 700.83
	启明星辰	141 155 882.39	188 993 675.64	261 361 719.31	259 876 662.52
	卫士通	109 912 113.30	128 944 171.62	186 153 514.15	229 756 026.72
应收账款周转率(次)	北信源	3.57	3.06	2.42	0.88
	启明星辰	2.20	2.22	1.89	0.61
	卫士通	2.53	3.17	3.23	0.57
营业收入	北信源	69 016 621.97	91 686 470.98	126 950 700.98	69 753 627.83
	启明星辰	304 099 077.41	366 919 937.93	426 383 674.66	159 401 839.76
	卫士通	269 356 630.17	378 125 589.41	508 358 984.73	118 054 645.12

北信源收入大幅增加的同时营业成本、销售费用等增加比例很小。另外,关于其业绩可信度的质疑还来自其销售费用和管理费用中的劳务成本。根据公开数据显示,2009年至2012年6月末,北信源正式员工的人数是217人、278人、510人和521人;2009年至2012年6月末,北信源全部人员总成本分别是1 316.89万元、2 408.28万元、3 844.09万元和2 346.25万元;2009年至2010年,北信源劳务派遣人员成本分别是1 128.72万元、733.58万元。按照这一数据可以得出,2009年北信源在劳务派遣人员上的成本远高于正式员工劳务成本。对此,北信源表示,对于正在试用期或工作

（续上）

> 岗位对技术要求相对较低的人员，公司及控股子公司选择劳务派遣方式作为招募员工的一种补充手段。然而，通过简单计算可得出，北信源正式员工2009年的平均工资仅为722.62元，这不仅远低于同行业薪资水平，且连北京市最低工资的标准都达不到，而北信源劳务派遣员工2009年的月工资是8 629元，是北信源正式员工2009年工资的11.94倍。这一结果显然与试用期或工作岗位对技术要求相对较低这一说法不匹配，使得无法排除北信源可能通过调低报表显示员工收入，降低营业成本和费用，来虚增利润。
> 　　总之，无论是从北信源的销售业绩、应收账款增幅，还是从营业成本来看，北信源披露的财务数据均呈现出异常现象，而这些异常信息也在一定程度上降低了市场对其财务报表质量和数据的可信程度。
> 　　案例来源：胡彦宇．如何揭掉财报面具：基于会计科目钩稽关系识别[EB/OL]．(2014-04-08)[2018-10-05]．http://bond.jrj.com.cn/2014/04/0815091700 0032-c.shtml．

（二）比率分析法

比率分析法是把某些彼此存在关联的项目加以对比，计算出比率，据以确定经济活动变动程度的分析方法。根据分析的目的和所起的作用不同，比率分析法主要分为三类：相关比率、效率比率、构成比率。

1. 相关比率

相关比率反映两个或两个以上具有因果关系或相关关系的财务指标比值的财务比。例如，流动比率是流动资产对流动负债的比率，用来衡量企业流动资产在短期债务到期以前可以变为现金用于偿还负债的能力。利用相关联的不同项目、指标之间的关系计算出的比率，可以说明项目之间的关系，从而揭示企业某方面的财务状况。

2. 效率比率

效率比率是反映某项经济活动投入与产出关系的所费与所得之间的比率。一般而言，涉及利润的有关比率指标基本上均为效率比率，如营业利润率、成本费用利润率等。

3. 构成比率

构成比率又称结构比率，是某项财务指标的各组成部分数值占总体数值的百分比。它反映部分与总体的关系。其计算公式如下：

$$构成比率 = \frac{指标某部分的数值（部分）}{指标总数值（总值）} \times 100\%$$

在企业会计报表分析中，常用的构成比率有流动资产与资产总额的比率、流动负债与负债总额的比率等。将这些比率分别与上期数、目标数或同行业平均数以及同行业的其他企业进行对比，可以进一步揭示企业财务状况和增减变动状况。

(三) 因素分析法

因素分析法是指利用统计指数体系分析现象变动中各个因素影响程度的一种统计分析方法。它是一种定性分析方法。对于一个综合性的指标，其变动往往是由多方面的因素导致的，而这些影响因素的变动方向与变动幅度往往也各不相同，因此要想分析某一因素对综合性指标的影响，就需要采用因素分析法帮助剔除其他因素对其产生的影响，来测定这一因素的影响程度。因素分析法最常用的方法有两种：连环替代法和差额计算分析法。

1. 连环替代法

连环替代法是将分析指标分解为各个可以计量的因素，并根据各个因素之间的依存关系，顺次用各因素的比较值（通常即实际值）替代基准值（通常为标准值或计划值），据以测定各因素对分析指标的影响。

其计算步骤如下：

第一步，确定分析指标与其影响因素之间的关系。根据综合财务指标形成的过程，找出影响该指标的因素，并根据它们的内在关系建立分析计算公式。例如：

$$Y = a \times b \times c$$

式中，Y 表示综合财务指标，a、b、c 表示影响综合财务指标 Y 的各项具体因素。

第二步，分别列出分析对象的算式。按构成综合财务指标之间的因素关系，列出基准值的算式和比较值的算式：

$$\text{基准值 } Y_0 = a_0 \times b_0 \times c_0$$

$$\text{比较值 } Y_1 = a_1 \times b_1 \times c_1 \quad \text{①}$$

$$\text{差异值 } \Delta Y = Y_1 - Y_0 \quad \text{②}$$

第三步，连环顺序替代，计算替代结果。按构成综合财务指标的各因素的排列顺序，逐一用构成比较值的各因素代替基准值的各因素，并计算出每次替代的结果。

$$\text{基准值 } Y_0 = a_0 \times b_0 \times c_0 \quad \text{③}$$

$$\text{替换 } a \text{ 因素}: a_1 \times b_0 \times c_0 \quad \text{④}$$

$$\text{替换 } b \text{ 因素}: a_1 \times b_1 \times c_0 \quad \text{⑤}$$

$$\text{替换 } c \text{ 因素}: a_1 \times b_1 \times c_1 \quad \text{⑥}$$

第四步，比较各因素的替代结果，确定各因素对分析指标的影响程度。比较替代结果是连环进行的，即将每次替代所计算的结果与这一因素被替代前的结果进行对比，计算出各因素变动对综合财务指标的影响程度。

④ 式 − ③ 式 = Δa　即为 a 因素变动对 Y 指标的影响

⑤ 式 − ④ 式 = Δb　即为 b 因素变动对 Y 指标的影响

⑥ 式 − ⑤ 式 = Δc　即为 c 因素变动对 Y 指标的影响

第五步,检验结果。把各因素变动影响程度之和相加,检验是否等于总差异。各个因素的影响数额的代数和应等于财务指标的实际数与基数(计划数)之间的总差异值,即:

$$\Delta a + \Delta b + \Delta c = \Delta Y$$

【例8-1】 齐航公司2×18年的净资产收益率为64.35%,2×17年为17.33%,2×18年比2×17年上升47.02%。由于净资产收益率是由销售净利率、总资产周转率和权益乘数三个因素的乘积构成的,因此,可以把净资产收益率这一总指标分解成三个因素,然后逐个来分析其对净资产收益率总指标值的影响。齐航公司净资产收益率指标值分解表如表8-3所示。

表8-3 齐航公司净资产收益率指标值分解表

项　目	2×18年	2×17年
净资产收益率	64.35%	17.33%
销售净利率	10.9%	3.22%
总资产周转率	0.8	0.7
权益乘数	7.38	7.69

根据表8-3中的资料,净资产收益率2×18年指标值较2×17年上升47.02%,这是分析对象。运用连环替代法计算分析各因素变动对净资产收益率总指标值的影响程度如下:

$2×17$年净资产收益率指标值 $= 3.22\% \times 0.7 \times 7.69 = 17.33\%$ ①

第一次替代:$10.9\% \times 0.7 \times 7.69 = 58.67\%$ ②

第二次替代:$10.9\% \times 0.8 \times 7.69 = 67.06\%$ ③

第三次替代:$10.9\% \times 0.8 \times 7.38 = 64.35\%$ ④

②式 − ①式 $= 58.67\% - 17.33\% = 41.34\%$(销售净利率的影响)
③式 − ②式 $= 67.06\% - 58.67\% = 8.39\%$(总资产周转率的影响)
④式 − ③式 $= 64.35\% - 67.06\% = -2.71\%$(权益乘数的影响)
$41.34\% + 8.39\% - 2.71\% = 47.02\%$(全部因素的影响)

2. 差额计算分析法

差额计算分析法是上述连环替代法的一种简化形式。它是利用各个因素的比较期与基期数之间的差异,依次按顺序替换,直接计算出各个因素变动对综合指标变动的影响程度。

由连环替代法已知:

差异值 $\Delta Y = Y_1 - Y_0$

a因素变动对Y指标的影响:$(a_1 - a_0) \times b_0 \times c_0$

b因素变动对Y指标的影响:$(b_1 - b_0) \times a_1 \times c_0$

c因素变动对Y指标的影响:$(c_1 - c_0) \times a_1 \times b_1$

【例 8-2】 沿用表 8-3 的数据,采用差额计算分析法计算确定各因素变动对净资产收益率的影响。

由于销售净利率上升对净资产收益率的影响:

$$(10.9\% - 3.22\%) \times 0.7 \times 7.69 = 41.34\%$$

由于总资产周转率上升对净资产收益率的影响:

$$10.9\% \times (0.8 - 0.7) \times 7.69 = 8.38\%$$

由于权益乘数下降对净资产收益率的影响:

$$10.9\% \times 0.8 \times (7.38 - 7.69) = -2.70\%$$

全部因素综合对净资产收益率的影响:

$$41.34\% + 8.38\% - 2.70\% = 47.02\%$$

(四) 综合分析法

综合分析法又称杜邦财务分析体系,它是站在财务的角度分析企业的绩效、盈利水平与股权回报水平的一种分析方法。它的主要逻辑线路是以净资产收益率为出发点,把它分解为包含资产负债表与利润表等多项关键财务数据的乘积,进而对企业的债务偿还能力、盈利水平和资产营运水平进行评估。

1. 杜邦财务分析体系的财务指标关系

净资产收益率又称权益净利率,是杜邦财务分析体系中分析考察企业财务状况和经营成果的最全面和有代表意义的财务指标。杜邦财务分析体系从权益净利率出发,层层展开剖析到企业各项成本和费用的组成、使用的生产要素,以及企业所面临的风险。相关计算公式如下:

$$\begin{aligned}
\text{净资产收益率} &= \text{净利润} \div \text{净资产} \\
&= (\text{净利润} \div \text{资产总额}) \times (\text{资产总额} \div \text{净资产}) \\
&= \text{总资产净利率} \times \text{权益乘数} \\
\text{总资产净利率} &= \text{净利润} \div \text{平均资产总额} \\
&= (\text{净利润} \div \text{销售收入}) \times (\text{销售收入} \div \text{平均资产总额}) \\
&= \text{销售净利率} \times \text{总资产周转率} \\
\text{权益乘数} &= \text{资产总额} \div \text{平均所有者权益} \\
&= 1 \div (1 - \text{资产负债率})
\end{aligned}$$

杜邦财务分析体系如图 8-1 所示。

2. 主要财务指标提供的信息

(1) 净资产收益率是杜邦财务分析体系的核心,最具综合性,其他财务指标都是由它分解计算得到的。从这个指标我们可以知道股东权益回报水平,还可以了解到企业筹资活动、投资活动和资产运营的效率。

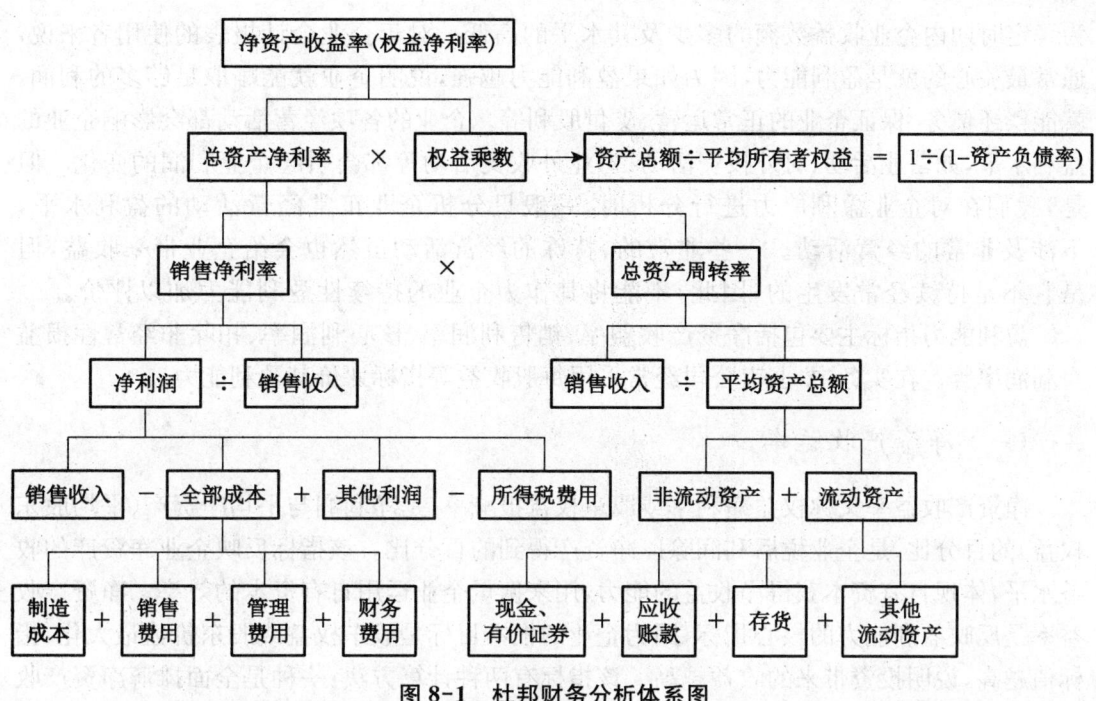

图 8-1 杜邦财务分析体系图

(2) 权益乘数与资产权益率（即平均所有者权益与资产总额的比率）为相反数关系，与负债情况呈正相关关系。

(3) 总资产周转率能分析企业销售收入的情况。对总资产周转率进行分析时，我们需考虑流动资产与非流动资产间的比率是否恰当，并对相关的资产周转效率指标（应收账款周转率、流动资产周转率、存货周转率等）进行分析，才能获取对总资产周转率造成影响的重要因素。

(4) 销售净利率是一定时期企业的净利润与销售收入的比率。因此，企业要想增强盈利能力，关键是增大销售净利率这一指标。

第二节 会计报表分析的内容

会计报表分析的内容主要是从会计报表间的关系入手，到会计报表内项目关系分析、会计报表间项目关系分析，并结合会计报表附注对企业盈利能力、偿债能力、营运能力和发展能力四大能力进行评价，从各个方面揭示企业的财务状况和经营情况，并预测企业的未来发展趋势。

一、盈利能力评价

盈利能力也称企业的资金或资本增值能力，是指企业获取利润的能力。它通常表现为一定时期内企业收益数额的多少及其水平的高低。对于企业会计报表的使用者来说，通常最关心的就是盈利能力，因为如果盈利能力越强，说明企业就能赚取足够多的利润，就能偿还债务、保证企业的正常运营、支付股利等。企业的各项经营活动都会影响企业的盈利水平，如营业活动、对外投资活动、营业外收支活动等都会引起企业利润的变化。但是，我们在对企业盈利能力进行分析时，一般只分析企业正常经营活动的盈利水平，不涉及非常的经营活动。一些非常的、特殊的经营活动虽然也会给企业带来收益，但是它不是持续经常发生的，因此，不能将其作为企业的持续性盈利能力加以评价。

盈利能力指标主要包括净资产收益率、销售利润率、核心利润率、扣除非经常性损益净利润率等。在实务中，上市公司经常采用每股收益等指标评价其盈利能力。

（一）净资产收益率

净资产收益率又称权益净利率或股东权益报酬率，是净利润与平均净资产（平均股东权益）的百分比，是企业税后利润除以净资产得到的百分比。该指标反映企业净资产的收益水平，体现自有资本获得净收益的能力，用来衡量企业运用自有资本的效率。净资产收益率是反映盈利能力的核心指标，因为企业的根本目标是股东权益或股东价值最大化，指标值越高，说明投资带来的收益越高。该指标有两种计算方法：一种是全面摊薄净资产收益率；另一种是加权平均净资产收益率。其计算公式如下：

$$全面摊薄净资产收益率 = \frac{净利润}{期末净资产} \times 100\%$$

$$加权平均净资产收益率 = \frac{净利润}{平均净资产} \times 100\%$$

式中，净利润是指企业当期税后利润；净资产是指企业资产总额减去负债总额后的余额，也就是资产负债表中的股东权益部分。

在全面摊薄净资产收益率的计算公式中，分子是时期数列，分母是时点数列。分子、分母是两个性质不同但有一定联系的总量指标，比较得出的净资产收益率指标是一个强度指标，用来反映现象的强度；同时，该指标又是一个静态指标，强调年末状况，说明期末单位净资产对经营净利润的分享，能够很好地说明未来股票价值的状况，所以当企业发行股票或进行股票交易时，对股票价格的确定至关重要。

在加权平均净资产收益率的计算公式中，该指标是一个平均指标，说明企业利用单位净资产创造利润能力的大小，反映企业过去1年的综合管理水平；同时，该指标又是一个动态指标，强调经营期间净资产赚取利润的结果，有助于企业相关利益人对企业未来的盈利能力作出正确判断。

（二）销售净利率

销售净利率是企业净利润与销售收入之间的百分比。它是以销售收入为基础分析企业获利能力，反映销售收入收益水平的指标，即每1元销售收入所获得的利润。其计算公式如下：

$$销售净利率 = \frac{净利润}{销售收入} \times 100\%$$

销售毛利率是指营业收入与营业成本的差额与销售收入之间的百分比。它反映了企业在直接生产过程中的获利能力,即产品每销售1元所获得的毛利率是多少。其计算公式如下:

$$销售毛利率 = \frac{销售毛利}{销售收入} \times 100\% = \frac{营业收入 - 营业成本}{销售收入} \times 100\%$$

(三) 核心利润率

核心利润率是指核心利润与营业收入之间的百分比。其中,核心利润是指企业利用经营资产从事经营活动产生的利润。核心利润率是衡量企业竞争力的重要指标之一,通过它可以知道产生核心利润的经营性资产和核心利润对应的现金流之间的关系,反映企业经营资产的综合盈利能力。核心利润率越高,企业盈利能力越强,盈利质量越高。其计算公式如下:

$$核心利润率 = \frac{核心利润}{营业收入} \times 100\%$$

核心利润 = 营业收入 - 营业成本 - 税金及附加 - 销售费用 - 管理费用 - 财务费用

案例 8-2

龙光地产:凭什么被誉为"最能赚钱的房企"

2018年5月6日,由亿翰智库携手中国网共同打造的"2018中国上市房企百强峰会"在北京举行。此次峰会以"链接新时代,赋能新价值"为主题,围绕上市房地产企业融资环境及市值管理展开讨论,并发布了《2018中国上市房企财富创造能力十强》排行榜,龙光地产控股有限公司(以下简称"龙光地产")凭借卓越的盈利表现和股东回报能力,稳居中国上市房企财富创造能力TOP10,被誉为"最能赚钱的房企"。

亿翰智库财富创造能力十强榜单的评选,主要从企业的相对盈利和绝对盈利出发,考核指标主要包括净利润、净利润率、净资产收益率以及"三费"(即销售费用、管理费用、财务费用)费用率等,数据来源于上市公司的年报、半年报等公开资料。此次入选企业,还包括中海、万科、碧桂园、招商蛇口、华润置地、龙湖地产等知名房企。

亿翰智库研究认为,在政策调控长期持续背景下,房地产行业利润率不断下降,房企的利润增长开始滞后于规模增长,但龙光地产成为连续多年保持利润与规模同步高增长的典型标杆企业。2017年,龙光地产实现合约销售额为434.2亿元,同比增长51.2%;实现营业收入276.9亿元,同比增长34.8%;毛利润为95.2亿元,同比增长45.1%,毛利润率较2016年再次提升2.5个百分点至34.4%;净利润为70.1亿元,同比增长34.8%;股东应占利润65.3亿元,同比增长45.4%。

尤其是在反映房企盈利能力的关键性指标——核心利润率方面,龙光地产继续保持行业标杆地位。2017年,公司实现核心净利润人民币46.2亿元,同比增长48.7%;

(续上)

> 核心净利润率高达 16.7%,在 2016 年高位基础上再次提升 1.6 个百分点,位居上市房企前列。亿翰智库认为,尽管龙光地产 2016 年销售规模在 434 亿元,但其盈利能力和创造的核心利润已经超越了部分规模超千亿元的房企。
>
> 领跑行业的盈利能力,源自龙光地产颇具前瞻性的战略布局和一整套精细化的管控体系。截至 2017 年年底,公司总货值约 5 200 亿元,其中大湾区货值占比超 80%。花旗、中金、汇丰等多家著名国际投行预测,随着粤港澳大湾区规划纲要的出台实施,龙光地产将迎来又一次腾飞,2018—2020 年可实现 50% 以上年销售复合增长率,毛利率将维持 35%~36%,核心利润率达 16%~17%,核心利润进入全国前十。
>
> 案例来源:亿翰智库.2018 上市房企百强榜揭晓 龙光地产财富创造力稳居全国前十[EB/OL].(2018-05-21)[2018-10-10]. http://op.inews.qq.com/m/20180521A1EA3 000? refer.

(四)扣除非经常性损益净利润率

扣除非经常性损益净利润率是指净利润减去非经常性损益的差与营业收入的比率。这一指标不包括企业的非经常性损益,是企业可持续经营业务的净利润率。其计算公式如下:

$$扣非经常性损益净利润率 = \frac{净利润 - 非经常性损益}{营业收入}$$

非经常性损益是指公司发生的与经营业务无直接关系,以及虽与经营业务相关,但由于其性质、金额或发生频率,影响了真实、公允地反映公司正常盈利能力的各项收入、支出。例如,处置长期股权投资、固定资产、在建工程、无形资产等非流动资产产生的损益、营业外收支、政府补助等,都属于非经常性损益。

(五)每股收益

每股收益又称每股税后利润或每股盈余,是企业本年净利润与当年流通在外的普通股股数的比率。该指标反映普通股股东每股所能享有的企业净利润或需承担的企业净亏损。每股收益是衡量上市公司盈利能力最重要的财务指标,它反映普通股的获利水平。每股收益越高,说明企业的盈利能力越强。在分析时,可以进行企业间的比较,以评价该企业相对的盈利能力;可以进行不同时期的比较,了解该企业盈利能力的变化趋势;可以进行经营实绩和盈利预测的比较,掌握该企业的管理能力。其计算公式如下:

$$每股收益 = \frac{净利润 - 优先股股利}{发行在外普通股平均股数}$$

式中,分子部分的净利润是指归属于普通股股东的当期净利润,要减去优先股股利,因为国际会计准则认为归属于母公司普通股股东的收益应是扣除了优先股股利的收益金额,但我国目前不存在优先股,因此,在计算每股收益指标时不优先考虑优先股股利。

案例 8-3

2017年最轰动的公司造假案 证监会怒罚审计 900 万元

九好集团 2013 年、2014 年和 2015 年分别虚增收入 1 726 万元、8 755 万元和 1.6 亿元。2015 年,九好集团虚构 3 亿元银行存款,且未披露借款 3 亿元并质押。翻阅其历史财务数据,可以发现 2013 年至 2015 年,九好集团的营业收入分别为 2.5 亿元、3.3 亿元和 4.2 亿元;营业成本分别为 1.3 亿元、9 137 万元和 4 656 万元;净利润为 3 987 万元、1.15 亿元和 1.9 亿元。营业收入方面,增速分别为 29.22% 和 28.02%。然而,九好集团的营业成本却在不断地下降,报告期内分别下降了 30% 和 49%。与此同时,净利润的表现更为"妖艳",报告期内相应增长了 188% 和 65%。也就是说,净利润的增速远超营收增速,且波动幅度很大。

对此,九好集团解释为:收入结构的调整。营业成本占比低、毛利率高的"服务类收入"快速增长;营业成本高、毛利率低的"贸易类收入"逐年萎缩。这不解释也罢了,越解释越黑。来看看九好集团逆天的毛利率:2013 年至 2015 年,九好集团的毛利率分别为 48.20%、71.98% 和 88.85%。2 年间,毛利率增长幅度超过了 40%,2014 年和 2015 年的毛利率增速分别高达 90.76% 和 62.67%。不仅如此,报告期内的净资产收益率分别为 16.20%、30.72% 和 33.24%,销售净利率为 15.80%、35.43% 和 46.21%。前者 2 年间翻了 1 倍,后者翻了近 2 倍。这个毛利率、净利率和 ROE 水平,已经完败同行大佬蓝色光标、深赛格、省广股份等上市公司(见表 8-4)。这是何等的神速?

表 8-4 同行业盈利能力指标比较表

项目	销售净利率	销售毛利率	净资产收益率
蓝色光标	0.93%	27.55%	1.63%
深赛格	14.56%	16.65%	5.19%
省广股份	6.30%	17.97%	23.90%
行业平均值	11.63%	29.14%	13.86%
九好集团	46.21%	88.85%	33.24%

对此,九好集团将毛利率、净利率等指标的高速增长,归功于独特的商业模式:商业模式比阿里巴巴更有前景!综上,营业收入、净利润、毛利率、净利率、平均资产负债率都这么牛,监管自然会对其非常警惕。

这个案件中,中介机构利安达会计师事务所因 2016 年 4 月 21 日对该公司 2013 年至 2015 年的会计报表发表标准无保留意见,接到 900 万元的罚单,签字注册会计师处以 10 万元罚款,受到证监会重罚。

案例来源:并购优塾. 2017 年最轰动的公司造假大案 证监会怒罚审计 900 万[EB/OL].(2017-10-29)[2018-10-20]. http://finance.ifeng.com/a/20171029/15752191_0.shtml.

二、偿债能力评价

偿债能力是指企业用资产偿还各种到期债务的能力。能否及时偿还到期债务,是反映企业财务状况好坏的重要标志。通过对偿债能力的分析,信息需求者可以考察企业持续经营的能力和风险,有助于对企业未来收益进行预测。企业管理者、债权人和股权投资者都十分重视对企业偿债能力的分析。对偿债能力的分析包括对长期偿债能力的分析和对短期偿债能力的分析。

(一) 短期偿债能力

短期偿债能力是指企业以流动资产对流动负债及时足额偿还的保证程度,即企业以流动资产偿还流动负债的能力。短期偿债能力反映企业偿付日常到期债务的能力。一个企业短期偿债能力的大小,一方面取决于企业资产流动性与质量,另一方面取决于流动负债的数量与期限结构。短期偿债能力的高低通常用一系列的指标予以反映,分别是流动比率、速动比率和现金比率等。

1. 流动比率

流动比率是流动资产对流动负债的比率。它表示 1 元的流动负债有多少元的流动资产作为偿还保障。其计算公式如下:

$$流动比率 = \frac{流动资产}{流动负债}$$

一般说来,流动比率越高,说明企业资产的变现能力越强,短期偿债能力亦越强;反之,则弱。一般认为,流动比率应在 2∶1 以上。流动比率若为 2∶1,表示流动资产是流动负债的两倍,即使流动资产有一半在短期内不能变现,也能保证全部的流动负债得到偿还。不过,由于各行业的经营性质不同,对资产流动性的要求也不同。例如,商业零售企业所需的流动资产往往要高于制造企业,因为前者需要在存货方面投入较大的资金。另外,企业的经营和理财方式也影响流动比率。

2. 速动比率

速动比率是指企业速动资产与流动负债的比率。它是衡量企业流动资产中可以立即变现用于偿还流动负债的能力。一般来说,速动资产是企业的流动资产减去存货后的资产,主要包括货币资金、交易性金融资产、应收票据、应收账款等项目。从前面的分析可知,流动比率在评价企业短期偿债能力时,存在一定的局限性。如果流动比率较高,但流动资产的流动性较差,则企业的短期偿债能力仍然不强,因此还需要对企业的速动比率进行分析。其计算公式如下:

$$速动比率 = \frac{速动资产}{流动负债} = \frac{流动资产 - 存货}{流动负债}$$

一般来说,该指标值越高,表示企业偿还流动负债的能力越强。一般认为,速动比率维持在 1∶1 较为正常,它表明企业的每 1 元流动负债就有 1 元易于变现的流动资产来抵偿,短期偿债能力有可靠的保证。速动比率过低,企业的短期偿债风险较大;速动比率过高,企业在速动资产上占用资金过多,会增加企业投资的机会成本。但以上评判标准并不是绝对的,在实际工作中,我们应结合企业的行业性质来考虑。例如商品零售行业,由于采用大量现金销售,几乎没有应收账款,速动比率大大低于1,也是合理的。

应当说明的是,流动比率和速动比率并非越高越好。流动比率过高,即流动资产相对于流动负债太多,可能是存货积压,也可能是持有现金太多,或者两者兼而有之;速动比率过高,即速动资产相对于流动负债太多,说明现金持有太多。企业的存货积压,说明企业经营不善,存货可能存在问题;现金持有太多,说明企业不善于理财,资金利用效率低下。

3. 现金比率

现金比率是指企业现金类资产与流动负债的比值,表明每1元的流动负债有多少元现金类资产可作为偿还保障。现金类资产是指库存现金、随时可以用于支付的存款和现金等价物,其特点是随时可以提现或转让变现。该比率代表了企业立即偿还到期债务的能力。其计算公式如下:

$$现金比率 = \frac{现金+现金等价物}{流动负债}$$

现金比率可以反映企业直接的偿付能力,因为现金是企业偿还债务的最终手段,如果企业现金缺乏,就可能发生支付困难,面临财务危机。因而,现金比率高,说明企业即刻变现能力强,对偿付债款有良好的保障。但是如果这个指标过高,说明企业资产没有得到充分的运用,没有把现金投入经营以获得更大的利润。

(二) 长期偿债能力

长期偿债能力是指企业偿还长期负债的能力。企业的长期负债主要有长期借款、应付债券、长期应付款、预计负债等。企业利用举借长期负债开展生产经营活动,一方面可以促进企业生产的快速发展,扩大生产经营规模;另一方面也会加大企业的资金成本和财务风险。长期偿债能力的强弱是反映企业财务安全和稳定程度的重要标志。所以通过对长期偿债能力的分析,企业可以预测其潜在财务风险、优化其资本结构、评估其可持续经营能力,进而实现企业价值最大化。反映企业长期偿债能力的指标主要有资产负债率、股东权益比率、权益乘数、利息保障倍数等。

1. 资产负债率

资产负债率又称举债经营比率或负债比率,是企业负债总额与资产总额的百分比。它反映在企业总资产中有多少比例是通过借债来筹得的。其计算公式如下:

$$资产负债率 = \frac{负债总额}{资产总额} \times 100\%$$

资产负债率反映企业偿还债务的综合能力,这个指标值越高,表示企业扩展经营的能力越大,股东权益越能得到充分利用,越有机会获得更大的利润,但负债经营要承担较大的风险。

不同的信息使用者对资产负债率的看法有所不同:

（1）从债权人的立场看，他们最关心的是贷给企业款项的安全程度，他们希望债务比例越低越好，这样企业偿债就会有保证。

（2）从股东的角度看，由于企业通过举债筹措的资金与股东提供的资金在经营中发挥同样的作用，所以股东会认为在全部资本利润率高于借款利息率的情况下，负债比例越大越好。

（3）从经营者的立场看，如果举债很大，超出债权人心理承受程度，企业就借不到钱；但如果企业资产负债率很小，说明企业利用债权人资本进行经营活动的能力很差。因此，经营者需要在两个极端之间权衡利害得失，做出正确决策。

2. 股东权益比率

股东权益比率又称净资产比率，是股东权益总额与资产总额的百分比。该比率反映企业总资产中有多少是所有者投入形成的。其计算公式如下：

$$股东权益比率 = \frac{股东权益总额}{资产总额} \times 100\%$$

股东权益比率越高，表示企业总资产中由投资者投入所形成的部分越多，企业偿还债务的保证程度就越高。但股东权益比率应当适中，如果权益比率过小，表明企业过度负债，容易削弱公司抵御外部冲击的能力；而权益比率过大，意味着企业没有积极地利用财务杠杆作用来扩大经营规模。

3. 权益乘数

股东权益比率的倒数称为权益乘数，即企业资产总额是股东权益的多少倍。该指标值越大，说明投资者投入的资本在资产中所占比重越小，债权人的权益保护程度越低。权益乘数用来衡量企业的财务风险。其计算公式如下：

$$权益乘数 = \frac{资产总额}{股东权益总额} = \frac{1}{1-资产负债率}$$

4. 利息保障倍数

利息保障倍数又称已获利息倍数，是指企业生产经营所获得的息税前利润与利息费用的比率（企业息税前利润与利息费用之比）。该指标表明1元的债务利息有多少倍的息税前利润作保障，反映企业经营所得支付债务利息的能力。其计算公式如下：

$$利息保障倍数 = \frac{息税前利润}{利息费用}$$

式中，息税前利润等于净利润、所得税费用与利息费用之和；利息费用是指本期发生的全部应付利息，不仅包括计入财务费用的利息费用，还应包括资本化利息。一般来说，利息保障倍数应该大于1；否则，就表明企业难以偿还债务及利息。只要利息保障倍数足够大，企业就有充足的能力支付利息；反之，则相反。

三、营运能力评价

营运能力是指企业的经营运行能力，即企业运用各项资产以赚取利润的能力。通过分析企业的营运能力,我们可以判断企业资产的价值贡献和运用效率,从而判断企业的整体风险水平与经营管理水平。评价企业营运能力的指标有总资产周转率、流动资产周转率、存货周转率和应收账款周转率等。

(一)总资产周转率

总资产周转率又称总资产利用率,是企业一定时期的销售收入净额与平均资产总额之比。其计算公式如下:

$$总资产周转率 = \frac{销售收入净额}{平均资产总额}$$

$$平均资产总额 = \frac{期初资产总额 + 期末资产总额}{2}$$

$$总资产周转天数 = \frac{360}{总资产周转率}$$

式中,销售收入净额是指销售收入扣除销售退回和销售折让的金额。总资产周转率反映总资产的周转速度,是综合评价企业全部资产的经营质量和利用效率的重要指标。总资产周转率越大,说明总资产周转越快,企业全部资产经营利用的效果越好,经营效率越高;反之,说明企业经营效率较差,会影响企业的盈利能力,企业可以通过提高销售收入或处置资产的措施来提高总资产周转率。

(二)流动资产周转率

流动资产周转率是指销售收入净额与平均流动资产总额的比率,即企业流动资产在一定时期内(通常为1年)的流转次数。其计算公式如下:

$$流动资产周转率 = \frac{销售收入净额}{平均流动资产总额}$$

$$平均流动资产总额 = \frac{期初流动资产余额 + 期末流动资产余额}{2}$$

$$流动资产周转天数 = \frac{360}{流动资产周转率}$$

流动资产周转率是评价企业资产利用率的一个重要指标。该指标值越高,说明企业流动资产周转得快,流动资产的利用效率越好,企业的经营效率越高。

(三)存货周转率

存货周转率也称存货利用率,是企业一定时期销售成本与平均存货余额的比率,即企业存货在一定时期内(通常为1年)的流转次数。其计算公式如下:

$$存货周转率 = \frac{销售成本}{平均存货余额}$$

$$平均存货余额 = \frac{期初存货余额 + 期末存货余额}{2}$$

存货周转率用于反映存货的周转速度,即存货的流动性及存货资金占用量是否合理,是衡量企业生产经营各环节中存货运用效率、评价企业经营业绩和反映企业绩效的综合性指标。一般来讲,存货周转率越高,表明存货周转速度越快,存货的占用水平越低,流动性越强,存货转换为现金或应收账款的速度越快。

(四)应收账款周转率

应收账款周转率是企业在一定时期内赊销收入净额与平均应收账款余额之比,用来反映企业应收账款的周转速度和管理效率。一般来说,企业销售方式分为赊销和现销两种方式,而应收账款是在赊销方式中产生的,所以计算应收账款周转率应该使用赊销收入净额。但是赊销收入净额通常只有企业内部人员才能取得,外部报表使用者难以得到此数据,且实践中我们可以把现销方式理解为赊销的同时收回货款,所以可以用销售收入净额代替赊销收入净额。其计算公式如下:

$$应收账款周转率 = \frac{销售收入净额}{平均应收账款余额}$$

$$平均应收账款余额 = \frac{期初应收账款 + 期末应收账款}{2}$$

一般来说,应收账款周转率越高,平均收账期越短,说明应收账款的收回越快,企业应收账款的运用效率越高,在其他条件不变的情况下,流动资产的质量越高,短期偿债能力也越强。

四、发展能力评价

企业的发展能力也称企业的成长能力,它是企业通过自身的生产经营活动,使自身不断扩大积累而形成的发展潜在能力。评价企业发展能力主要考察销售收入增长率、净利润增长率、资本保值增值率、总资产增长率等指标。

(一)销售收入增长率

销售收入增长率是企业本年销售收入增长额同上年销售收入总额的百分比。其计算公式如下:

$$销售收入增长率 = \frac{本年销售收入增长额}{上年销售收入总额} \times 100\%$$

式中,本年销售收入增长额是本年销售收入总额扣除上年销售收入总额的差额。销售收入增长率是评价企业成长状况和发展能力的重要指标,该指标为正数,表示企业本年销售收入增长,销售收入增长率越高,表示企业销售收入增长得越快,市场越有利,企业销售收入的成长性越好,企业的发展性越好;反之,若销售收入增长率为负数,说明企业营业收入减少,销售增长率越低,市场越不利,企业销售收入的成长性和发展性较差。

(二) 净利润增长率

净利润增长率是指企业本期净利润增长额与上期净利润额的百分比。其计算公式如下：

$$净利润增长率 = \frac{本期净利润增长额}{上期净利润额} \times 100\%$$

式中，净利润是指企业当期税后利润。净利润增长率代表企业当期净利润比上期净利润的增长幅度。该指标值为正数，说明企业本期净利润增加，指标值越大，代表企业净利润增长得越快，盈利能力越强；反之，若指标值为负数，说明企业本期净利润减少。

(三) 资本保值增值率

资本保值增值率是指企业扣除客观因素后的年末所有者权益与年初所有者权益的百分比。其计算公式如下：

$$资本保值增值率 = \frac{扣除客观因素后的年末所有者权益}{年初所有者权益} \times 100\%$$

真正意义的资本保值增值与本期筹资和其他事项无关，与本期利润分配也无关，而是取决于当期实现的经济效益，即净利润。因此，资本保值增值指标应从利润表出发，以净利润为核心。其计算公式如下：

$$资本保值增值率 = \frac{期初所有者权益 + 本期净利润}{期初所有者权益} \times 100\%$$

资本保值增值率是财政部制定的评价企业经济效益的十大指标之一，反映了企业资本的运营效益与安全状况。资本保值增值率若为100%，说明企业不盈不亏，保本经营，资本保值；若大于100%，说明企业有经济效益，资本在原有基础上实现了增值。

(四) 总资产增长率

总资产增长率是企业年末总资产增长额同年初资产总额的百分比。其计算公式如下：

$$总资产增长率 = \frac{年末总资产增长额}{年初资产总额} \times 100\%$$

式中，年末总资产增长额是年末资产总额扣除年初资产总额后的差额。总资产增长率是分析企业当年资本积累能力和发展能力的主要指标。该指标值为正数，表示企业当年总资产规模有所增长，指标值越大，表明资产经营规模扩张的速度越快，企业的竞争力也会增强。

案例 8-4

华为公司 2017 年财报解读：营收、利润双增，国内营收超国际

作为通信设备厂商的排头兵，华为公司每年的财报都是行业的焦点。正当苹果公司承认故意让旧手机变慢的时候，华为公司却用了一份超"漂亮"的成绩单，告别 2017 年，迎接 2018 年！2017 年，华为公司全球销售收入为 6 036 亿元人民币，同比增长 15.7%；净利润为 475 亿元人民币，同比增长 28.1%，营收和利润实现了双增长。2017 年，华为公司的净利润增长相比 2016 年仅为 0.4% 的增长来说，可以说是有了长足的进步。这主要得益于 2017 年全球经济整体复苏向好，ICT 行业在进行产业结构性变革和调整的同时，华为公司仍保持着稳健发展，聚焦管道战略，加强经营质量管理，提升运营效率，销售与管理费用率下降了 1.2%，总期间费用率下降了 1.1%，坚持为客户创造价值。

华为公司的年收入，是阿里巴巴公司的 4 倍。2018 年 5 月，阿里巴巴公司公布 2017 财年业绩（2016 年 4 月至 2017 年 3 月），阿里巴巴公司 2017 财年全年收入为 1 582.73 亿元。也就是说，阿里巴巴公司的年收入约为华为公司的 1/4。华为公司的年收入是中兴公司的 5 倍多。中兴公司 2017 年预计将实现营业收入 1 094.32 亿元。华为公司的年收入，是小米公司的 6 倍。2017 年 9 月，小米公司董事长雷军曾表示，10 月中旬将提前完成 1 000 亿元收入的目标，业内纷纷看好小米公司今年营业收入将破千亿元。更让人高兴的是，华为公司智能手机全年发货 1.53 亿台，全球份额突破 10%，稳居全球前三，在中国市场份额突破 20%。

据了解，2016 年财报出来以后，华为公司就要求控制成本，提升利润。当时华为公司轮值 CEO 徐直军也提到，华为公司虽然保持了两位数收入的增长，但运作效率和现金流的改善不足，管理费用增长超过收入和销售毛利的增长，现金收入比下降。

因此，2017 年华为公司要保持利润的增长，有现金的利润。而余承东也曾经向媒体透露，任正非批评终端盈利不佳，2016 年华为公司手机利润几乎没有增长，利润率也在下降。因此，华为公司要在 2017 年控制投入。

从 2017 年利润 28.1% 的增长来看，华为公司控制成本已有成效。不过，2017 年华为公司营收利润率相比 2016 年仅实现了微增，营业利润率为 9.3%。但 2013 年至 2015 年利润率均为双位数，2016 年降为 9.1%。对此，野村综研（上海）咨询有限公司通信战略部总监陶旭骏表示，9.3% 的利润率对于制造业来说已经算是不错的了。

而华为公司的未来愿景很简单——"从数字世界走向智能世界"。为实现这一愿景，华为公司定下的战略是：聚焦 ICT 基础设施和智能终端，使能数字化转型。正像华为公司年报中董事长致辞说的那样，"我们（华为）坚持以客户为中心，聚焦 ICT 基础设施和智能终端，通过技术创新和持续满足客户需求，推动行业发展，在和客户一起不断探索和创新中，走向未来的智能世界。"

案例来源：崔玉贤. 华为 2017 年财报解读：营收利润双增　国内营收超国际[EB/OL]. (2018-03-30)[2018-10-23]. http://tech.163.com/18/0330/15/DE5I3NDL00097U7T.html.

五、投资价值评价

在证券市场上,人们还往往会利用市盈率、市净率等指标评价上市公司股票的投资风险和投资价值。

(一)市盈率

市盈率是指普通股每股市价与当期每股收益之间的比率。市盈率是最常用来评估股价水平是否合理的指标之一,也可用来判断该企业股票与其他企业股票相比潜在的价值。其计算公式如下:

$$市盈率 = \frac{每股市价}{每股收益}$$

一般认为,如果一家企业股票的市盈率过高,那么该股票的价格具有泡沫,价值被高估;反之,则该股票被认为更具投资价值,风险也更低。

(二)市净率

市净率是普通股股票每股市价与每股净资产的比率。其计算公式如下:

$$市净率 = \frac{每股市价}{每股净资产}$$

$$每股净资产 = \frac{期末股东权益 - 优先股权益}{期末发行在外的普通股股数}$$

市净率可用于股票投资分析,一般来说,市净率较低的股票,投资风险较小,投资价值较高;相反,则该股票投资风险较大,投资价值较低。但在判断投资价值时,我们还要考虑当时的市场环境以及企业经营情况、盈利能力等因素进行综合分析。

复习思考题

1. 会计报表分析方法有哪些?
2. 会计报表分析一般包括哪些内容?其分别有哪些财务分析指标?
3. 什么是杜邦财务分析体系?

案例分析题

1. 某上市公司 2×18 年年末发行在外的普通股总数为 1 000 万股(普通股股数年内无变动),每股市价为 15 元。该公司 2×18 年度会计报表的主要资料如表 8-5 和表 8-6 所示。

表 8-5　资产负债表(简表)

2×18 年 12 月 31 日　　　　　　　　　　　　　　　　单位:万元

资产	期末金额	年初余额	负债和所有者权益	期末金额	年初余额
货币资金	310	764	应付票据及应付账款	852	(略)
应收票据及应收账款	1 344	1 156	其他流动负债	468	
存货	966	700	流动负债合计	1 320	
流动资产合计	2 620	2 620	长期负债	1 026	
固定资产	1 170	1 170	实收资本	1 444	
资产总计	3 790	3 790	负债和所有者权益总计	3 790	

注:该公司"应收票据"账户无年初余额和年末余额;"应付账款""应付票据"账户的年末余额分别为 516 万元和 336 万元。

表 8-6　利 润 表(简表)

2×18 年度　　　　　　　　　　　　　　　　　　　　单位:万元

项目	金额(本年数)	项目	金额(本年数)
营业收入(销售收入)	6 430	利润总额	182
营业成本	5 570	所得税费用	72
管理费用	580	净利润	110
财务费用	98		

要求:

(1) 计算填列表 8-7 的该公司财务比率。

(2) 与行业平均财务比率比较,说明该公司经营管理可能存在的问题。

(3) 计算该公司 2×18 年每股净资产、每股收益、市盈率和市净率。

表 8-7　财 务 比 率

比率名称	本公司	行业平均数
流动比率		1.98
资产负债率		62%
存货周转率(次)		6
应收账款周转率		10.28
固定资产周转率(次)		13
总资产周转率(次)		3
销售净利率		1.3%
净资产收益率		8.3%

2. 据 2018 年 5 月 11 日《21 世纪经济报道》,A 股债务"黑天鹅"频飞:630 家上市公司

资产负债率超60%。以下为相关报道内容(有删减):

2018年5月初夏,上市公司屡屡爆出债务地雷。仅5月3日至7日,就有*ST中安(股票代码600654)、盛运环保(股票代码300090)、神雾环保(股票代码300156)、凯迪生态(股票代码000939)等上市公司爆发债务违约;稍早之前,盾安环境公司(股票代码002011)和江南化工公司(股票代码002226)的控股股东盾安集团爆发出450亿元债务危机,更是震惊市场。

在降杠杆的背景之下,多家企业正在遭遇资金危局。作为经济的风向标之一,上市公司的债务及偿债能力如何?

《21世纪经济报道》记者根据Wind数据统计,剔除银行、非银行金融企业和"两桶油"(即中石油和中石化两家企业),A股3 424家上市公司2018年第一季度末合计负债为31.74万亿元,整体资产负债率为61%。其中,整体资产负债率跟2016年年末的数据持平。不过,各行业和相关上市公司负债情况和偿债能力呈现"冰火两重天"。

18家公司资产负债率超100%。随着*ST中安、神雾环保、凯迪生态等上市公司频频爆发债务危机,高负债的上市公司成为一个被关注的团体。Wind数据显示,2018年第一季度末,多达630家上市公司的资产负债率超过60%,其中有18家上市公司的资产负债率超过100%。《21世纪经济报道》记者注意到,资产负债率超过100%的18家上市公司中有15家是ST公司。资产负债率最高的上市公司为曾创下连续29个跌停纪录的*ST保千公司(股票代码600074),资产负债率高达272%,遥遥领先两市;其次是*ST东电公司(股票代码000585)和*ST皇台公司(股票代码000995),资产负债率分别为165.7%和164.5%。另外,*ST德奥(股票代码002260)、*ST众和(股票代码002070)、*ST天化(股票代码000912)等上市公司的资产负债率也均超100%。值得注意的是,5月10日,深交所发布消息称,*ST众和公司将于5月15日暂停上市。

从行业看,311家资产负债率超70%的上市公司主要集中在房地产、公用事业、汽车、化工、机械设备、建筑装饰、商业贸易等行业。其中,房地产企业的资产负债率仍然居高不下,很多资产负债率在80%以上,比如鲁商置业(股票代码600223)、中南建设(股票代码000961)等上市公司的资产负债率超过了90%;大型房企中绿地控股(股票代码600606)、泰禾集团(股票代码000732)等上市公司的资产负债率均超88%。

"从年报、季报等数据来看,泰禾集团的资产负债率确实较高,这是因为泰禾集团所有的土地在报表上都是以成本价格入账,如果按照现在实际评估价格入账的话,即使不考虑未来的销售溢价,直接并到报表里面去,权益会大幅度增加,资产负债率就会大幅下降。以佛山院子地块为例,它是泰禾集团在2016年3月拿的地王,当时楼面价是7 741元/平方米,但2017年后佛山主城区成立土地楼面价全部破万。"某长期跟踪研究泰禾集团的地产研究人士表示,从偿付能力看,泰禾集团的土地布局集中于一线城市及部分热点二线城市,土地的变现能力非常强,债务方面没有问题。

而与"压力山大"的高负债上市公司相比,资产负债率不足10%的173家上市公司则显得尤为"轻松"。首先是两市资产负债率最低的群兴玩具公司(股票代码002575)仅有0.9%;其次是兆日科技公司(股票代码300333)和梅雁吉祥公司(股票代码000503)的资产负债率分别为1.9%和2.9%。另外,海虹控股(股票代码000503)、江南高纤(股票代

600527)、北京君正(股票代码 300233)等 22 家上市公司的资产负债率均不足 5%。

在目前经济环境之下,上市公司的偿债能力正在接受考验。从会计角度讲,衡量偿债能力的指标主要是流动比率、速动比率、现金比率等。Wind 数据显示,第一季度末,流动比率低于 2 的有 1 915 家上市公司;速动比率低于 1 的有 1 163 家上市公司;现金比率低于 0.2 的有 460 家上市公司。

随着债务"黑天鹅"频飞,有着较弱偿债能力、盈利能力不佳的上市公司更加剧了市场担忧。例如,5 月 15 日将暂停上市的*ST 众和公司已经连续 3 年亏损,且资产负债率高达 127.5%,流动比率、速动比率一直非常低。又如,宣告债券违约的*ST 中安公司,其 2017 年巨亏 7.35 亿元,第一季度末资产负债率为 73%,流动比率和速动比率也偏低。

针对债券违约事件,*ST 中安公司一位工作人员表示,"目前公司正在跟机构及持有人协商,也在多方筹措资金解决。目前公司经营正常,只是短时间里流动性比较紧张"。

不过从局部看,A 股上市公司的偿债能力也是"冰火两重天"。例如,群兴玩具公司(股票代码 002575)第一季度末的流动比率、速动比率和现金比率分别高达 65.5、65.5 和 56.65,均遥遥领先于两市;江南高纤、博文科技(股票代码 600883)、海虹控股、兆日科技等上市公司的三大偿债能力指标也非常高。

信达证券近日发布研报显示,"受益于销售净利率回暖,主板非金融板块盈利能力仍处于修复之中,主板资产负债表得以逐渐修复,主板偿债能力持续回升。"不过其进一步数据显示,创业板(剔除温氏股份)的流动比率、速动比率自 2010 年一季度之后便一路下跌。

"目前的市场环境下,资金面较为紧张,不少企业就像过冬。投资上,更应该稳健投资,严格风险控制,规避信用风险。"5 月 10 日,北京某公募投资总监表示。

要求:

(1) 你认为资产负债率是否越低越好?为什么?

(2) 你如何认识中国上市公司的资产负债率现状?

3. 自行选择某家上市公司最近年份的年度财务会计报告。

要求:

(1) 计算该上市公司当年基本财务指标。

(2) 你认为该上市公司目前是否值得投资?为什么?